창업하기
전,
창업하고
보는책

불안이 사라지고 돈이 벌리는

창업하기 전, 창업하고 보는 책

한범구 지음

포르체

Intro.
나는 사장을 해도 되는 사람일까?

당신은 지금, '창업'이라는 단어 앞에 서 있습니다. 회사에서 나올 준비를 하고 있거나, 퇴직금을 어떻게 써야 할지 고민하고 있을지도 모릅니다. 유튜브에선 '월 매출 1억'을 번다는 성공 사례가 넘쳐나고, 창업박람회에선 '검증된 브랜드'라는 말이 끊임없이 들려옵니다.

누군가는 말할 것입니다.
"이 아이템이면 무조건 됩니다."
"이 상가는 대박 자리예요."
"놓치기 전에 빨리 계약해야 해요."
"요즘 소자본 창업이 대세예요."
"부담 없이 소형으로 배달도 하면서 안전 창업하세요."
하지만 그 말들이 당신을 망하게 만든다는 걸 알아야 합니다.

지금 이 순간에도 수많은 초보 창업자들이 프랜차이즈 본사, SNS, 창업컨설팅 업체, 플랫폼, 상가 분양 업자, 그리고 겉만 번지르르한 유튜브 영상에 끌려 실패가 예정된 구조 속으로 걸어 들어가고 있습니다. 이 책은 그 구조를 해부해 보여 주기 위해 쓰였습니다. 그들의 실체를 공개해 창업을 미끼로 초보를 먹는 생태계 전체를 공개하려 합니다.

저는 지난 20년간 누가 어떻게 무너졌는지를 지켜봤습니다. 제 브랜드로 직가맹점 수백 개 매장을 경영하면서, 그리고 ㈜창플을 운영하면서 지난 3년간 150여 개 이상의 창업 프로젝트를 실제로 설계하고 오픈시켰습니다. 이러한 경험을 통해 망할 수밖에 없는 가게의 공통된 이유를 수집해 왔습니다. 그것은 운도 아니고, 아이템의 문제도 아니었습니다. 망하는 창업은, 처음부터 그렇게 만들어집니다.

이 책은 당신의 '희망'을 부수려는 책입니다. 그 희망이 거짓말로 만들어졌을 가능성이 크기 때문이죠. 이 책을 덮고 나면, 창업을 꿈꾸던 당신은 '망하지 않는 구조'가 무엇인지부터 고민하게 될 것입니다.

저는 당신에게 창업하지 말라고 말하지 않습니다. 다만, 이 책을 읽기 전에는 시작하지 말았으면 합니다. 왜냐하면, 당신은 지금 생각보다 훨씬 더 많은 사람들의 밥이 될 준비를 하고 있기 때문입니다.

이제부터, 그 먹이사슬의 민낯을 하나씩 보여 줄 것입니다. 당신이 살아남기 위해, 반드시 알아야 할 진실입니다.

목차

Intro. 나는 사장을 해도 되는 사람일까? 5

1장 시장은 초보 창업자를 노린다 창업 현장 보고서

창업 박람회는 기회일까? 14 | 창업컨설팅이 내게도 필요할까? 22
[통찰 1] 소름 끼치게 닮은 오징어게임과 초보 창업자들 27
업자들이 이야기하는 소자본 창업의 현실 29
배달 시장 지옥문은 이제 시작이다 34 | 2,000원짜리 소주·맥주의 탄생 39
속절없이 망하는 꼬마 건물주들 44
[통찰 2] 창업이 적성인 사람이 있다 51
[통찰 3] 노동 소득의 굴레 벗어나기 57

2장 창업 생태계의 민낯 당신이 망해야 돌아간다

유튜브 창업 고수의 미필적 고의 64
중국집 창업에 2억 원 이상 들어가는 이유 68
가족에게 창업 비용을 대주면 안 된다 73
[통찰 4] 너무 열심히만 일한 건 죄 78
브랜딩은 돈이 많이 든다는 착각 81 | 인테리어 꼭 하셔야겠습니까? 89
가로수길이 망한 까닭은 온라인 간판에 있다 95
다른 집에서 일한 경험은 도움이 안 된다 103
지금 망하는 것은 외식업이 아니다 108
[통찰 5] 몇 번을 망해도 다시 일어나는 자영업자들의 실체 115

3장 당신의 실패로 먹고사는 회사들 이익은 본사에게

대기업 출신 초보 창업자가 빠지는 함정 122
매출이 높아도 남는 건 없다 128 ㅣ 양도양수 물건이 위험한 이유 134
전 세계 유례없는 K-프랜차이즈 138
프랜차이즈 본사와 엔터테인먼트의 만남 146
좋은 자리는 주인이 따로 있다 150
[통찰 6] 부자들과 초보들의 전혀 다른 접근법 153
[통찰 7] 실행의 미학, 첫 창업은 없이 하는 것이다 156

4장 먹이사슬의 완성 상가, 컨설팅, 플랫폼은 한편이다

프랜차이즈와 무더기 공실 상가의 잘못된 만남 160
프랜차이즈 갑질이 없어지지 않는 이유 163 ㅣ 본사도 정말 적자일까? 166
프랜차이즈 업계의 줄소송 171 ㅣ 대부업으로 진화하는 프랜차이즈의 속셈 176
자영업자 울리는 설거지형 프랜차이즈 181
프랜차이즈 대표들이 숨어 사는 이유 187
[통찰 8] 직원 복이 없는 사람 192

5장 억대 매출의 진실 장부 속에 숨겨진 지옥

월 1억 매출 가맹점주의 현실 196 ㅣ 대박집 옆집은 망할 수밖에 없다 200
매출 잘 나오는 가게가 매물로 나온 이유 207
해마다 뜨는 고기 프랜차이즈의 비밀 211
프랜차이즈 가맹점주도 '급'이 있다 218 ㅣ 창업 비용 회수에 걸리는 시간 225
가맹점 수와 신뢰는 관계없다 232 ㅣ 프랜차이즈 배달 장사의 진실 236
[통찰 9] 겸손 따위 없는, 거만한 사업가의 특징 245

6장 빠져나올 수 없는 계약 수렁 계약서가 당신의 목줄이다

그만두고 싶어도 그만두지 못하는 딜레마 250
프랜차이즈 창업이 개인 창업보다 생명력이 길까? 255
가맹점이 본사와 싸울 때 일어나는 일 266
2000년대에 머물러 있는 가맹 계약서 270
이틀 교육 후 오픈하는 가맹점의 실체 279
괜찮은 프랜차이즈 고르는 법 285
조심해야 할 프랜차이즈 가맹점 구조조정 291
상장 브랜드일수록 당신의 미래는 더 빨리 정리된다 298
[통찰 10] 초보 창업자의 첫 번째 목표는 중산층 되기 306

7장 그럼에도 살아남는 가게의 조건 창업 생존자들

뜨는 브랜드에는 성공 조건이 있다 312
최악의 자영업시장에서도 생존하는 법 317
[통찰 11] 업의 본질을 이해하는 것이 창업의 시작 322
프랜차이즈 카피 시대가 온다 326
자영업 생태계가 한순간에 무너지지 않으려면 333
[통찰 12] 인생이 질리지 않게 사업하는 법 341

Outro. 전례 없는 자영업자 구조조정 속 초보들의 생존 전략 345

창업 함정 체크리스트 351

1장

시장은 초보 창업자를 노린다

창업 현장 보고서

[영상 함께 보기]

1. 창업 박람회는 왜 초보를 노리는가?

2. 배달 시장 지옥문은 이제 시작이다

창업박람회는
기회일까?

창업을 준비하면서 가장 먼저 떠올리는 것이 바로 창업박람회 참가입니다. 수많은 부스들이 각자의 브랜드 우수성을 홍보하며, 합리적인 본사 시스템을 경쟁적으로 내세웁니다. 모든 브랜드 홍보 배너에는 수천만 원, 수억 원 매출은 물론, 순수익으로 2,000만 원, 3,000만 원을 가져간다는 점주들의 사례가 즐비합니다. 뉴스 기사에서 자영업이 어렵다는 말이 넘쳐나지만, 이곳은 다른 세상입니다. 하지만 이곳에 나온 브랜드들이 어떤 검증과 필터링을 거쳤는지 알 길이 없습니다. 겉으로 보면 초보 창업자들을 위한 객관적인 정보의 장처럼 보이지만, 결국 주최 측도 사업이고, 프랜차이즈 본사도 사업일 뿐입니다.

대부분의 프랜차이즈는 착한 본사라고 생각하지만, 그렇지 않은 곳도 많습니다. 수억 원 매출을 외치고, 대박을 약속하지만, 그 브랜드의 실제 가맹점 상태나 대표자의 신뢰도를 확인할 방법이 없습니다. 일부 기술자들은 문제 많은 브랜드를 폐업시키고 신분 세탁 후 새 브랜드로 들고나오기까지 합니다. 그들에게는 지금 창업 부스 앞에 줄 서 있는 초보 창업자들이 먹잇감에 불과합니다.

박람회에서 일어나는 일

창업박람회 주최 측 역시 사업을 하는 회사입니다. 초보 창업자들에게 객관적이고 합리적인 정보를 제공한다고 하지만, 창업 희망자가 주최 측에 수익을 안겨 주는 것도 아닙니다. 주최 측의 주요 수익원은 박람회 부스비를 내는 프랜차이즈 본사입니다. 즉, 박람회를 통해 계약을 많이 성사시키는 것이 주최 측 능력입니다. 이 때문에 프랜차이즈 브랜드를 중심으로 콘텐츠를 제작하고, 기사를 내보내며, 잡지도 발행합니다. 겉으로는 정보를 제공하는 것처럼 보여도 광고판에 불과한 이유입니다. 공신력 있는 뉴스 기사 형태의 콘텐츠, 전문가의 분석을 빙자한 창업 잡지, 조회 수 높은 유튜브 창업 방송 모두가 광고판입니다. 그 위에서 초보 창업자들에게 '대박 창업 뽕'을 주입시키는 것이 목표입니다. 누구도 창업을 말리는 사람은 없습니다.

말끔한 정장 차림의 영업사원들이 '대박 창업'을 외치며 초보 창업자를 유혹합니다. 겉보기에는 화려하지만, 사실상 계약을 따내지 못하면 생계가 막히는 영업사원들의 사활이 걸린 자리입니다. 이번 박람회 참가에 투자했으니 반드시 계약을 성사시켜야 한다는 절박함이 가득합니다. 그래서 창업을 좀 아는 사람들은 창업박람회에 가지 않습니다. 일부 프랜차이즈 기술자의 몰지각한 행동으로 인해, 창업박람회 자체를 사기꾼 집단으로 인식하는 사람들도 많아졌습니다.

하지만, 해마다 스무 살짜리 대학생이 사회 초년생으로 쏟아져 나오듯, 매년 초보 창업자들이 예비 자영업자로 진입합니다. 그들은 창업박람회 참가를 창업 준비의 필수 과정으로 생각하고 집결하고, 창업 기술자들은 이러한 초보 창업자들의 심리를 정확히 꿰뚫어 계약을 따냅니다. 마치 알에서 깨어나 바다로 나가려는 새끼 거북들이 모래사장에서 천적들에게 잡아먹히는 것처럼 초보 창업자들은 아무것도 모른 채 그들의 먹잇감이 됩니다. 가계약, 점포 계약, 가맹 계약 등 얼마가 어떻게 들어가는지도 모르는 상태에서, 수백만 원을 선불로 내고 계약하게 됩니다.

물론 모든 프랜차이즈가 그런 것은 아닙니다. 그러나 지금 자영업자가 어려운 것처럼, 프랜차이즈 본사도 어렵습니다. 제한된 창업 수요를 확보하기 위해 필사적으로 경쟁하는 과정에서 일부는 너무나도 나쁜 행태를 일삼습니다. 처음 가게를 여는 사람에게 월세 400~500만 원짜리 매장을 계약하게 하고, 2억밖에 없는 사람에게 3억을 쓰게 하며, 본사 대출 알선, 주류 대출, 기물 렌탈, 신용대출, 카드론까지 모든 금융 수단을 끌어 쓰게 하지요. 매출 수천만 원, 수억 원을 약속하지만, 그 약속을 책임질 수 없는 사람들입니다. 지금 저 박람회장에는 기술자, 업체 관계자, 그리고 초보 창업자들만 있을 뿐입니다.

정작 이 바닥을 잘 아는 사람들은 박람회장에 없습니다.

저도 한때 박람회에 참가했으나 한두 번 가고 나서 발길을 끊었습니다. 창업에 대해 아예 무지한 상태에서 막연한 기대감으로 강의를 듣는 예비 창업자들이 황당했고, 아무것도 모르는 사람들을 끌어모아 극소수의 성공 스토리를 남발하는 모습에 두 번 당황했습니다. 게다가 객관성과 전문성이 있다고 주장하는 유튜버들까지 가세해 유혹하는 모습을 보면서 여기 있으면 안 되겠다고 생각했습니다. 과장 말고 사장하자는 말에 솔깃하십니까? 과연 과장 그만두고 바로 사장으로 바로 성공할 수 있을까요? 현실에서는 결코 자주 일어나지 않는 꿈같은 이야기를 하는 창업 시장에서 개인적인 저의 이야기를 좀 해 보려 합니다.

저는 술을 자주 마시다 보니 대리기사님을 만날 때가 많습니다. 술 마신 뒤 곧잘 잠드는 습관 때문에, 대리기사를 이용할 때면 잠들지 않으려고 이런저런 질문을 드리곤 합니다. "좋아하는 음악 있으세요? 틀어 드릴게요. 집이 어디세요? 그럼 저희 집 갔다가 바로 퇴근하시면 되겠네요. 날 추운데 킥보드 타고 다니시면 안 추우세요?" 그러다 보면 이분들의 꽤 근사했던 인생 이야기를 듣기도 합니다.

꽤 괜찮은 직장, 그리고 꽤 괜찮은 사교육도 해 주었던 아빠, 외국에서 공부했던 이야기까지…. 그런데 대리기사를 하기 전에 이분들은 꼭 무언가를 합니다. 투자라는 말을 많이 하는데, 정확히 어떤 투자인지는 몰라도 회사를 그만두고 의욕적으로 다른 일을 했다고 합니다. 무언가 크게 차려 사장이 된 것입니다. 본인 역량을 과신한 나머지, 자칫하면 한순간에 끝날 만한 일에 도전한 것입니다.

여기서 20년 된 사업이 망했다거나 10년 넘게 잘해 오던 게 어떤 계기로 망했다는 사람은 드뭅니다. 짧게는 1~2년 길면 3~4년 만에 망한 사람들입니다. 평생 모은 전 재산을 그 짧은 기간에 날리고, 내가 하리라고는 상상도 못 했던 대리기사가 되었다고 합니다. 대리기사 하기 전에 많은 이력서를 넣었지만 적은 월급이나마 줄 만한 곳에서는 써 주지 않고, 일당 주는 곳에서는 체력과 요령이 없어서 무시당했다고 합니다. 대리기사 일도 시작은 힘들었지만, 그나마 지금은 익숙해져서, 이젠 자신의 과거도 담담하게 아무렇지 않게 이야기할 수 있는 여유까지 생기게 된 것입니다.

오후에는 배달 기사를 뛰고, 밤, 새벽에는 대리기사를 뜁니다. 그렇게 버는 한 달 수입은 500만 원입니다. 몸은 힘들지만, 그래도 이젠 어쨌든 내 몸뚱이 하나로 이자라도 갚을 수 있게 되고, 남에게 손 안 벌리고, 집에 생활비라도 이젠 가져다줄 수 있게 되자 안도감이 생깁니다. 하는 일이 확신이 없으면 의심이 생기고, 미래를 알 수 없으면 지금 돈을 벌어도 불안하고 불행합니다. 하지만 한 달에 얼마 정도는 번다는 확신이 생기면 이번 달에 죽 쑤어도 다음 달에 열심히 하면 된다는 생각에 마음이 편해집니다. 곧, 내 몸으로 일하며 인건비를 아끼고 원가가 저렴하면 생존한다는 창플의 자영업 생존 공식이 여기서도 나옵니다.

15시간의 법칙

지금 사업으로 생존을 확정 지은 사람들이 하루 몇 시간 일하는 줄 아시나요? 대부분 하루 15시간 이상 일합니다. 어떤 사람들은 꿈에서도 일합니다. 퇴근 없이 언제나 일하고 있습니다. 일반 직장인과는 일하는 시간의 양 자체가 다릅니다. 따라서 정말 장사꾼으로, 자영업자로, 사업가가 되고 싶다면 어떤 일이든지, 하루

15시간 이상 일하는 루틴부터 만들어야 합니다. 아침 장사하는 해장국집에서 주방 알바 뛰고, 점심부터는 그 동네를 다 훑고 다닐 수 있는 배달 기사를 뛰고, 밤에는 호프집 주방에 들어가든지, 대리기사를 해서 하루 15시간 이상 일하면, 어떤 일을 해서 시간을 보내든지, 그것이 사업가의 루틴입니다.

만약, 그 대리기사님이 퇴직 이후의 삶을 이렇게 시작했다면 어땠을까요? 퇴직금 3억원은 통장에 두고, 가족들 모아두고 이렇게 말하는 겁니다. "나는 우리 가족 살리기 위해 또 다른 삶을 살 거야. 하지만 퇴직금은 건들지 않을 거야. 이건 1~2년 뒤에 창업 자금으로 쓸 거야. 아침에는 김밥집 나가기로 했고, 점심엔 배달 기사 뛰어야 해서, 이번 주말부터는 캠핑 없어, 놀러가는 거 없어, 외식 없어. 아빠 오토바이 연습해야 돼. 밤에도 배달 기사 뛰든 대리기사 뛰든 할 거야. 앞으로 내 얼굴 볼 일도 별로 없을 거고, 당분간은 일이 서툴러서 생활비도 그 전보다 적을 수 있어. 친구도 안 만날 거야. 그동안의 인연 다 끊을 거니까 누가 아빠 어디 갔냐 물어보면 해외 출장 갔다고 해. 나 이거 성공 못 하면, 우리 가족 전체가 실패하는 거야. 우리 가족들도 그 점 알고 같은 마음으로 열심히 살아 줘. 아빠 응원해 줘."

아마 가족들은 황당해하다가도 진심과 간절함을 알게 될 것입니다. 아빠 고생하는데 우리도 같이 힘을 보태 줘야지, 하면서 오히려 강력한 리더십이 생길 것입니다. 그렇게, 하루 15시간의 루

턴으로 살다가, 그 동네를 알게 되고, 장사하는 사람들 패턴도 알게 되고, 그러다가 누가 봐도 좋은 점포를 찾을 수도 있고, 아니면 지쳐 쓰러진 사람들이 헐값에 내놓은 매장을 구할 수도 있습니다. 그렇게 인연이 되어 경험하고, 내가 감당할 수 있는 선에서 창업을 하는 겁니다. 또 그 안에서 하루 15시간 이상, 사람 안 쓰고 내 몸으로, 남들 공산품 쓸 때 직접 시장 보고 쉬운 메뉴라도 퀄리티 있게 손님들을 맞이하면서 자리를 잡았다면…. 내가 뭘 열심히 해야 하는지 아는 상황에서, 의지를 가지고 열심히 할 수 있는 환경에서, 보관해 둔 3억 원을 가게에 투자했다면 인생은 달라졌을 것입니다.

대부분의 사업가들이, 지금 제가 이야기한 성장 루틴을 가지고 있습니다. 형태만 다를 뿐입니다. 따라서 창업을 하더라도, 내가 감당할 수 있은 선의 투자금을 가지고, 내 몸을 갈아 넣는 다는 마음으로 사람 쓰지 말고, 발품을 팔고, 하루 15시간 일한다는 생각으로 창업을 해야 합니다.

그러나 과장 말고 사장을 꿈꾸는 사람들은 미지의 세계에 자기 전 재산을 넣고 인건비를 써서 남의 몸을 이용하면 돈이 벌리는 줄 압니다. 위기에 대처하려고 해도 무엇을 열심히 해야 할지 모르는 상황에 처하게 됩니다. 창업에 정답은 없습니다. 실제 경험을 통한 각자의 답만 있을 뿐입니다. 무조건 밑으로 내려가서 다시 시작할 생각을 가지길 바랍니다.

창업 컨설팅이
내게도 필요할까?

우리는 창업 컨설팅이 초보 창업자를 '어떻게 죽이는지' 깊이 알 필요가 있습니다. 단순한 사기 수준이 아니기 때문입니다. 이들은 초보 창업자들이 절대 빠져나올 수 없는 구조를 만들어 놓고, 그들을 벼랑 끝으로 내몰아 버립니다.

그들의 덫은 어디에서 시작되는가?

'에어컨 청소 업체가 돈 버는 방법'이라는 글을 쓴 적이 있습니다. 이 업체들은 블로그 검색 1면을 장악하여 마치 여러 업체인 것처럼 가장하고, 고객이 가격을 비교하려고 여러 곳에 연락해도 결국 같은 회사로 연결되게끔 판을 짜 놓습니다. 예비 창업자가 창업을 알아보는 과정도 다르지 않습니다. 포털 사이트 검색 결과에는 창업 컨설팅 업체들이 이미 진을 치고 있어서 검색하는 과정부터가 이들 업체의 정보망 안에 들어가는 것입니다.

이후 창업 컨설팅 업체들은 축적한 노하우를 바탕으로 혹할 만한 문구와 조건을 만들어 홍보하며, 전화를 걸지 않을 수 없도록 만듭니다. 초보 창업자에게 강남의 비싼 오피스와 화려한 사무실을 보여 주고, 친절하고 세련된 비서가 회의실로 안내하며, 양복을 입은 전문가들이 자리해 압도적인 분위기를 만듭니다. 마치 거대한 비즈니스의 일부가 된 듯한 착각을 일으켜 판단력을 흐리게 만듭니다. 초보 창업자들은 이들이 미리 짜 놓은 '이야기'에 끌려 들어갑니다.

브리핑이 시작되면, 초보 창업자들은 '당장이라도 부자가 될 것 같은' 설명을 듣게 됩니다. 양도·양수만 하면 자동으로 운영되는 완벽한 시스템, 검증된 성공 사례, 그리고 지금 당장 계약만 하면 놓칠 수 없는 기회라는 설득력 있는 이야기가 이어집니다. 이 과정에서 창업 컨설팅 업체들이 노리는 핵심 대상은 퇴직금이 있는 퇴직자나 대출과 가족들의 지원을 받아 창업을 시작하려는 사람입니다. 이들의 공통점은 돈 있고 착하다는 것입니다. 온실 속에서 성실하게 자라왔고, 큰 실패 없이 틀에 박힌 삶을 살아 온 이들은 창업 컨설팅 입장에서는 그야말로 '맛있는 먹잇감'이 됩니다.

A급 상품의 실체

많은 사람들은 창업 컨설팅을 단순히 부동산 중개업 정도로 생각합니다. 그러나 이들은 초보 창업자의 희망과 불행을 저울질하면서 최대 이익을 뽑아내는 브로커에 가깝습니다. 한 건당 몇백만 원에서 많아야 1,000~2,000만 원 수준으로는 거래하지 않습니다. 그 정도 금액이라면 차라리 아파트 전·월세 중개를 하는 것이 낫다는 게 이들의 생각입니다.

이들은 먼저, 새롭게 양도·양수를 하려는 초보 창업자들에게 달콤한 미래를 제시합니다. 탄탄한 수익 모델, 검증된 상권, 안정적인 운영 방안을 설명하며 마치 확실한 성공이 보장된 것처럼 포장합니다. 반면, 기존 자영업자에게는 가혹한 권리금 할인을 강요합니다. 자신들이 팔아 줄 수 있다는 희망을 심어 주면서도 계속 가격을 낮추게 만들어 결국 A급 '상품'으로 만듭니다.

"사장님, 이 권리금으로는 매수자가 붙지 않습니다."
"권리금 5,000만 원만 내리시면 지금 당장 소개할 수 있는 매수자가 있습니다."
"3,000만 원만 내리시면 당장 손님 모시고 갈 수 있습니다."

절망적인 상황에 놓인 자영업자는 점점 권리금을 낮추고, 컨설팅 업체는 이 차이를 이용해 막대한 수익을 챙깁니다. 한편으로는 희망을 심어주고, 한편으로는 절망을 이용하는 이중적인 작업 속에서 초보 창업자들은 결국 피해자가 될 수밖에 없습니다.
특히 A급 상품은 컨설팅 업체의 수익이 극대화된 물건입니다. 예를 들어, 한때 잘 나갔던 유명 프랜차이즈 가맹점이 있다고 가정해 봅시다. 하지만 지금은 적자라 매출은 나지만 수익은 전혀 안 나는 상태라서 권리금 1억 원에 가게를 내놓습니다. 그러나 이 권리금은 컨설팅 업체들의 작업을 거치면서 7,000만 원, 5,000만 원, 3,000만 원까지 떨어집니다. 끝내 2,000만 원까지 내려가면 컨설팅 업체는 매수자에게 이렇게 브리핑합니다. "원래 권리금 1억 짜리입니다. 제가 어떻게 8,000만 원까지 조정해 볼 테니 계약하시겠습니까?" 이후 매도자에게는 이렇게 말합니다. "2,000만 원에 계약할 매수자가 나왔습니다. 혹시 모르니 500~1,000만 원 정도는 조정 여지를 주세요." 이렇게 하면 컨설팅 업체는 8,000만 원에 계약할 매수자와 2,000만 원에 팔 매도자 사이에서 차액 6,000만 원을 수익을 얻게 되는 것입니다.
마지막으로는 각서를 받아갑니다. "사장님, 따로 수수료는 받지 않겠습니다. 다만 저희가 얼마를 받든 이의를 제기하지 않는다는 각서를 써 주세요." 이렇게 컨설팅 업체들은 1억 원까지도 가져가고, 적게는 3,000~4,000만 원을 챙깁니다. 초보 창업자들이 계속해서 이들에게 당하는 이유는 단순합니다. 매년 새로운 피해자가 등장하고, 기존 피해자는 빠르게 사라지기 때문입니다.

초보 창업자는 결국 또 다른 가해자가 된다

또 다른 큰 문제는, 피해를 본 초보 창업자들이 컨설팅 업체와 싸우지도 않는다는 점입니다. "처음에 했던 약속과 다르잖아요." 혹은 "그때 계약할 때 설명과 조금 다르네요." 수준의 항의만 할 뿐, 법적 대응도 하지 않고, 결국 자책하며 모든 것을 잃고 사라집니다. 오히려 또다시 컨설팅 업체에 부탁하며, 자신이 떠안은 폭탄을 넘길 또 다른 초보 창업자를 붙여달라고 사정을 합니다. 피해자가 또 다른 가해자가 되는 것입니다. "제가 얼마에 샀는지 아시잖아요? 저는 그만큼도 안 바라요. 3,000만 원만 받아 주세요." 그러면 컨설팅 업체는 다시 새로운 초보 창업자를 포섭하고, 이 과정은 무한 반복됩니다.

초보 창업자들은 자신이 피해자라고 생각하지만, 결국 또 다른 초보 창업자들을 희생양으로 삼으며 이 악순환의 고리를 지속하고 있습니다. 이 현실을 모르는 새로운 창업자들은 매년 쏟아져 나오고, 또다시 그들의 먹잇감이 됩니다. 정말 미칠 지경입니다.

책 광고를 하려는 건 아니지만, 골목의 약탈자 라는 책이 있습니다. 창업 컨설팅 업체들에게 당한 실제 사례를 알고 싶다면, 이 책을 한 번 읽어 보세요. 다만, 사례가 오래된 만큼 현재 상황과 맞지 않을 수도 있습니다.

통찰 1

소름 끼치게 닮은
오징어게임과 초보 창업자들

　〈오징어게임〉 시즌 1에서 우승한 성기훈(이정재)은 우승하여 상금 456억을 가졌지만, 새로운 죽음을 막기 위해, 오징어게임에 다시 참가합니다. 그는 이 오징어게임 시장을 알기 때문에 사람들을 살려보려 애를 씁니다. 그렇게 게임을 마치고 받은 돈을 나눠서 밖에 나가자고 제안합니다. 그러나 게임을 더 해서 돈을 더 받겠다는 사람이 나옵니다. 100억을 받아도 살아남은 350명으로 나누면 한 사람당 2,400만 원씩 돌아가는 꼴이기 때문입니다. 생존보다도 게임 같은 도박을 한 번 더 이기면 1억이 넘는 돈을 가져갈 수 있다는 생각에 결국 게임은 끝나지 않게 됩니다.

　왜 그럴까요? 2,400만 원은 근본적인 해결책이 되지 않기 때문입니다. 2,400만 원을 들고나와도 게임 전이나 후나 빡빡한 삶을 사는 것은 똑같기 때문입니다. 오히려 게임을 계속했다면 더 많은 돈을 받을 수 있었을 것이라는 후회를 할 수도 있습니다. 자영업 시장도 이와 닮았습니다. 대박 날 수 있다는 희망에 중독되어서 나중에 죽든 말든 대박의 꿈만 꿀 뿐 한 번도 해 보지 못한 자영업 시장에 뛰어듭니다. 일단 생존하는 것이 중요하다고 매번 외쳐도 그들에게는 들리지 않습니다.

　반대로, 지금도, 대박집 강의 팔이는 항상 대박이고 만원입니다. 456명 중에 한 명꼴인 사람들의 성공담과 성공 이유를 체크하면서 또 한 번 인생 역전을 꿈꾸는 초보 창업자들이 많습니다. 일단 생존하자고 외쳐 봐야, 일단 자기가 감당할 수 있는 선에서 시작해야 한다고 이야기를 해 봐야 '나는 아닐 거야.'를 되뇌며, 그들의 합법적이고 신사적이고, 친절한 강의에 녹아듭니다. '나는 아니야, 나는 달라서 그렇게 죽는 사람이 아니야, 그렇게 개죽음 하는 사람이 나는 아니란 말이야.'라며 자신의 모든 것을 다 걸고 장밋빛 미래를 꿈꾸다 구렁텅이로 빨려 들어갑니다.

　소름 끼치게 닮은 오징어게임 속 군중들을 보면서 다 어렵고 어려운 소시민들이, 초보 창업자들이, 왜 그렇게 불나방처럼 불을 향해 자신의 몸을 죽이러 스스로 가게 되는지 다시 한번 깨닫게 되었습니다. 그렇게 대박을 향해 뛰쳐나갔다가 불과 2~3년도 안 돼서 모든 것을 잃고 그로기(groggy) 상태로 찾아오는 얼굴이 떠올라 안타까웠습니다. 부디 대박을 향해 부나방처럼 달려가며 스스로를 죽음의 길로 몰지 않기를 바랍니다.

업자들이 이야기하는
소자본 창업의 현실

소자본 창업은 자본이 적게 들어간다고 생각합니다. 그래서 돈이 별로 없는 내가 해야 하는 창업은 소자본 창업이라고 생각하게 됩니다. 그래서 '소자본 창업' 키워드로 포털에 검색을 하고, 그 소자본 창업 아이템 안에서 선택의 범위를 정해 놓습니다.

실제로 업자들이 이야기하는 소자본 창업의 대부분은, 평수가 작고, 평수가 작으니 홀 장사가 안되고, 테이크아웃이나 배달 위주의 매장들입니다. 언뜻 보면 평수도 작으니까 투자비도 얼마 안 들어갈 것 같고, 작아도 평소에 자주 먹는 것들이니까 사람들이 부담 없이 와서 포장해갈 것 같고, 배달도 같이하면 큰 돈은 안 되더라도 안정적인 수익을 가져갈 수 있을 것 같은 그런 막연한 생각을 하게 됩니다. 그런데 그 소자본 창업이, 사실은 소자본 창업이 아닙니다. 이번에는 그 이야기를 하겠습니다.

작은 가게도 시설비가 많이 든다

일반 식당을 열 생각이라면 백숙이나 닭볶음탕에 소주를 파는 곳, 혹은 감자탕을 파는 곳 돈가스집, 치킨집 등 식당이 망한 자리에 들어가도 됩니다. 주방 구조가 딱 떨어지지 않아도 기존 시설을 활용할 수 있고, 여의치 않은 부분은 보조 주방을 만들면 되기 때문입니다. 그런데 테이크아웃 전문점이나 홀 회전을 중시한 10평대 소형 매장은 매장 구조가 아주 중요합니다. 업에 맞는 맞춤형 주방, 배식·퇴식 구조, 셀프 이용 칸 및 배달 픽업 자리까지 따져야 해서 결국 새로 공사를 해야 합니다. 철거비, 별도 수선비, 인테리어 비용까지 추가됩니다.

평수가 작으면 인테리어 비용이 적게 들어간다고 생각하는 분들도 있습니다만, 평수가 작을수록 평당 인테리어 비용은 수직 상승합니다. 10평 매장은 최소 2,500만 원, 평당 250만 원입니다. 20평 매장은 3,500만 원, 평당 180만 원입니다. 인테리어 비용은 평수에 정비례하는 게 아닙니다. 아무리 작은 평수라도 목공, 철, 전기, 페인트 공정이 다 들어가기 때문입니다. 평수가 작으니 목공사를 건너뛰자는 말은 덩치가 작으니 바지는 입히지 말자는 말과 같습니다. 공정별로 들어오는 기술자분의 인건비도 평수에 따라 달라지지 않기 때문에 웬만한 소형 매장의 경우 공사를 잘 아는 개인이 차린다면 최소 5,000만 원, 프랜차이즈 매장이라면 아무리 줄여도 7,000만 원은 들어갑니다.

따라서 창업 자금이 1억이어도 시설비에 7,000만 원을 사용하고 나면 점포 비용으로는 3,000만 원만 남습니다. 결국 입지가 좋지 않은 무권리 자리에 들어갈 수밖에 없게 됩니다.

무권리 자리는 진짜 소자본 창업일까요?

평소에 자주 가거나 자주 먹는 가성비 아이템을 파는 테이크아웃 매장이라면, 당연히 자리가 좋아야 합니다. 메가커피나 올리브영이 뒷골목 3층에 입지하면 안 되죠. 사거리 코너, 횡단보도 앞, 간판이 잘 보이는 곳에 있어야 합니다. 그런데 무권리 자리는 처음 생긴 상가거나, 전 임차인이 그 임대료로 자리를 잡는데 실패한 자리일 가능성이 큽니다. 임차인이 부담해야 할 임대료가, 임차인의 생존이 아닌 그 건물을 산 임대인의 수익률에 따라 책정되므로, 매출이 안 나와도 임대료가 비쌉니다.

게다가 이 업자들은 평균적인 창업 예산 1억을 맞추기 위해 보증금을 인위적으로 낮추기도 합니다. 가령 보증금 5,000만 원에 월세가 300만 원인 경우, 보증금을 내면 인테리어 비용이 부족하기 때문에 보증금을 3,000만 원으로 내리고, 임대료를 20~30만 원 올려 받습니다. 그렇게 보증금 3,000만 원, 임대료 330만 원인 자리가 만들어집니다. 안 그래도 비싼 임대료가 더 올라가서 시작부터 매출이 나오지 않으면 감당이 안 되는 상황에 놓입니다.

어느 동네든 새로 가게가 생기면 오픈 특수로 바쁩니다. 그러나 빠르면 3개월, 길면 6개월이면 적자 나는 달이 생기기 시작합니다. 그러나 장사가 잘되든 되지 않든 임대료는 330만 원으로 동일합니다. 그렇게 임대료 내기도 빠듯한 생활에 처하게 됩니다.

진짜 소자본 창업 찾기

진짜 소자본 창업은 돈이 덜 드는 가게를 찾는 것입니다. 예를 들어, 기존 설비가 갖춰진 20평 순댓국집이 권리금 3,000만 원에 나왔다고 칩시다. 협상해서 2,000만 원에 인수하면 보증금 3,000만 원과 권리금 2,000만 원, 즉 5,000만 원으로 가게 하나 인수할 수 있습니다. 여기에 2,000만 원 들여 약간의 시설 리모델링을 하면 총 7,000만 원으로 창업이 가능합니다. 이런 가게는 뒷골목에 있어도 됩니다. 가볍게 먹고 가거나 포장해 가는 업종이 아니라, 먹고 가는 시간이 긴 업종, 가령 찜, 탕, 볶음류 등 테이블당

단가로 수익을 내는 업종이기 때문입니다. 이러면 오히려 인건비도 적게 들고 임대료도 저렴합니다.

계약 시점에 돈이 안 든다고 해서
무권리 자리가 소자본 창업이 될 수는 없습니다.

진짜 아끼는 방법은 장사 가능한 상태의 가게를 싸게 인수하는 것입니다. '소자본 창업'이라는 프레임에 갇혀서 10평짜리 와플가게, 커피가게, 붕어빵집이 내게 '맞다'고 믿으면 안 됩니다. 잘못된 믿음을 가지면 넓은 감자탕집보다 더 많은 돈을 쓰고도 나는 소자본이라서 작은 가게를 한다고 생각하며 장사하는 '다른 사람들보다 돈 많이 쓴 소자본 창업자'가 됩니다. 진짜 소자본 창업이 무엇인지, 진짜 첫 창업으로 맞는 길이 무엇인지 이제는 다시 생각해야 할 때입니다.

배달 시장 지옥문은
이제 시작이다

2025년 4월 기준 단 두 달 만에 20만 명의 자영업자가 폐업하며 시장을 떠났다고 합니다. 또 많은 자영업자가 "코로나 때보다 지금이 더 힘들다."라고 말합니다. 하지만 이는 단순한 착각일 수 있습니다. 코로나 시기에는 집합금지로 장사 자체를 못 했던 곳이 많았으니까요. 그런데도 왜 지금이 더 힘들다고 느낄까요?

사람은 영상 5도에서도 얼어 죽는다고 합니다. 더 추웠던 영하 10도에서 견디던 사람도 그것을 견디고 견디다 약해져서 체력과 의지가 방전이 되면 비교적 덜 추운 영상 5도에서도 죽을 수 있다는 뜻입니다. 이미 수년에 걸쳐 어려움을 겪으며 의지가 약해지고, 희망 고문 속에서 더 이상 버틸 수 없게 된 이들이 하나둘씩 무너지고 스스로 내려놓는 것이 요즘 자영업 시장 모습입니다.

배달 기사들의 퇴출이 가장 먼저 시작될 곳, 대한민국

폐업한 20만 명의 자영업자는 어디로 갈까요? 자영업자가 흔히 하는 말 중 하나가 "이럴 거면 그냥 배달 기사 하는 게 낫겠다."입니다. 사장이라는 허울만 있을 뿐, 배달 기사가 더 많은 수입을 가져가기 때문입니다. 고되더라도 내 노력만큼 벌어갈 수 있는 배달 기사로 전향하는 경우가 많아지는 이유입니다.

그러나 배달 기사도 그 수가 많아지면 더욱 경쟁이 심해집니다. 또한 고객은 배달비가 비싸다며 불만이고, 배달 플랫폼 회사들은 고객에게 더 싸게 제공하면서도 회사 수익을 늘리는 방법을 고민합니다. 그래서 플랫폼은 배달 기사의 데이터를 축적합니다. 배달 기사는 항상 카메라를 착용하고 다니며 배달 플랫폼 회사에 다양한 데이터를 전송합니다. 지역별 도착 시간 데이터, 최적의 배달 경로, 횡단보도, 도로 난이도 등의 데이터가 수십만 명의 라이더 덕분에 축적됩니다. 이제 이 데이터를 기반으로 인공지능이 장착된 배달 로봇도 등장하고 있습니다.

배달 로봇은 배달 수수료도 받지 않고, 24시간 일할 수 있습니다. 대기업들은 시장을 장악하기 위해 합종연횡을 시작했습니다. 가전 기업과 배터리 기업이 힘을 합치고, 자동차 회사와 인공지능 회사가 협업합니다. 그렇게 만들어진 배달 로봇이 가장 먼저 상용화될 지역은 어디일까요? 인구 밀집도의 끝판왕 서울 중에서도 강남일 가능성이 높습니다. 배달 시장이 강남에서 시작된 것처럼, 배달 로봇도 이미 강남에서 시작되었습니다. 아직 계단이나 엘리베이터를 타서 문 앞까지는 가지 못하지만 건물 앞까지는 갑니다. 배달비 3,000~4,000원을 할인 받기 위해 테이크아웃하러 가는 사람들이 많습니다. 음식을 건물 앞까지 가져다주는데, 배달비가 무료라면 그 정도 수고는 얼마든지 할 수 있다는 말입니다.

과거 한국에 광케이블이 빠르게 보급돼 세계 최고 수준의 인터넷 보급률을 기록한 이유는 높은 인구 집중도 덕분이었습니다. 배달 로봇도 마찬가지입니다. 인구가 밀집될수록 수지타산이 맞기 때문에 가장 효율적인 배달 로봇 시장이 한국에서 먼저 열릴 것입니다. 이는 곧 배달 기사들의 퇴출이 가장 먼저 대한민국에서 시작될 것이라는 의미이기도 합니다. 강남 다음은 인천 송도처럼 깔끔하게 계획된 신도시 차례일 것입니다. 길도 평평하고 변수도 적고 아파트 밀집 지역이라 효율도 좋죠.

그렇게 인구밀집지에서 퇴출된 배달 기사들은 생계를 유지하기 위해 아직 배달 로봇이 도입되기 애매한 지역으로 몰리게 될 것입니다. 그리고 거기서 또 그 동네 데이터를 쌓아 나갈 것이며 그 지역 또한 결국 배달 로봇으로 교체될 것입니다. 이렇게 되면 배달 기사는 도태되고, 배달 회사의 수익은 올라가며 고객만족도는 높아집니다.

배달 기사 퇴출 다음은 매장 자동화

배달 시장에서 배달 기사가 퇴출되고 나면 다음 순서는 매장 자동화일 것입니다. 기업은 인건비 절약을 위해 매장 자동화를 장착해 직영점을 만들 것입니다. 강남에서 하루 1,000잔을 팔고 하루 200만 원 매출을 내 한 달 평균 월 6,000만 원 매출을 내는 저가 커피 매장이 있다고 가정해 봅시다. 가맹점인 이곳은 가맹점주가 5년에 걸쳐 단골을 확보하고 인건비 들여서 자리를 잡은 매장일 것입니다. 가맹점 매출이 6,000만 원일 때 본사 수익인 차액 가맹금을 600만 원으로 계산하겠습니다. 그런데 커피 내리는 자동화시스템이 완성되면 본사는 재계약을 안 해 줄 가능성이 높습니다. 가맹점을 인수해서 직영화하고 자동화시스템을 장착해서 직원 2명만 두고 포장만 담당하게 합니다. 이렇게 매출이 보장된 매장을 인수해 인건비를 대폭 줄이면 본사 수익은 기하급수적으로 늘어납니다.

아디다스나 나이키 같은 상품을 파는 가맹점은 신상품의 히트성도 중요하고 재고 부담도 있으며 인터넷으로도 살 수 있어서 직영점으로 전환해도 본사 수익이 크게 늘어난다는 보장이 없습니다. 그러나 평소 먹어야 하는 평식 아이템은 쿠팡이 택배로 배송할 수 있는 것도 아니고 하루 3끼를 먹어야 합니다. 이미 주문 데이터가 있어서 재고 부담도 덜 해 매장 판매가 안정적입니다.

그렇다면 이런 환경 변화에서 살아남으려면 어떻게 해야 할까요? 배달 기사들도, 자영업자들도 생존 전략이 필요합니다. 내 장사를 하더라도 평소에 먹는 끼니가 아닌 오직 내 가게에서만 느낄 수 있는 차별화된 무언가가 있어야 합니다. 로봇이 대체할 수 없는 요소를 갖추어야 합니다. 기업이 탐낼 만한 상권 입지는 피해야 합니다.

> 단순한 배달 음식보다
> 브랜드로 만들 수 있는 가치를
> 고민해야 합니다.

배달 기사를 하더라도 멀티수익 구조를 잡아야 합니다. 예를 들어 낮에는 반려견·반려묘를 위한 놀이나 산책 서비스 같은 것도 뛰어야 하고, 배달 기사가 끝나면 대리기사를 하고 픽업서비스 이삿짐 인력으로 투입될 여지를 만들어야 합니다. 핸드폰을 3개 들고 다니며 몇 개의 일을 병행해야 할지도 모릅니다. 그렇지 않으면, 언제든지 지옥문이 열릴 수 있습니다. 이제 정말 얼마 남지 않았습니다.

2,000원짜리 소주·맥주의 탄생

가처분소득이라는 말이 있습니다. 내 맘대로 처분이 가능한 소득, 이걸 가처분소득이라고 부르죠. 이 가처분소득은 사실 GDP 성장률과 관련이 높습니다. 나라가 성장하려면, 정부가 세금으로 돈을 쓰고, 수출기업들이 달러를 벌고, 민간이 투자하고, 마지막으로 '내수'라 불리는 소비가 일어나야 합니다. 그 소비의 주체 중 진짜 중요한 계층이 누구냐면, 바로 가처분소득 인구들입니다.

자기 마음대로 돈 쓸 수 있는 사람들. 제가 볼 때는 일용직 노동자분들이 거의 여기에 해당됩니다. 건설 현장에서 일하는 분, 인테리어 현장에서 일하는 분, 플랫폼 노동자들, 지적 프리랜서 분 등 이분들은 수입이 불규칙합니다. 계획적으로 하기가 힘들어요. 직장인들은 많든 적든 월급을 받습니다. 4대 보험도 있고, 퇴직금도 있고. 그래서 수입을 계획하고 돈을 관리하다 보니 오히려 소비에 인색하죠. 실제로 가장 짠물소비를 하는 사람들은 다 직장인들입니다. 경기가 어렵고 환경이 안 좋고 모든 것이 다 올랐기 때문에 직장인들은 더욱더 계획적으로 소비를 하게 되죠.

돈 많은 부자들이 하루 10끼 먹어주는 것도 아니고, 결국 실질적인 먹고 마시는 소비를 가장 쿨하게 하는 사람들이 바로 가처분소득 인구입니다. 그런데 이 가처분소득 인구는 자산도 없고, 취미도 없고, 몸으로 일하기 때문에 피곤합니다. 그 피곤함을 덜기 위해, 기껏 쓰는 건 '내 몸에 쓰는 돈'입니다. 먹는 데 쓰는 것입니다. 직장인들이 5,000원짜리 편의점 도시락으로 때울 때, 이분들은 순댓국 1만 2,000원짜리에 수삼도 올리고 소주도 한 병 시켜서 드십니다. 낮에도 수육 하나 더 얹어서 소주 한 잔 걸치고, 동태탕 한 그릇으로 안 끝내고 동태전에 막걸리까지 시켜 드시는 분들입니다. 그리고 매우 빠른 속도로 드십니다. 내일이 없는 것처럼. 오늘 번 거, 오늘 쓰고 사시는 분들도 많습니다.

이분들의 특징은, '일할 줄'은 아는데 '일 딸 줄'은 모른다는 것입니다. 퇴직자가 어설프게 기술 배워서 나와 뭔가 해 보려다가 망하는 이유도 여기에 있습니다. 자격증도 갖추고 경험도 나름 쌓았는데, 일을 누군가에게 따낼 줄은 모르는 것입니다. 마케팅을 배워도 그걸 실제로 어떻게 활용해야 할지 모릅니다. 그래서 경기가 좋아지면 여기저기서 연락이 오니까, 이분들이 바빠지고, 자영업자도 같이 살아납니다. 이분들이 바빠지는 만큼 자영업도 신납니다. 그래서 확실하게 경기가 좋아지면 이분들의 소비가 늘어나게 되고, 그러면 밥장사 밥술장사하시는 분들은 행복해지는 것입니다.

악순환의 시작

그러다 경기가 안 좋아지면 재앙이 시작됩니다. 제일 먼저 무너지는 장사가 바로 소주 파는 가게입니다. 이분들은 소주, 맥주, 막걸리를 좋아합니다. 다른 술은 입에도 안 맞습니다. 그런데 지금 건설 경기는 완전히 죽었습니다. 앞으로 더 좋아질 가능성도 없어 보입니다. 모든 게 올랐고, 환율도 치솟았고, 외국에서 들어오는 자재도 비쌉니다. 인건비까지 올랐습니다. 그러다 보니 건설회사들은 부도를 맞기 시작합니다. 일이 없습니다.

스스로 일을 따낼 능력이 없는 사람들은, 인력사무소로 갑니다. 오프라인 인력사무소든 온라인 플랫폼이든. 다 그리로 향하죠. 그런데 그 안엔 이미 같은 일을 하는 사람들이 수천 명. 그 안에서 일을 따내기 위해, 자신의 몸값을 낮추기 시작합니다. "놀면 뭐해, 이거라도 해야 하루 벌지…." 한 명이 룰을 깹니다. 죄수의 딜레마가 시작됩니다. 그렇게 한 번 낮아진 인건비가 이제 '기준'이 됩니다. 30만 원이던 인건비가 25만 원이 되고, 20만 원이 됩니다. 가격 체계가 무너지는 것입니다.

기술자들은 기술자들끼리, 플랫폼 안에서 일을 따내기 위해 또 몸값을 낮추고 그 사이, 기술이 없는 사람들은 배달이나 대리운전 같은 쪽으로 갑니다. 그쪽도 똑같습니다. 원래 건당 3,000~4,000원이던 배달 콜이 2,000원, 1,500원까지 떨어집니다. 그런데 또 새로 들어온 사람들은 그게 원래 가격인 줄 알고 열심히 합니다. 또 그 시장에 남으려면 나도 그 가격에 맞춰야 하니까요. 그리고 그 사람들을 대상으로 장사하는 자영업자도 살기 위해 노력합니다. 하루에 50그릇은 팔아야 유지가 되는데, 매출이 더 떨어지면 같이 죽는 것입니다. 차별화도 없고, 경쟁력도 없고. 남은 선택지는 하나. 소주와 맥주 가격을 내리는 것밖에 없습니다. 결국 대동소이한 매장들, 찾아올 만한 요소가 없는 매장들, 그저 간판 보고 발길 따라 들어오는 고객들이 중요한 가게들이 내세울 수 있는 것은 소주 2,000원, 맥주 2,000원입니다.

그리고 이들도 죄수의 딜레마에 빠지게 됩니다. 옆 가게가 2,000원을 받으면, 정가 5,000원 받는 집은 죄인이 되는 구조니까요. 고달픈 사람들이, 그저 오늘 점심과 저녁 소주 한 병에 밥 한 끼 하러 왔는데 가격이 두 배 차이 나면 못 갑니다. 소주 한잔 먹자는 게 목적이므로 안주는 상관없습니다. 고달픈 그들은 그냥 발걸음이 자연스레 2,000원짜리 집으로 향하는 것입니다.

이익은 없는데 많이 팔아야 하니까 힘들고, 손님은 줄고, 배달은 수수료 떼이고, 테이크아웃도 수수료 떼이고, 주류는 마진 없이 판매하다 보니 죽지 못해 살게 됩니다. 억지로 죽지 않기 위해 하루하루 버티는 삶, 내일은커녕, 미래라는 단어도 떠올릴 수 없는 삶, 그저 '손님아, 들어와라'를 기도하며 문 앞을 지키는 삶, 이것이 바로 불경기에 소주 파는 자영업자들의 삶입니다.

속절없이 망하는
꼬마 건물주들

요즘, 건물주들 상담이 많이 늘었습니다. 자산가치만 보면, 수백억에 달하는 자산가들입니다. 서울 안에 있는 아무리 작은 3~4층 꼬마 빌딩이라도, 건물 시세는 50억, 60억짜리가 허다하기 때문입니다. 그런 거 두세 개 있고 아파트 한 채 이런 식으로 가지고 있으면 수백억 자산가라고 불리게 됩니다. 그런데 이들에게 왜 상담이 필요할까요?

나름 장사 잘하는 사람들이 한자리에서 5년, 10년, 20년 동안 업을 이어가는데 그 사람들은 사실상 단골 확보를 해 놓은 상태라서 어지간하면 건물 임차 계약을 계속 이어갑니다. 그런데 그 자영업자가 빠지면 그 건물은 갑자기 임대수익률이 안 나오는 깡통 건물이 됩니다. 오랫동안 건물을 보유한 사람들은 나름 대출도 다 갚고 여유가 있어서 세입자와 타협을 통해 상생으로 이어지는 경우가 종종 있습니다. 문제는, 이제 막 건물을 매입한 초보 건물주는 그럴만한 상황도 아니어서 세입자가 계약 기간 만료로 나가버릴 때 생깁니다. 더 큰 문제는, 그렇게 나가는 사람의 비중이 클 때 생깁니다. 통임대로 있던 사람이라든지, 1~2층 같이 쓰면서 건물 임대료의 대부분을 내던 사람들 말입니다.

버텨야 진짜 건물주다

경기가 암울할 때는 원래 건물을 가지고 있던 사람들도 위기지만, 최근에 건물주가 된 사람들은 회생불가 상태가 됩니다. 허울뿐인 수십억 건물 자산가, 100억대 자산가 소리 잠깐 들었다가 더 이상 돈 들어올 곳이 없는 상황에 처했기 때문입니다.

사업가들도 급이 있고, 장사꾼들도 급이 있고, 직장인들도 급이 있습니다. 규모라든지 경력이라든지 연봉이라든지 하는 기준에 따라 나름 급이 있게 직장 생활을 마무리한 사람들은 오히려 창업 생각을 잘 하지 않습니다. '장사? 난 그런 사람이 아냐. 나름 젊었을 때부터 대출받아 샀지만 다 갚아서 온전히 내 소유인 지금 20억짜리 송파 아파트도 있고, 보너스도 모으고 저축도 하면서 가지고 있는 현금 10억, 알토란같이 수익 내던 주식 3억, 퇴직하면서 나온 7~8억의 퇴직금까지. 이 정도면, 나는 장사꾼이 아니라 건물주가 되어야겠어. 난 남들보다 스마트하고, 누구보다 안정적인 삶을 꾸려야 해.'

이런 분들이 최근 몇 년 동안 꼬마 빌딩을 무지하게 샀습니다. 그런데 처음에 가지고 있는 현금과 대출을 20억 정도 받아서 40억짜리 건물을 샀다고 쳐봅시다. 당시 받고 있는 임대료가 800~900만 원, 내가 내야 할 대출 이자가 500~600만 원이었다고 친다면 임대료 받아서 300만 원 벌이가 가능한 상황입니다. 건물은 시간이 지나면 오르니까 자산가치 상승도 기대하면서 더 많은 자산을 가진 사람이 됩니다.

그런데 금리가 점점 오르기 시작합니다. 처음에 3% 했던 금리가 5%를 넘어갑니다. 임대료는 그대로인데, 대출이자는 두 배에 육박하게 되니 실제 가져가는 돈은 없고, 생활비는 또 나가니까 적자 상태가 됩니다. 그 와중에 불과 2년 만에 임차인이 나간다고 합니다. 그 건물을 산 이유가 10년째 장사 잘하는 세입자 때문이었는데, 그래서 좀 허름한 건물이었지만 공실 없는 건물을 산 건데 큰일입니다. 여기저기 수소문하면서 새로운 세입자를 찾아보지만 감감무소식입니다.

부동산에서는 "그 임대료로는 아무도 안 들어온다"고 합니다. 새로운 세입자를 받으려면 화장실 수리 등 손봐야 할 것이 있다는 소리도 듣지요. 이 임대료를 받아야 간신히 처음 샀던 금액인

40억의 가치가 유지가 되는 건데, 똘똘한 꼬마 빌딩 한 채와 똘똘한 아파트 한 채면 안정적인 노후가 가능할 거라 믿었는데 결국 무너지게 됩니다. 임차인은 나가고, 을씨년스럽게 '임대 문의'를 걸게 되고 하나 남은 아파트를 담보 삼아 대출을 받습니다.

그렇게 한 달 이자 800~900만 원에 생활비 400~500만 원을 더해 한 달 1,200~1,400만 원이 잔고에서 다달이 나가게 됩니다. 나이가 60이 넘었는데 한 달에 1,000만 원 넘게 꼬박꼬박 나가자 부담이 점점 커지고 결국 평생 안 쓰고 안 입고 모은 돈 전부를 투자한 빌딩을 40억에 내 놓게 됩니다. 그러나 매물도 안 나갑니다. 지금 시세로는 30억 정도로는 팔아 볼 수 있을 것 같다는데, 40억 가치를 유지하기 위해서 하염없이 기다릴지 30억에라도 팔릴 수 있다면 날려야 할지 상담하러 오는 것입니다.

그 상황에선, 저로서는 지금이라도 당장 30억에라도 팔아야 한다고 이야기할 수밖에 없었습니다. 30억에 팔 수 있을지, 그것도 안 팔려서 기다리는지는 모르겠지만 말입니다. 지금 꼬마 빌딩이라고 하는 곳은, 우리가 지금 맨날 어렵다고 이야기하는 자영업자가 1층에서 장사하고 있는 곳들을 이야기합니다. 그 꼬마 빌딩을 거래해야 먹고사는 세력들은 "임대료 낼 돈으로 건물주 되세요."를 외치고 있고, 자산 가치 상승을 시킬 수 있다고 종용하며, 심지어는 돈이 부족하면 꼬마 빌딩을 지분으로 나눠서 사라고 꼬시기까지 합니다.

건물주의 돈은 고이면 안 된다

20억 원짜리를 사서 40억 원에 팔거나, 30억 원에 사서 60억 원의 시세차익을 남겼다는 이야기는, 또 다른 현금 흐름을 가진 사람들, 충분히 그 가치를 스스로 올릴 수 있는 사람들의 이야기입니다. 평생 직장만 다니던 사람은 전 재산을 털어도 이 시장에서 살아남기 쉽지 않습니다. 40억 원에 산 건물을 30억 원에 팔면 10억 손해 봤다고 생각할 수 있지만, 천만예요. 살 때 취등록세만 해도 1~2억 원은 들었을 거고, 복비 수천만 원 줬을 거고, 팔 때도 수수료 들어갔을 거고, 공실 돼서 다달이 나간 돈, 생활비까지 더해야 합니다. 2~3년 버텼다면 최소 최소 8~9억 원이 지출된 것이지요. 여기에 20억 원에 달하는 은행 빚 갚고, 아파트 대출 갚으면, 사실상 다 날리고 대출 낀 아파트 한 채 달랑 남은 꼴이 됩니다. 만약에 30억 원에도 안 팔려서 더 낮은 가격에 팔릴 때까지 시간이 더 걸린다면 그 아파트도 못 건지는 상황이 됩니다.

과거 저도 꼬마 빌딩 건물주였습니다. 당시 저는 다달이 800만 원 임대료를 내고 있었어요. 그러다 직원 수가 30명이 넘어가게 되어, 사무실 한 칸을 더 써야 하는 상황이 되었습니다. 그러면 한 달에 1,000만 원 이상의 임대료를 내야 하므로 차라리 건물을 사겠다고 마음먹었습니다. 어차피 회사에 창고도 있어야 하고, 메뉴 개발실도 있어야 되고, 강의나 교육장도 있어야 하고, 직원들 자리까지 있어야 되는 상황이라서 당시 송파에 나온 6층짜리 건물을, 대출을 꽉 채워 받아 내서 한 달에 800~900만 원 이자 내면서 살았습니다.

이미 현금 흐름이 있던 제 입장에선, 한 달 800~900만 원은 원래 나가는 돈이었기 때문에, 어차피 쓸 돈을 이리로 쓰나 저리로 쓰나 상관없고, 건물 가치 상승도 되면 좋고, 안 돼도 상관없었기 때문에 큰 부담이 아니었습니다. 그러나 유사시 본인이 그 건물을 유지할 만한 업을 하는 것도 아니고, 건물 말고 또 다른 현금 흐름이 있어서, 생활비나 이자 정도는 감당할 수 있는 상황도 아니라면 매우 위험합니다. 아무 근거 없이, '확정 수익'을 주는 임차인의 존재가 내가 죽을 때까지 유지될 것이라 믿고, 본인의 영혼을 끌어모아서 그 건물을 산 것이니까요.

더 안타까운 건 건강에도 영향을 미친다는 사실입니다. 다달이 받는 피 같은 돈을 수십 년 간 알토란같이 모으며 살아 온 사람이 매달에 자기 통장에서 1,000만 원 이상씩 까져 나가는 걸 경험하고 나면, 몸과 정신이 동시에 피폐해집니다. 스트레스가 심하면 위험한 병에 걸려 수명까지 갉아먹힐 수 있습니다.

분양상가에서도 유사한 아픔이 일어납니다. 서울 대단지 아파트 신축 분양상가를 파는 대행사들의 말도 안 되는 수익률만 믿고, 자신의 전 재산을 집어넣는 퇴직자들이 꽤 됩니다. '20억 대출까지는 무서우니 건물주 꿈은 접더라도, 6~7억 정도는 대출 일으켜서 13억짜리 분양상가주라도 되자!'라는 것입니다. 이런 분들도 지금 난리입니다. 그 임대료로는 절대로 임차인이 안 들어오기 때문에, 다달이 200~300만 원이라는 이자를 내면서 끙끙 앓습니다. 환갑이 넘은 나이에 거기서 치킨집이라도 해야 하나 고민하고, 노후에 가족들 고생 안 시키려고 한 선택이 자식들 월급까지 끌어다가 이자 내면서 사는 삶을 초래한 것을 후회하게 됩니다. 이분들에게도 하루라도 빨리 손절해야 더 큰 피해를 막을 수 있다는 말밖에 할 수 없습니다.

장사를 모르고, 건물을 컨트롤 못 하는 사람은 절대로 대출받아서 부동산을 사면 안 됩니다.

모든 것이 불확실한 상황이고 앞으로도 더 예측이 안 되는 미래라면 작더라도 내 몸뚱이 자산으로 일단 생계가 가능하게 만들어 놓고, 그다음에 투자금을 써야 합니다.

> 통찰 2

창업이 적성인
사람이 있다

'적성'이라는 말이 있습니다. '맞을 적(適)', '성격 성(性)'이라는 뜻으로, 즉 자기한테 맞는 걸 적성이라고 부르는 것입니다. 하지만, 제가 생각하는 적성은 좀 다릅니다. '쌓을 적(積)', '성격 성(性)', 뭔가 쌓여온 걸 하는 것. 사회학적 용어보다는 생물학적 용어로 표현하고 싶습니다.

자전거 탄 지가 20년이 넘어서, 이제 페달을 어떻게 밟는지도 모르는 사람이 20년 만에 자전거를 타본다면 어떻게 될까요? 아마 몸이 기억해서 금방 다시 타게 되는 것입니다. 뭔가 쌓여온 게 있어서 다음번에 해도 금방 적응하는 것입니다. 조금 다른 세계에 있는 사람들은 적성을 '전생에 했던 일'이라고도 표현합니다. 하지만 굳이 전생론을 가져다 붙이지 않아도 우리에게는 유전자라는 게 있어서 지속적으로 연결되어 있긴 합니다.

그래서, 아빠 엄마가 공부를 잘했으면 자식이 공부 잘 가능성이 높고, 아빠 엄마, 할아버지 할머니가 운동신경이 좋았으면 운동을 잘할 가능성이 높죠. 이런 재능과 시대적 흐름이 맞아 떨어지면, 선대와 다르게 떼돈을 벌 수도 있는 것입니다. 예를 들어 마이클 조던의 할아버지가 손자처럼 점프력이 좋고 승부욕이 강했다 하더라도 그가 자라 온 환경에서는 농구라는 종목 자체가 없었을 것이고 농구하는 사람에게 그런 거액을 주지도 않았습니다. 씨름선수 출신인 강호동이 자식에게는 골프를 시킨 것도 시대적 흐름이 바뀌었으니 적성을 좀 돈 버는 쪽으로 돌려놓은 것일 수도 있습니다.

지금이야 돈 버는 능력이 최고로 인정받지만, 그 능력을 갖추고 조선시대에 태어나거나 중세 유럽에서 태어났다면 어땠을까요? 이윤만 밝히는 상놈 소리만 들었을 것이고, 베니스의 상인에서 나오는 악의 화신 샤일록 같다는 소리를 들었을 것입니다. 과거엔 게임이 적성이어도 전혀 돈벌이와는 거리가 멀어서 건달 소리를 들었지만, 지금은 다릅니다. 굳이 게임 자체로 돈을 버는 프로게이머가 아니더라도 로봇과 인공지능 시대에는 그런 것들을 잘 조종하는, 이른바 게임 지능이 높은 사람들이 대접받는 시대가 될 것입니다. 아마도 지금 게임업계에서 가장 핫한 유저들을 보유한 게임 강국 대한민국이 최고의 로봇·드론 원격 조종사를 많이 배출하는 나라가 될지도 모르죠.

우린 일을 통해서 뭔가를 성취해 내기도 하지만 하고 싶은 것을 하기 위해서 일을 하기도 합니다. 누군가는, 열심히 일해서 주말에 캠핑을 하면서 사는 게 인생의 낙이기도 하고, 누군가는, 열심히 일해서 친구들과 여행 다니면서 명상도 하고 경험을 쌓는 걸 미덕으로 삼기도 합니다. 누군가는, 열심히 일하는 그 노동의 성취만으로도 행복감을 느끼면서 평생 그 똑같은 일을 하기도 하고, 누군가는, 열심히 일해서 번 돈을 모아서 안전하게 자산을 취득하고 그것을 키우는 재미로 살기도 합니다.

뭐가 옳다고는 할 수 없어요. 다 각자 가진 적성대로 가는 것입니다. 그렇게 사는 게 나에게 익숙하고, 익숙해서 남들보다 더 잘 알아서 내 자존감도 높아지는 일에서는 행복이 쌓입니다. 저는 그것을 행복 유전자라고 부릅니다. 달리기가 적성인 사람은 회사에서는 찬밥 신세여도 그 달리기 모임에서는 최고의 멘토로 대접받습니다. 평상시 돈 버는 조직에서는 두각을 못 나타내서 출근하기 싫어하는 사람도 자신의 행복 유전자가 발동하는 곳으로는 누구보다 빨리 그곳으로 가고 싶어 합니다. 그것이 행복 유전자가 발동하는 방식입니다.

그런데 일과 취미가 합쳐진 사람들이 있습니다. 일을 잘하고 사업을 잘하는 사람을 뜻하는 게 아닙니다. 모든 일과 사업은 부침이 있으니까요. 잘할 때도 있지만, 안 될 때도 반드시 있습니다. 서울 잠실의 놀이동산 롯데월드 바이킹과 롤러코스터 앞에는 이런 문구가 있습니다. "모험과 신비가 가득한 나라, 모두가 꿈꾸는 그곳" 여기서 이야기하는 모험은 '무릅쓸 모(冒)', '위험할 험(險)'입니다. 위험을 무릅쓴다는 뜻입니다. 신비는 무엇일까요? 이건 인간의 영역이 아닙니다. 말 그대로 신의 영역, 숨겨진 영역입니다.

바닥부터 시작하지만 최고 높이까지 공중제비 돌면서 요동치는 롤러코스터, 아랫배가 살살 간질거릴 정도로 살 떨리는 높이에서 떨어지는 바이킹, 인생이 이렇게 흘러간다면 어떨 것 같나요? 위험을 무릅써야 하고, 신이나 알 만한 숨겨진 영역이라 아무리 공부하고 준비를 해도 안 통하는 분야에 도전하는 삶은 쉽지 않을 것입니다. 그런데 이것을 적성으로 가지고 사는 사람이 있단 말입니다.

전혀 검증되지 않고, 위험을 무릅써야 하고, 인간의 노력으로 되지 않아서 운이 좋길 바라면서 하는 그런 모든 사업가들 일이 습관이 된 사람들입니다. 바이킹 탈 때 간질간질한 배를 부여잡고, 그럼에도 불구하고 설레어 위로 올라가는 쾌락과 아래로 떨어지는 공포를 즐기는 사람. 그런 사람들이 분명히 존재하고, 나름대로 굉장히 행복하게 삽니다.

물론, 잘 안될 때는 좀 힘들어하기도 해요. 하지만 불평도 못 해요. 그 미친 짓을 결정한 건 그 누구도 아닌 자신이니까요. 하지만 그 어떤 어려움을 이겨내면 완전 다른 사람으로 퀀텀점프를 해 버리기도 합니다. 마치 드래곤볼에 나오는 사이어인들처럼 그냥 살던 곳에서 행복하게 살면 되는데, 꼭 지구 최강과 싸워서 이겨야 되고, 꼭 우주 최강과 싸워서 이겨야 되는 삶으로 나아갑니다. 그렇게 도전과 시련 속에서 한 번 죽다 살아나면 다른 사람이 됩니다.

창업을 해야 하는데 장사 적성이 아닌 사람일수록 일과 취미가 같은 미친 사람들을 벤치마킹해야 합니다. 그들의 말 같지도 않은 말을 듣고, 합리적이지 않고, 전혀 과학적이지 않지만, 둔하게 끈기 있게, 운과 노력의 접점이 올 때까지 무한 루프를 돌려야 합니다. 모험을 기억하세요. 위험을 무릅쓰는 걸 두려워하지 말아야 하고, 언제든지 나락에 처박힐 수 있다는 걸 인정해야 하고, 그럴 때를 대비해 좀 낮게 올라가고, 더 두껍고 푹신한 옷이라도 입으며 대비하세요. 신비도 기억하세요. 합리적인 생각만으로는 절대 성공이 오지 않습니다. 신비의 영역임을 인정하고, 매 순간 모험을 대비하는 불합리한 명령에도 앞으로 전진하는 군인이 되어야 합니다.

그렇게 생활하다 보면, 잠이 안 옵니다. 걱정과 번민의 불면증이 아니라, 그 모험에 빠져들어서, 내일은 뭘 할지, 이런 아이디어는 어떨지 갑자기 자다 말고 메모하고 잠에서까지 일하게 됩니다. 아침에 메모를 보면 전혀 현실성 없는 아이디어였는데 왜 난 그 몽롱한 상태에서 그 생각에 즐거웠던가 하면서 메모를 버리기도 하지만 괜찮습니다. 나중엔 뭔가 잘돼서 나온 결과물이 좋을 때도, 이젠 그 결과물 때문에 즐거운 것이 아니라, 또 모험을 찾아 헤매려는 생각 때문에 즐거운 영역에 들어가게 됩니다. 이렇게 사업가들은 대충 비슷한 식으로 살아갑니다.

부의 크기는 중요치 않습니다. 이런 루틴과 적성으로 일과 취미를 같이 가지고 사는 사람들 얼마나 좋아요. 굳이 적성을 발휘하려고 주말까지 기다리거나 퇴근할 때까지 기다릴 필요 없이, 그냥 아침부터 밤까지 일하러 나가면 되고 집으로 오더라도 주말이 오더라도 그냥 좋아하는 거 계속하면서 사니까요. 이게 또 일하는 물리적인 시간 자체가 일반 직장인과 다르게 돼서, 시간이 지나면 그 내공의 차이는 기하급수적으로 벌어지게 됩니다.

뭔가 안정적인 방법이 있을 것 같고, 인간이 써 놓은 성공의 정답이 있을 것 같지만 누군가 그런 이야기를 아무리 하더라도, 그건 그 사람에게 맞는, 그 사람이 그것을 행했을 때, 그때 환경에서 잠깐 맞았던 그 사람의 답일 뿐입니다. 모험과 신비가 가득한 나라에서 나만의 답을 찾으려면 위험을 무릅쓰고, 책임감을 가지고, 삶의 습관을 사업가처럼 들여야만 합니다.

인간의 머리로 아무리 계획하고 준비를 해도 안 되는 건 안 되는 거예요. 그렇게 해야만, 후일, 그 '일과 취미가 하나로 되어 있는' 사업가 적성들과 붙어도 완전히 패배하지는 않을 것입니다.

> 통찰 3

노동 소득의 굴레 벗어나기

 돈, 그러니까 궁극적인 생존을 꿈꾸기 때문에 사람들은 사업을 해야 한다고 합니다. 그런데 사람들이 입에 달고 사는 '사업'에도 단계가 있습니다. 그리고 그 단계마다 왜 그걸 하는지에 대한 게 명확해야 합니다. 단순히 돈을 버는 것만 바라본다면, 대형 원양어선에 올라타서 남의 배에서 선원 8호로 일해도 됩니다. 그런데 그건 남의 배 사정에 따라 움직이게 되는 삶입니다. 그날 조업 환경에 따라 나는 언제든 밀려날 수 있습니다. 그것이 바로 직장인의 삶입니다.
 스스로 뭔가 운영하면서 돈을 벌려면 사업을 시작합니다. 누군가가 만든 통통배를 돈 주고 사서, 고기 잡는 포인트 짚어주는 곳에 가서 하라는 대로 따라 해서 고기를 잡을 수도 있습니다. 장사에서는 그게 프랜차이즈 형태입니다만, 엄밀히 말해 나의 사업이라고 장담할 수 없습니다. 스스로는 아무것도 할 줄 모르는 반쪽짜리 어부는 이 고기에 대해서도 모르고, 이 바다에 대해서도 모릅니다. 배가 어떻게 가는지도 모르고, 이 배의 한계와 어장도 곧 한계가 오고 있다는 사실도 모르고, 그냥 시키는 대로 할 뿐입니다. 그래서 언제 죽을지 모릅니다.

자영업이라는 건, 아무리 작은 고기잡이라도 스스로 낚싯대를 드리워서 하루 한 마리를 잡더라도 내 정신 가지고, 내 능력으로 스스로 고기를 잡아와서 식구들을 먹이는 일을 뜻합니다. 혼자 살 때는, 그저 돈 많이 주는 대형 원양어선을 타든지 월급은 적더라도 꾸준한 작은 통통배를 얻어 타서 월급 받고 살면 됩니다. 그러나 가족의 생존을 위해서라면 진짜 자영업자가 되어야 합니다. 곧, 사업의 가장 첫 단계는 바로 자영업자입니다. 스스로 업을 0부터 세워야 합니다. 그것이 생존의 기반이 되고, 스스로 운영할 줄 알아야 궁극적으로 나와 가족을 지킬 수 있기 때문입니다.

다음 단계는 사업가입니다. 자영업을 계속 하다 보면, 그걸로 돈을 벌고 무르익다 보면 먹여 살릴 입이 많아집니다. 내 목표가 크고, 내 욕심의 정도가 커질수록 더욱 책임이 늘어납니다. 내 몸은 하나고, 먹여 살릴 입이 많아지면, 그때부턴 사업가의 길을 가게 됩니다. 나 대신 내 일을 하는 사람들이 점점 더 많아지는 것입니다. 그리고 내가 했던 업으로 그 사람들이 살았으면 좋겠다는 마음이 들게 됩니다. 요식업으로 치면, 프랜차이즈 사업가들 같은 경우입니다.

즉, 자영업으로 스스로 운영하는 능력이 생기고 유지가 되면 사업가로 전환이 되고, 이 사업가는 더 큰 목표를 세우게 됩니다. 같은 커피 사업이더라도 전국적으로 고객을 모으는 대형 브랜드 '테라로사' 같은 방식도 있는가 하면, 전국적으로 지점을 내는 프랜차이즈 커피숍 방식도 있고, 매장을 많이 내서 커피를 파는 방식도 있습니다. 혹은 상품으로 만들어서 온라인으로 팔고 편의점이나 유통채널에 입고시켜서 파는 방식도 있습니다. 형태는 다양합니다.

어떤 형태로든지, 나의 터전에서 일하는 사람들이 다 먹고 살 수 있게 하는 방식이 바로 사업가의 길입니다. 그들의 생존을 도모하면서 나의 수익이 증가하는 구조인 것입니다. 그래서 사업가들은 툭하면 남에게 고마워합니다. "직원들이 다 해 주기 때문에 제가 이곳까지 왔습니다.", "우리 매장 점주님들이 너무 열심히 해 주셔서 여기까지 왔습니다." 그래서 대외적으로도 이렇게 말하죠. "저는 더더욱 열심히 해서 저의 가족(넓은 의미)이 잘 살 수 있도록 노력하겠습니다."

사실 돈의 크기는 이 단계 업이 되면서 자연스럽게 커지지만, 진짜 중요한 건 레벨이지, 지금 당장 소유한 돈의 크기가 아닙니다. 연봉 3억 받는 직장인도 있지만 3,000만 원도 못 버는 자영업자도 있습니다. 그렇다고 자영업자의 레벨이 낮은 건 아닙니다. 오히려 진정 스스로 운영하는 3,000만 원 버는 자영업자가 훨씬 더 안전하고, 지속 가능한 발전이 가능합니다. 3억 원 버는 직장인은 지금은 반짝일지 모르지만 지속 불가능한 생활을 계속하고 있는 것입니다. 나아가 자영업자로 수백억 매출을 내는 사람도 있지만, 사업가로 수십억 매출에 불과한 사람도 있습니다. 그러나 매출의 크기가 그 사람의 레벨을 결정하진 못합니다.

연간 100억 원 이상 매출 내서 어지간한 중소기업이라고 불리는 설렁탕집 사장님을 사업가로 부를 수 있을까요? 내부를 살펴봐야겠지만 우리 사회에는 지금 매출로는 설명이 안 되는 사업가의 길을 가는 사람들이 꽤 많습니다. 매출이 높다고, 명성이 있다고 그들을 사업가로 부를 수는 없습니다. 그리고, 진짜 사업가들은 지금도 그 일을 계속해서 하고 있습니다.

사업가의 삶은 자영업자일 때보다 시간이 더 느리게 흐릅니다. 더 열심히 일해도 언제 끝날지 몰라서 밑 빠진 독에 물 붓기처럼 느껴질지도 모릅니다. 물이 끓는 시간도 그릇에 따라 다릅니다. 양은냄비로 물 3리터 끓이기와 무쇠솥으로 물 30리터 끓이기는 화력과 시간의 차이가 어마어마합니다. 이처럼 수준에 따라, 결과물이 나오는 데도 시간이 걸리는 것입니다.

그다음 단계는 기업가입니다. 그 수많은 사업가들의 환경을 만드는 사람이자, 특히 새로운 시장을 개척한 사람입니다. 세상을 바꾸는 사람들이기도 합니다. 잡스가 만들어 낸 스마트폰 시대 이후 새로운 형태의 기업가들이 많이 생겼는데, 공통점을 찾자면 좀 더 많은 사람들이 행복해지게 하려는 궁리 끝에 무언가를 만들어 내는 사람들을 말합니다. 기존 산업을 빼앗고, 시장 독점하고, 자본으로 찍어 누르고, 이룩하는 걸 기업가라 할 수는 없습니다. 그냥 자본가일 뿐입니다.

하지만 새로운 앱 스토어를 만든 잡스, "세상에 어려운 사업은 없게 하자"라는 슬로건으로 시작한 알리바바의 마윈처럼 사업가들이 꿈을 꿀 수 있게 만든 진짜 기업가들이 세상에는 분명 존재합니다. 그들은 천문학적인 돈을 벌면서도 인류에게 수많은 혜택을 주고 있습니다. 사업가가 뛰어 놀 수 있는 환경을 만들고, 기존에 없던 시장을 개척하고, 더 많은 사람들의 삶을 조금이라도 더 낫게 만드는 사람들입니다. 이들에게는 돈의 크기가 별로 중요하지 않습니다. 어찌 보면, 계속 말 같지도 않은 공상만화 같은 소리를 하는 철부지 어린아이처럼 사는 사람들도 많습니다. 혼자 딴 세계에서 삽니다. 과거 대한민국에도 기업가 정신을 강조하던 창업주들이 많았습니다. 그들은 돈 이상의 가치를 향해 달려갔던 분들입니다.

지금 나는 어떤 사람인가요? 직장인인지, 자영업자인데 직장인처럼 살고 있는지, 자영업자인데 반쪽짜리 자영업을 하고 있는 건지 살펴봅시다. 사업가로 전환해서 호랑이를 목표로 가고 있는지, 아니면 비만 고양이처럼 살만 찌고 있는 것은 아닌지 돌아봐야 합니다. 지금 내 상태가 어떤 상태인지, 진짜 어떤 의미로 살아가고 있는지, 이제는 관조가 필요한 시점이고, 그 관조에 따른 목표 설정과 목표에 따른 기획이 필요한 시점입니다.

2장

창업 생태계의 민낯

당신이 망해야 돌아간다

[영상 함께 보기]

1. 유튜브 창업 고수들이 위험한 이유

2. 장사가 안되는 것보다 더 나쁜 상황은?

유튜브 창업 고수의
미필적 고의

유튜브에 넘쳐나는 자칭 창업 고수들의 이야기를 들어 보면 홀린 듯 빠져듭니다. 그들의 성공 스토리에는 메시지가 명확하죠. 창업을 준비하는 사람들은 이 확신 가득한 영상에 호응합니다. 설득력이 있다고 생각합니다.

"통계를 보세요. 치킨으로 성공했고, 햄버거로 성공했고, 돈가스로 성공했고, 순댓국으로 성공했고, 고깃집으로 성공했습니다. 다들 대중적인 걸 가지고 성공했잖아요? 우리 주변에서 성공했다는 사람 중 특이한 걸로 성공한 사람을 본 적 있나요? 남들이 하는 걸 해야 합니다. 당연히 고객에게 가성비를 줘야 하고, 더 많은 사람이 더 많이 오게, 오지 않으면 우리가 보내주기도 해야 합니다. 처음에 장사나 창업을 모르면 프랜차이즈를 하세요. 아이템을 고를 때도 그런 아이템을 선택해야 합니다."

이렇게 이야기하는 창업 고수들이 무지하게 많습니다. 그들은 그렇게 이야기하고, 이를 한두 번 본 초보 창업자들의 유튜브 알고리즘은 이제 그런 성공 사례만 눈에 띄도록 세팅됩니다. 그래서 생각도 이렇게 설정됩니다. "맞아…. 일단 안전한 길로 가야 해. 일단 매출이 나와야 그다음이 있는 거지. 어떤 브랜드가 좋을까?"

창업 고수와 창업 초보의 입장 차이

그들은 본인들이 사업화하고 있는 대중적인 아이템의 프랜차이즈 브랜드를 창업하도록 초보들을 유도합니다. 그들은 현재 그 프랜차이즈를 직접 운영하거나, 장차 자신의 브랜드를 프랜차이즈로 만들려는 사람이기도 합니다. 마치 TV 건강 프로그램에서 50대의 혈압에 대해 의사 선생님이 나와서 한참 얘기하다가, 광고 시간 되면 혈압 약 홈쇼핑 광고가 나오는 것처럼 말입니다. 대놓고 초보 창업자들을 속이는 것은 아닙니다. 그들에게만 맞고 초보들에게는 틀린 얘기를 지속적으로 할 뿐입니다. 그렇게 대중적인 아이템으로 성공을 하려면, 장사 경험치와 사람 관리 같은 장사 실력 이외에도 좋은 상권입지와 시설비 같은 투자금이 뒷받침해 줘야 하니까요. 하지만 그게 뒷받침 안 되었을 때 뻔히 그 뒤의 결과를 알면서도, 초보들을 특정 방향으로 몰아가며 미필적 고의를 저지릅니다.

얼마전 유행 안 타고 평생 먹고살 것 같았던 순댓국 프랜차이즈로 망한 사람의 이야기를 들었습니다. 처음 본인 지역에 3개밖에 없었던 매장이 1년뒤 30개까지 늘어나면서 매출이 급락했고, 설상가상으로 비슷한 새로운 탕 브랜드가 경쟁적으로 들어오면서 순식간에 망했다고 합니다. 순댓국 본사와 탕 브랜드 본사 매장 수는 늘고 본사 매출 또한 늘었지만 가맹점은 망한 것입니다. 돈이 된다고 하면 브랜드 수는 계속해서 늘어납니다.

그들은 아주 잘 압니다. 사업은 대중적인 아이템을 골라야 돈을 번다는 사실, 그래야 먹을 파이가 크다는 것을 압니다. 하지만, 먹을 파이가 크고 대중적이기 때문에 경쟁 사업가도 많습니다. 따라서 먹이사슬 하단에 있을수록 언제든 폭삭 망한다는 사실도 압니다. 하지만 그건 중요하지 않아요. 망해서 사라지면 또 다른 사람을 구해 채우면 되니까요.

"대중적인 걸 해야 한다.", "프랜차이즈를 해야 한다.", "특이한 걸 하지 마라." 초보들은 이 말을 듣고, 또 수천만 원, 수억 원을 투자합니다. 그러나 창업 고수들은 만두 빚는 법은 알려 주지 않고, 만두를 공급해 줄 뿐입니다. 만두 빚는 시간에 하나라도 더 팔 수 있도록 도움을 주는 것처럼 보이지만 실제로는 만두를 공급하는 사람들의 먹잇감일 뿐이라는 사실을 알 수가 없습니다.

돈가스 패티를 공급하는 사람은 순댓국 창업을 찬양하고, 고기 납품을 하며 먹고사는 사람은 햄버거 패티를 공급하며 서로를 찬양합니다. 그리고 그 아이템과 브랜드의 수명이 다 되면 새로운 대중적인 아이템을 만들어 초보들에게 세뇌시킵니다. 그 사업하는 유튜버끼리 모여서 카르텔을 이룹니다. 전문가 그룹은 콘텐츠로 세뇌시키고, 필요한 정보만 취사선택하여 객관적인 사실과 통계로 주장을 정당화합니다. 그리고 그에 맞는 브랜드를 매칭시킵니다. 완벽한 공생 카르텔입니다.

초보들은 창업 고수들의 미필적 고의에 더 큰 신뢰감을 갖습니다. 그들은 철저하게 자신들의 이익에 맞춰, 초보들을 꾀어낼 전략을 짜고, 있어 보이는 사무실, 건물, 고급 차를 보여 주며 매우 겸손한 말투로 당신도 할 수 있다고 이야기합니다. 초보들은 나도 할 수 있겠다는 웅장한 동기부여를 받으며, 오늘도 전 재산을 끌어모아 찬란한 불빛을 향해 달려갈 준비를 합니다. 이미 초보 창업선배들이 화려한 불빛에 부딪혀서 죽어 있지만 화려한 불빛 아래 죽어 있는 시체들은 보이지 않습니다. 아니 자신의 일은 아니라 생각하고 볼 생각도 안 합니다. 대한민국에는 창업 고수가 너무도 많습니다. 먹고사느라 고생하는 건 알겠는데, 적당히 좀 했으면 좋겠습니다.

중국집 창업에
2억 원 이상 들어가는 이유

중국집은 이미 한국인의 밥집입니다. 짬뽕, 짜장면, 탕수육 등도 이제는 한국 음식이 되었습니다. 호불호가 거의 없고, 대부분의 사람들이 부담 없이 즐기는 메뉴죠. 물론, 맛집이라 불리며 다양한 요리 메뉴를 구비하고 멀리서도 손님이 찾아오는 프리미엄 중국집도 있지만, 대부분 사람들에게는 그냥 동네에 있는 중국집이면 충분합니다. 그런데 동네 중국집도 창업하려면 최소 2억이 들어가게 됩니다. 그 이유를 살펴보겠습니다. 단, 단순히 중국집 창업에 대한 이야기만이 아닙니다. 우리가 흔히 접하는 한식집, 국밥집, 탕집, 김밥집 등 모든 밥집 창업에 적용되는 이야기라는 점에 유념해 읽어 주시기를 바랍니다.

밥집은 깔끔해야 한다

트렌드를 따르겠다며 갬성(감성) 인테리어, 레트로 스타일을 적용하는 것은 좋지 않습니다. 식당은 깔끔하고, 정돈된 공간이어야 합니다. 손님이 불쾌감을 느끼지 않도록 위생적인 환경을 유지해야 하죠. 또한, 인건비 부담을 줄이기 위해 키오스크를 도입하고 셀프 배식과 퇴식 시스템을 적용해야 합니다. 오래된 식당은 시급이 낮았을 때 구축된 시스템으로 지금까지 운영하고 있습니다만, 그 때문에 지금 새로운 환경에 적응하기 어려워하는 형국이고, 이제는 그런 방식으로는 영업을 지속할 수 없습니다. 변화에 적응하고 운영시스템을 바꿔야 합니다.

그러려면, 사실상 그에 맞춰서 인테리어공사를 해야 합니다. 술집이나 고깃집이나 치킨집 등은 각자의 스타일대로 허름하면 허름한 대로 리모델링을 해서 고기 맛을 내세우거나, 컨셉을 내세우거나 그 집만의 무기를 내세워서 장사하면 되지만, 밥집은 깔끔하게 시스템을 갖추고 테이블 수마저 계산해서 그에 맞춰서 시공해야 합니다. 인테리어공사를 하고 간판도 잘 보이도록 가시성 좋게 달고 주방은 일하기 쉽게 동선 맞춰서 배치하고 홀에는 깔끔하고 고급스러운 가구를 배치할 필요도 있습니다. 고객이 어느정도 대접받는 분위기 정도는 만들어야 하니까요. 식기류도 한몫 하니 새로 사야 합니다. 싸구려 그릇을 사면 돈은 아껴도 고객 브랜딩에 실패하게 됩니다. 그렇게 투자금을 산정하다 보면 아무리 아껴도 최소 7,000만 원 이상 들어갑니다.

좋은 입지에 들어가야 한다

시설비 7,000만 원을 들여 가게를 차린다고 가정해 봅시다. 다음으로는 상권과 입지를 결정해야 합니다. 예를 들어, 주방 2명과 홀 1명으로 총 3명의 직원을 고용한다고 가정해 봅시다. 이 직원들에게 매출이 높든 낮든 무조건 한 달에 500만 원을 급여로 지급해야 하는 상황이라면, 그만큼 고객이 끊임없이 방문하는 자리에 입점해야 합니다. 비가 오나, 눈이 오나, 황사가 심하나, 미세먼지가 있든 없든 코로나 같은 변수가 있어도 꾸준히 고객이 방문하는 입지에 들어가야 합니다. 좋은 상권에 위치해야 시설비와 인건비의 효율이 극대화됩니다.

 식당 창업은 상권과 입지가 핵심입니다. 시설비는 어떤 입지에 들어가든 똑같이 7,000만 원이 들어갑니다. 인건비도 무권리 자리든, 에이급 자리든 똑같이 500만 원이 들어간다고 가정했을 때 어떤 입지에 들어가야 할까요? '김밥 프랜차이즈 상위 10% 매출 매장 옆', '서○○○, 커피 브랜드 상위 5% 매출 매장 옆', '햄버거 프랜차이즈, 올리브영 옆' 이런 자리에 들어가야 시설비와 고정비의 효율이 극대화됩니다. 그렇다면 좋은 자리에 들어가려면 얼마가 필요할까요? 보증금 5,000만 원과 권리금 1억 원 이상, 여기에 시설비 7,000만 원을 추가 투자하면 결국, 최소 2억 원 이상이 필요하다는 계산이 나옵니다.

이런 시스템을 잘 아는 사람들은 돈을 법니다. 그리고 장사 그만하고 나갈 때도 권리금을 다 받아내며 철수하죠. 하지만 초보 창업자들은 어떻게 할까요? 시설비, 인건비는 똑같이 투자하지만 입지를 잘못 선택합니다. 투자금을 아끼려는 초보들이 선택하는 입지는 '보증금 3,000만 원, 무권리 매장' 혹은 '보증금 2,000만 원, 권리금 1,500만 원짜리 매장' 등입니다. 투자금은 7,000만 원 그대로 쓰고, 인건비도 똑같이 한 달에 500만 원 쓰지만, 입지가 좋지 않아서 날씨 변동에 매출이 들쭉날쭉하고, 이를 메꾸기 위해 배달을 시작하면서 수수료 부담까지 생깁니다. 배달비와 마케팅비를 쓰면서도 수익이 남지 않는 구조가 되고, 결국, 초기 투자금을 회수하지 못하고 폐업합니다.

돈이 부족하다면, 식당 창업은 나중에 하라

특히 프랜차이즈 밥집을 창업하려면 최소 2억 원 이상은 준비해야 합니다. 만약 초보 창업자이고, 돈이 부족하다면 처음부터

밥집을 하지 말아야 합니다. 치킨 호프, 허름한 고깃집, 소규모 술집 등으로 먼저 경험을 쌓으세요. 이런 종류의 업종은 입지도 중요하지만 그곳만의 맛과 분위기와 구성에 따라서 취향에 맞는 고객들이 찾아올만한 여지가 있습니다. 따라서 입지도 밥집보다 여유가 있고, 점심때 반짝 저녁때 반짝 회전율로 장사하는 것이 아니기에 인건비도 적게 들어갑니다. 배식과 퇴식 동선을 짜는 것도 융통성을 발휘할 수 있어서 시설되어 있는 매장을 인수하면 창업 비용도 대폭 낮출 수 있습니다.

밥집보다는 저녁 장사 위주의 '밥술집' 스타일로 기존 매장 시설을 인수해서 리모델링 등 최소한의 비용으로 창업하는 것으로 첫창업의 리스크를 최소화하세요. 이후 장사를 좀 알게 되었을 때, 두 번째 목표를 밥집으로 설정하세요.

밥집 창업에서 브랜드보다 중요한 건 입지입니다. 좋은 자리에서 시작해야 청결, 친절, 위생, 서비스, 홍보 등이 의미를 갖게 됩니다. 입지가 좋지 않다면 아무리 친절하고 위생적이고 맛있어도 안정적인 매출을 내기가 어렵습니다. 밥집 창업은 결국 좋은 자리에서 올바른 시스템을 갖추고 시작해야 성공 확률이 높아집니다.

가족에게 창업 비용을
대주면 안 된다

〈무빙〉이라는 드라마가 있습니다. 한국형 히어로물이지만, 이 드라마 속 초능력자들은 세계평화가 아닌 오직 '자식들'을 위해 싸웁니다. 그 어떤 남녀 간의 사랑이나 인류를 위한 희생보다도, 훨씬 강한 '가족애'를 보여 주죠. 이 모습이 한국인의 정서를 건드리고, 많은 사람이 공감합니다. 여기에서 우리나라사람들의 관계에 대한 공식이 생깁니다. 바로 '한국 사람 = 자식 사랑 = 가족 사랑'입니다. 이 공식은 삶을 살아가는 데 큰 힘이 되기도 하지만, 창업 시장에서는 이 공식을 대입하다가 가족이 해체돼 버리는 경우들을 많이 봅니다.

의도가 선하다고 해서 결과가 잘 나오는 것은 아닙니다. 부부끼리 돈을 대주는 것은 파트너십의 관점이라고 생각하고 논외로 두겠습니다. 초보 창업자들을 만나다 보면, 오빠가 여동생에게 누나가 남동생에게 부모가 자녀에게 창업 비용을 대주려고 한다는 말을 자주 듣습니다. 그러나 특히, 가족이 가족에게 창업 비용을 대주면 문제가 됩니다. 가족 전체가 경제적으로 무너지는 사례를 많이 봤기 때문입니다. 가족이라는 존재는 무섭습니다. 남에게는 5,000원짜리 커피 한 잔도 부담스러워 사주지 않던 사람이, 자식에게는 평생 모은 5,000만 원을 아무렇지 않게 주려고 합니다. 그리고 창업 비용은 특히 그 가족 구성원 누군가가 수십년에 걸쳐서 모은 돈인 경우가 많습니다.

가족들에게 창업 비용을 대주면 안 되는 이유

하나, 사업가 마인드가 부족합니다. 개인적인 사정들은 다 있겠지만 기본적으로 사업가 마인드를 가진 사람들은, 염치라는 게 있습니다. 남의 돈을 쉽게 달라고 하질 않습니다. 왜냐면 어차피 그건 내 돈이 아니고 갚아야 할 돈이기 때문입니다. 또 내 돈이나 남의 돈이나 귀한 건 매한가지라고 생각을 하죠. 그래서 사업가 마인드를 가진 젊은 자식들은 어지간하면 늙은 부모에게서 창업 자금을 받겠다는 생각을 잘 안 합니다. 물론 정확히 차용증과 투자계약서를 쓰는 상식적인 경우도 있습니다. 하지만 그러지 않고 아빠가 돈 대주면 창업하겠다는 책임감 없는 말은 절대 못합니다.

둘, 창업 비용을 쓸 줄 모릅니다. 창업을 하려는 가족들도 초보이고, 돈 대줘서 시키려는 가족도 초보입니다. 창업에 필요한 투자금이라는 것이 같은 결과를 낸다는 가정하에 3,000만 원 투자로도 500만 원을 벌 수 있고 3억 원을 투자해도 500만 원을 벌 수 있습니다. 그 창업 비용을 어떻게 써야 할지를 모르는 상태에서 돈을 대준다는 것은 비효율적으로 사용하거나 투자금이 공중분해 되는 문제를 불러올 수 있습니다.

셋, 그 창업 비용의 의미를 제대로 알지 못합니다. 5,000만 원이든 1억 원이든 가족에게서 돈을 지원받은 초보 창업자는 그 돈의 의미를 모릅니다. 돈이라는 게 그렇습니다. 돈은 자기를 귀하게 쓰는 사람에게 붙어있습니다. 돈을 모아서 대주려는 사람은 귀함을 압니다 그 돈을 모은 과정을 알고 있죠. 하지만 돈을 받는 그 사람은 모릅니다. 돈은 그런 사람에게 잘 붙어있지 않습니다.

넷, 공멸할 가능성이 높습니다. 자격 없는 사람에게 돈을 주는 집단은 가족 말고는 없습니다. 그 돈이 몽땅 날아갈지도 모르지만 믿고 투자합니다. 투자금은 지원해 주는 가족 구성원이 가진 잉여 자금 중 대부분의 돈일 가능성이 높습니다. 그리고 항상 그렇지만 처음 예상했던 것보다 더 많은 돈이 들어갑니다. 그런데 그 가족 구성원이 나름 최선을 대해서 대주는 창업 비용이 이 험한 창업 시장에서는 사실 큰 돈이 아닙니다. 그리고 그 돈을 효율적으로 어떻게 쓸지도 모릅니다. 그런 상태에서 창업을 하고, 생각보다 순식간에 증발되는 상황이 부지기수로 일어나죠. 그러면, 돈을 대준 가족들의 세월이 날아가고, 돈을 받은 가족의 삶은 궁핍해지죠. 얻은 것도 없이 그저 순식간에 증발이 되면, 그때부턴 가족들끼리 서먹해집니다.

창업은 내 손으로 일구는 것

정상적인 초보 창업자들은, 자기 사업을 하려면 우선 자기 돈으로 해야 한다고 생각합니다. 절대, 부모나 윗사람의 쌈지돈을 먼저 달라고 하지 않아요 그래서, 최선을 다해서 3,000만 원이든 4,000만 원이든 모으고, 모자란 것은 본인이나 배우자의 신용으로 미리 대출을 신청해서 준비해 놓습니다. 그리고 그 돈으로 창업을 시도하죠. 그러다 예상치 못한 비용이 발생해 자금이 더 필요할 때가 분명히 생깁니다. 그러면 그들은 그때서야 부모님이나 가족들에게 자초지종을 이야기하고, 도움을 요청합니다. 제2금융이나 카드대출 받는 것은 낭비니까요. 이런 상황이 바로 제가 봐온 정상적인 모습들입니다.

창업 쪽에서는 가족끼리 돈거래를 특히 조심해야 합니다. 차라리 돈을 안 주면 당장 갈등은 생겨도 좀 시간 지나면 괜찮아집니다. 그런데 돈 대줘서 창업했다가 망하면 그때는 아주 안 좋아집니다. 창업 비용을 대준다고 하더라도, 최소한 전체 창업 자금의 30% 이상을 스스로 모아 왔을 때 나머지를 지원해 주어야 합니다. 무턱대고 돈을 다 대주는 것은 결코 가족을 위한 일이 아닙니다. 그건 결코 책임감이라고 할 수 없습니다. 그 무책임한 행동 때문에 가족들끼리 돌이킬 수 없는 관계까지 가는 상황을 많이 봤습니다.

가족 사이에서는 그냥 사랑만 하시고,
돈 얘기가 나오면 그냥 슬쩍 뒤로 빠지길 바랍니다.

돈이 아까워서가 아닙니다 그게 진짜 사랑입니다. 조그맣게라도 해 보고 나서 돈 쓸 줄 알게 될 때 줘도 늦지 않습니다. 오히려 결핍은 그 가족이 더 크게 성장하는 데 도움을 주는 자양분이 될 수 있습니다. 물론, 여유가 있다면 틈나는 대로 얼마씩 주면서 성장시키는 것도 한 방법이긴 합니다. 제가 이야기하는 것은, 그냥 평생 열심히 살아온 평범한 가족들의 이야기입니다.

> 통찰 4

너무 열심히만
일한 건 죄

　결혼을 일찍 해서, 없이 만난 두 사람이 희망차게 인생을 시작합니다. 그리고, 본인이 할 수 있는 걸 최대한 몸을 갈아 넣어서 생계를 꾸렸습니다. 왜일까요? 어린 자식과 아내를 위해서입니다. 아내도 나가서 일을 한다고 했지만, 애초에 그 일을 말린 것도 그 아저씨였어요. 엄마라도 붙어서 애를 봐야 하고, 나머지 돈은 내가 몸이 부서지더라도 해결하겠다고, 그렇게 하루 종일 가게에서 죽어라 일한 덕분에 사업도 점점 잘 풀렸습니다.
　출퇴근 시간도 아까워서 가게에서 자고 일하고를 한 적도 많고, 주말에도 쉴 새 없이 일했습니다. 아이들 학비, 학원비, 생활비를 감당하려면, 더 벌어야 했죠. 그 와중에 아내는 그동안 나도 못 해 본 것들도 좀 해 보고 싶다며 대학원을 가고 싶다고 하고, 사회생활을 하고 싶다고 진지하게 이야기합니다. 그 모든 요청에 그 아저씨는 안 된다고 한 적이 없어요. 그저 다 해 주고 싶을 뿐이고, 그게 자신의 일이라고 생각했습니다. 그런데 어느 순간 집에 오니, 집안 공기가 냉랭합니다. 아이들은 아빠가 불편하고, 아내는 나를 무시합니다. 그러나 바로잡지 못합니다.

그러다 어려운 상황이 닥쳐오고 아저씨는 아내에게 이야기합니다. 지금 가게가 어려워졌으니 좀 모아 둔 돈을 달라고 합니다. 그러나 모은 돈은 없었습니다. 다달이 500~1,000만 원씩 몇 년을 주었지만 그 돈은 모두 쓰고 난 뒤였습니다. 오히려 아내는 맨날 일한다고 가정은 등한시하고, 그렇게 열심히 일해 놓고는 겨우 그 가게 하나도 건사 못하냐고 화를 냅니다.

절망적이었죠. 그래도 이 가게마저 망하면 우린 큰일 난다는 생각에 아내와 함께 방법을 찾아보려고 했지만 돌아오는 답은 냉정했습니다. 자신은 아는 것이 없으니 당신 가게는 당신이 알아서 하라는 것이었죠. 아저씨는 하늘이 노래졌습니다. 최선을 다한 나의 과거가 후회되고, 내가 어려울 때, 조그만 위로조차 받지 못하고, 남보다 못한 취급을 받으며, 그 와중에 가정을 등한시한 파렴치한까지 되고…. 그렇게 혼자 울었습니다. 누구한테 보여 주지도 못하고, 혼자서 끙끙 앓다가, 자기도 모르게 분노가 차올라서, 그럼에도 불구하고 스스로 너무 무력해서 가슴속에 천불이 나서 흐르는 눈물입니다.

결국, 가게는 헐값에 넘어갔습니다. 배달 기사로 일당벌이하면서 재기를 꿈꾸지만 이미 아저씨의 몸과 마음은 무너졌습니다. 앞으로 열심히 살 생각이 없는 듯 보였습니다. 없는 돈으로 술집도 다니고, 양주도 시켜 먹고 예전엔 돈 아까워서 한 번도 하지 않았던 일들을 거리낌 없이 합니다. 여전히 가족들에겐 투명 인간 취급을 당합니다. 가장이라는 책임감에 생활비는 그래도 보내면서 살고 있지만, 이 아저씨는 앞으로 어떻게 될까요?

　무턱대고 열심히 일한 죄, 그 수십 년을 그렇게 바보같이 산 죄입니다. 지금 무턱대고 열심히 일하며 가족을 위해 사는 가장분들에게 전합니다. 열심히 사는 건 좋지만, 잘 체크하면서 삽시다. 비참해집니다.

브랜딩은 돈이 많이
든다는 착각

브랜딩을 하려면 돈이 많이 든다는 생각에 지레 겁먹고 안 하는 사람이 많습니다. 그러다 브랜딩이 잘 된 가게를 보면 좌절합니다. "아…. 저 사람은 다른 세상 사람이구나. 저렇게 꾸미려면 돈이 얼마나 많이 들었을까? 뭔가 대단한 전문가들과 함께했겠지?" 이런 생각을 하지만 다시 가만히 있습니다. 정말 신기할 정도로 가만히 있습니다. 하늘에서 구세주가 내려오길 기다리고 있는 걸까요? 나의 매장이, 나의 가게가 난파선처럼 가라앉고 있는데, 탈출도 보수도 하지 않고 가만히 있습니다.

내 손으로 조금씩 손보며 가꾸는 브랜딩

맨날 브랜딩, 브랜딩 얘기를 하는데, 사실 브랜딩은 정답이 없습니다. 그럼 진짜 브랜딩은 무엇인지 알아봅시다. 자, 우리가 지금 가게에 손님의 입장에서 앉아 있다고 칩시다. 그러면 가만히 생각 좀 해 보자는 것입니다.

'저기 공사 마감이 잘 안 된 곳이 있어서 지저분한 곳이 있네? 따로 페인트칠하기도 힘들 것 같고…. 그럼 화분으로 좀 가려 놓자. 여기 화분을 놓으면 저쪽도 휑해 보이니까 저기도 같이 밸런스 있게 같이 둬야겠다. 창가 자리가 저녁엔 좋긴 한데 점심 때 햇빛 드는 게 심하네. 커튼을 달까, 블라인드를 달까? 테이블이 나무색이니까 블라인드로 이 공간에만 다른 느낌을 주자. 조도는 좀 내리고, 전기 공사는 돈이 드니까 스탠드 조명을 놓아 이 테이블을 더 예쁘게 만들어야지. 콘크리트 벽은 그대로 두기보다 액자를 하나 거는 게 좋을 것 같아.'

이런 게 공간, 즉 VMD 브랜딩입니다. 이런 걸 생각하고 고민하는 시간이 꽤 걸려요. 브랜딩은 고민하는 사람들입니다. 뭔가 뚝딱 마법을 부려서 만들어 내는 사람이 아닙니다.

가령 이렇게 생각해 봅시다. 실내를 잘 꾸며 놨는데 창밖을 바라보니 아저씨들이 담배 피우고 있고, 보기 싫은 차들이 주차된 상황입니다. 그러면 인테리어가 아닌 아웃테리어 브랜딩이 필요합니다. 테라스 공간을 활용해 보기 싫은 것들을 가리는 동시에 안에 앉아 있는 사람들에게 인공적인 뷰를 주는 것입니다. 예시로 그곳에 돌과 나무, 물이 흐르는 물레방아를 두었다고 칩시다. 이러면 그곳에 앉고 싶은 고객 감정이 생깁니다. 그리고 그 공간에서 찍은 사진들이 온라인 상에서 돌아다니게 됩니다. 그러면 그곳에서 먹은 음식이 엄청 특별하지 않아도, 그 음식 맛은 더 맛있다고 써서 올릴 것입니다.

  당연히 고민하고 생각하는 시간 플러스에 돌과 나무와 물레방아를 사야 합니다. 그러나 구매는 내 예산에 맞춰 방법을 찾으면 됩니다. 예산이 20만 원이라면 당연히 비싼 돌 못 사고 비싼 나무 못 삽니다. 그러면 돌 모형을 쿠팡이든 다이소든 해외 직구든 내 예산에 맞춰서 주문을 하고, 나무는 고속터미널을 가든 화훼단지를 가든, 중국 테무나 알리에서에서 찾든 해서 주문하고 설치하면 됩니다. 만약 의도한 분위기가 나지 않는다면 이를 다시 찾아서 주문하고, 다시 설치하는 일을 반복합니다. 다른 매장들은 어떻게 했나 잡지책을 찾아보는 것도 좋지요. 이 모든 과정은 정성과 시간이 걸릴 수밖에 없습니다.

세심한 관심에서 시작하라

메뉴 브랜딩은 어떨까요? 단순히 고객들이 좋아할만한 메뉴를 만드는 것도 중요하지만, '어떻게 보이는지'도 매우 중요합니다. 테이블과 접시 색깔, 그리고 그 그릇들의 크기까지 밸런스가 맞아야죠. 레스토랑인지 일반 밥집인지 술집인지에 따라서 테이블 위에 여백의 정도도 달라야 하고, 시그니처와 사이드 메뉴가 조화를 이뤘을 때 보여지는 모습도 신경 써야 합니다.

한편 시각적인 매력도도 중요하지만, 가격 면에서의 매력도도 중요합니다. 메뉴의 원가율을 따지고, 일괄적인 원가율뿐만 아니라 같이 시켰을 때 콜라보 되는 원가율도 고려해야 합니다. 고객은 가성비를 느껴야 하지만 장사하는 사람도 수익이 남아야 하기 때문입니다. 또한, 매출 대비 몇 명이서 조리할 수 있는 동선으로 잡아 놓는지에 따라서도 전처리공정이 다르고, 제품을 쓰고 만들어 놓고 하는 세부 사항이 다 달라집니다. 이런 것들도, 돈이 들어가는 일이 아니죠 물론 접시 살 때 돈 필요하고 테이블을 바꿀 때 돈이 들 수도 있겠죠. 하지만 그보다는 많은 시간과 정성이 들어갑니다.

화장실 가려고 키를 가져가는데 매직으로 '왼쪽 화장실'이라는 안내만 써 있으면 어떨까요? 손님 입장에서는 화장실로 출발하는 마음부터 왠지 더럽거나 열악할 것 같다는 느낌이 들 것입니다.

화장실 위치를 알리는 디자인 또한 깔끔하고 신경 썼다는 티가 나는 안내를 디자인해 붙여야 합니다. 화장실 문 색과 남녀 표시 디자인도 맞게 부착되어야만, 화장실 문을 편안하게 열게 됩니다.

우리가 매장 안에서 보는 도화지 같은 인테리어에 기물과 기자재 가구와 그릇과 접시 같은 것이 하나씩 첨가되어 그림이 그려져 있다면, 인공적인 디자인 싸인물, 그러니까 활자가 들어가고 도형과 그림이 들어간 그 모든 고객 접점 매체가 모두 디자인입니다 간판은 물론 그 디자인이 들어간 메뉴, 그 디자인이 들어간 싸인물, 그 디자인이 입혀진 그리팅 카드, 그 디자인이 드러난 '어서오십시오' 표시, 온라인에 들어가는 디자인물들까지, 고객들이 인지하는 접점 매개체에는 모두 디자인 브랜딩이 들어갑니다.

그런 것들을 출력해 주는 간판업체에서 해 줄 수 있을까요? 아닙니다. 다 잡아줘도 직접 달아 보면 이상해서 다시 해야 하는 상황도 즐비하고, 해 놨는데도 부족해서 추가하거나 오히려 과해서 다시 축소하기 위해서 전체 디자인물을 다시 잡는 경우도 있습니다. 여기에도 다 시간과 정성이 들어갑니다.

역설적이게도, 우리가 노포라고 부르는 그 아무런 브랜딩도 없이 시작한 오래된 매장의 사장님들은 지금도 계속 보완하려고 합니다. 청소나 위생은 기본 중에 기본이며, 오래 묵혀야 할 건 죽어라고 지키면서 하지만, 그 주인분이 사소하지만 양배추샐러드 접시를 시장에서 새 걸로 사오고, 김치그릇이 너무 커서 찌개 올릴 자리가 없으면 김치와 단무지와 짠지를 같이 놓을 수 있는 삼단 합체 접시로 바꾸기도 하죠. 휴지는 옷걸이를 휘게 만들어서 걸어 두기도 하고, 오래된 화장실 냄새를 없애려고 향초도 놓고, 화장실에서 용변 보는 소리 들리지 않도록 라디오도 틀어놓습니다. 이게 다 브랜딩입니다.

브랜딩 외주 잘 주는 법

요즘 마케팅을 해야 한다고 참 어지럽게 애기들이 많습니다. 그러나 솔직히 말해서 마케팅으로 살 수 있는 시대가 아닙니다. 마케팅하기 전에 브랜딩을 어느정도 갖추지 않으면 죽는 시대가 되었습니다. 이 브랜딩은 돈과 시간과 정성이 든다는 걸 알아야 합니다. 매장 오픈하고서도 계속해서 생각과 고민을 해야 합니다.

내 업에 대한 고민은 하나도 하지 않은 채로 하는 마케팅은 독이 될 수 있습니다. 대개는 마케팅회사를 욕합니다. 왜 마케팅을 했는데 장사가 안되는지 이해하지 못합니다. 마케팅 회사는 하라는 대로 열심히 알렸을 뿐이라서 황당하기만 합니다. 그 가게가 못나서 홍보를 해도 손님이 안 오는 건데 책임의 화살을 자신에게도 돌리니 억울합니다. 그렇게 둘의 관계가 파탄납니다.

이제 브랜딩과 마케팅을 왜 주도적으로 해야 하는지 알았으리라 생각합니다. 그런데 이런 생각이 들 수 있습니다. "오케이, 좋아. 당신이 하는 말이 무엇인지 알겠어. 그래도 난 어디서부터 어떻게 하는 건지도 모르겠고, 예쁜 화분을 가져다 놓으려 해도 어떤 게 예쁜지 모르겠고, 까만 색을 살리고 했는데 까만 색도 종류가 여러 개고 가격 차이는 왜 나는지도 모르겠어. 시간과 정성을 쏟을 수는 있는데, 막연히 계속 쏟아붓는다고 되는 건 아니잖아?" 이렇게 어디서부터 어떻게 할지 갈피부터 못 잡을 수 있습니다. 이럴 때 비로소 브랜딩 팀이 필요합니다. 브랜딩 해 본 사람들의 두뇌와 시간과 정성을 돈 주고 사는 것입니다.

그 시간과 정성을 쏟는 방법도 두 가지가 있습니다. 하나는, 내가 컨트롤타워가 돼서 총 감독을 하는 것입니다. 가게를 몇 개 해 본 사람들이나, 사업체를 운영해 본 사람들이 선택하는 방법입니다. 숨고나 크몽 같은 곳에서 필요한 인력을 섭외합니다. 작업 시간과 견적을 짜고 스토리전문가, 디자인전문가, 공간기획, VMD전문가, 메뉴전문가, 운영전문가 등을 파트별로 면접 본 뒤, 다같이 앉혀 놓고 감독으로서 공정별로 해야 할 일을 정해 주고 그 사이사이 도란스 역할을 하면서 그들을 지휘해서 브랜딩합니다.

다른 하나는, 어떤 영역이 있는지도 모르고, 그들을 취합해서 감독 지휘할 수 없는 초보가 선택해야 할 방법입니다. 이럴 때는 전문가 그룹을 찾아가야 합니다. 다만 전문가의 두뇌와 시간과 정성을 사용하는 비용은 그야말로 천차만별입니다. 억대 견적도 부지기수이고, 요즘은 상업 시설 말고 아파트 꾸미는 것도 수천만 원씩 받고 하죠. 실력 있는 부자들은 오히려 그들의 시간과 정성을 줄이고자 점점 수준 있는 팀들을 찾고 무형의 가치에 기꺼이 지불합니다. 하지만 초보 창업자라면 그들의 시간 가치와 나의 시간 가치를 고려해서 합당하게 투자해야 합니다.

내가 해야 할 정성과 시간을 안 들이고 한번에 결과물을 달성해 내려면 당연히 내가 못 가진 것을 가진 누군가들의 두뇌와 시간과 정성을 사야 합니다. 그러나 소박하지만, 어느정도 시설이 되어 있는 가게를 인수한다면, 앞서 이야기한 것처럼 꾸준히 가꾸고 시간과 정성을 쏟을수록 차츰 예뻐집니다. 그렇기 때문에 그 긴 시간동안 버틸만한 구조를 만들어야 하고, 내 몸뚱이로 버티면서 시간을 들여서 하나씩 해 나가야 하는 것입니다.

그렇게 가꾸다 보면, 남들이 해 놓은 것들이 보이기 시작합니다. 거창하게 꾸몄든 소박하게 꾸몄든 그 결과물이 나오기까지의 생각과 고민은 똑같으니까요. 예산 차이가 있을 뿐 그 안에 담긴 의도가 다른 것은 아니까요. 모쪼록 내 가게를 꾸리는 사람이라면, 시간과 정성을 들여서 브랜딩하는 과정을 꼭 거치길 바랍니다. 직접 브랜딩을 안 해 본 채 장사나 사업을 하면, 어느 순간 도태될 수 있습니다. 그리고 앞으로 그런 경향은 더욱 심해질 것입니다.

인테리어 꼭
하셔야겠습니까?

일단 개념 정리부터 해 봅시다. 인테리어는 내부를 꾸미는 데 있어서 움직일 수 없는 부분, VMD는 내부를 꾸미는 데 있어서 움직일 수 있는 부분입니다. 그래서 인테리어는 대개 공사와 관련됩니다. 일반인이 못 해요. 기술자가 해야 합니다. 철거 기술자가 와서 철거하고, 목공 기술자가 들어와서 목작업을 합니다. 전기 기술자가 들어와서 전기 작업을 하고, 타일 기술자가 들어와서 바닥과 주방과 화장실 벽에 시공을 하죠. 이게 인테리어입니다.

폴딩도어를 달아서 익스테리어 값을 추가하고, 붙박이 소파를 만드는 목작업이 들어오고, 소파 작업이 들어오고, 전기 작업이 들어오고, 바닥 공사, 천장 공사, 덕트 공사까지 전부 공사합니다. 이러면 평당 200만 원은 그냥 쓰게 됩니다. 15평 이하라면 더 비싸게 받아서 최소 평당 300만 원은 할 것입니다. 그러니 20평이든 30평이든 인테리어 공사비로만 6,000만 원은 들어갑니다. 여기서 끝이 아닙니다. 나라에 내야 하는 비용이 또 있죠. 허가 관련 비용, 전기 승압, 가스 인입, 덕트 공사 등입니다. 또 가구나 기자재 비용도 별도로 발생합니다. 예쁘게 나올지 안 예쁘게 나올지는 둘째 문제예요. 일단 공사비만 그 정도 들어갑니다. 나아가 예쁘게 디자인하고 자재도 더 고급으로 바꾼다면 비용이 껑충 뜁니다. 6,000만 원에 끝낼 공사가 1억 원이 되는 것입니다.

안경을 고를 때를 떠올려 봅시다. 똑같은 재질인데도 어떤 건 10만 원, 어떤 건 30~40만 원을 합니다. 단순히 브랜드 값 때문만은 아닙니다. 디자이너가 창작했는지, 아니면 기존 디자인을 베껴 만든 것인지에 따라 차이가 나기 때문이죠. 마찬가지로 공간에 맞춰 모든 것을 새로 창조하는 인테리어 회사의 견적은 다를 수밖에 없습니다. 재밌는 점은, 수천만 원이나 억대에 달하는 인테리어를 써도 정작 고객들은 그 가치를 제대로 알아보지 못하는 경우가 부지기수라는 것입니다. 내가 밟고 있는 바닥 타일이 얼마인지 어떻게 알겠습니까. 내가 앉은 붙박이 소파가 목공사를 한 건지도 알아보지 못합니다. 고객에게 중요한 것은 바라보고 있는 그곳이 예쁘고, 내가 그곳에서 사진을 찍었을 때 근사한 것입니다. 그런 것들은 대부분 VMD가 담당합니다.

공사 없이도 충분히 예뻐진다

VMD는 꾸며지는 것 중에 움직이는 모든 것을 의미합니다. 고객들이 앉아 있는 의자와 음식을 놓는 테이블, 고객들을 비추는 조명, 조경과 소품 등 그 모든 것들입니다. 시공을 하는 것이 아니라 설치 내지는 장착하는 것들이죠.

자, 현장을 예시로 살펴보겠습니다. 서울 홍대 상권, 가장 치열한 상권인 합정동에서 탑급에 있는 와인바입니다. 이곳은 커피숍을 하다가 내놓은 가게를 인수한 매장입니다. 바닥과 천장 날것 그대로 있는 것을 인수해서, 이곳만의 테이블과 의자 조명과 조경으로 마무리했습니다. 즉 인테리어 공사를 하지 않았습니다. 대신 VMD 기획을 맡겼고, 회사는 그 기획에 맞춰 가구·소품·조경·조명을 구입해 설치했습니다. 덕분에 목공사, 천장 공사, 전기 공사를 하지 않아도 되었죠. 고객이 이곳에서 무엇을 느끼고 가게 할지를 고민한 VMD 기획을 바탕으로 완성된 공간입니다.

다른 곳도 살펴보겠습니다. 이곳 역시 동네에서 핫플레이스 대접을 받는 집입니다. 공사는 주방만 했습니다. 주방은 공사가 전혀 되어 있지 않은 공실 상태였기에 시공이 필요했습니다. 특히 방수·설비·수도가 걸려 있는 주방은 반드시 전문 업체에 맡겨야 하며, 그래야 AS 보장이 가능합니다. 반면 홀은 벽을 석고보드로 막지 않고 준공 상태 그대로 통창을 살려 두었습니다. 말 그대로 바닥과 천장만 마감한 뒤 그 위에 가구와 테이블, 소품을 채워 넣었습니다. VMD로만 끝낸 것입니다. 그런데 사람들은 이곳 인테리어가 예쁘다고 이야기합니다.

식당은 어떨까요? 횟집을 하던 자리에 들어선 식당은 주방 공사를 할 필요가 없습니다. 다만 안에서 밖을 바라봤을 때 차들만 왔다 갔다 하고, 전혀 뷰가 좋지 않기에 가려버리고 외부 조경을 했습니다. 덕분에 매장을 찾은 고객들은 시각적으로 넓은 공간을 확보하게 되었습니다. 이곳도 인테리어는 없습니다. 그저 가구를

바꿨습니다. 목공사 대신에 간살 도어를 구입해서 설치했고, 블라인드와 현수막으로 햇빛을 가려 앉고 싶은 곳으로 만들었습니다. 만약 간살 도어가 비싸다면 파티션을 두면 됩니다. 여기에 문처럼 생긴 소품을 사서 달고, 간판 같이 할 때 같이 내부 간판도 달아매면 근사한 내부 거대 조명이 됩니다. 이러면 공사가 필요가 없습니다. 치킨집이든 식당이든 요식업이 망한 자리엔 주방 공사가 되어 있으니 VMD로 마무리하면 됩니다.

유독 고급스러움을 강조하는 브랜드도 있습니다. 앞서 안경 얘기한 것처럼 디자인에 신경 쓰고, 자재를 좀 더 좋은 걸로 신경 쓴 곳입니다. 이러면 평당 400만 원의 인테리어 견적도 쉽게 나옵니다. 그러면 50평 기준으로는 2억 원이 되지요. 여기에 4,000~5,000만 원에 달하는 익스테리어 비용까지 들여야 합니다. 그렇게 장사 시작도 하기 전에 돈을 쓰다가 분양상가 하나 정도 살 정도까지 되는 돈까지 투자해 버리고 맙니다. 자기 건물도 아닌데 말입니다.

평당 300~400만 원의 창업 비용이 든다는 말만 듣고 가맹 계약이든 가계약이든 하면 안 됩니다. 실제로 견적을 뽑아보면 예산보다 적게는 5,000~6,000만 원부터 많게는 1억 원 이상 추가되는 걸 감당할 수 없어 계약금 날려버리는 사람이 부지기수입니다. 또한 고급스러운 인테리어도 똑같은 매장이 수십, 수백 개 생기면 고객은 더 이상 그 디자인에 감동하지 않습니다. 결국, 그곳만의 것이 사라지면 콘텐츠는 빠르게 소멸됩니다.

정리하자면 VMD라는 건, 예산 부족한 창업자들이 가장 활용해야 될 요소입니다. 주방과 기타 시설이 되어 있는 곳들은, 적게는 300~400만 원부터 시작해, 가구를 싹 다 바꿔도 소품 포함 돈 1천 만 원만 써도 분위기가 확 바뀝니다. 멀쩡한 시설 다 부수고 잔뜩 빛내서 인테리어 새로 하지 마세요. 원 오브 뎀(one of them)이 아닌 온리 원(only one)이 되어야 합니다. 그렇지 않으면 QSC(퀄리티, 서비스, 클린)가 다 갖춰진 매장도 서서히 도태됩니다. 물론 미용실이나 패션업 같은 뷰티 업종, 카페나 숙박·스테이처럼 공간 경험이 중요한 업종은 고급스러운 홀 분위기가 필수입니다. 하지만 여기서 강조하고 싶은 점은, 소자본 창업이 가능한 외식업에서는 인테리어 비용을 최대한 줄여야 한다는 것입니다.

가로수길이 망한 까닭은
온라인 간판에 있다

상권이 좋다는 말은 그곳에 사람이 많다는 말과 통합니다. 입지가 좋다는 말은 사람이 많은 곳에서도 잘 보이는 곳이라는 뜻입니다. 잘 보이고 유동 인구가 많은 곳이면 입지가 좋고, 안 보이고 사람도 안 지나가는 곳이면 입지가 안 좋은 겁니다. 그러므로 상권과 입지가 좋은 곳에 가게를 차리고 가시성 있고 들어오고 싶은 익스테리어를 만들어 두면 장사가 잘 됩니다. 이것이 바로 상권·입지 및 오프라인 간판의 본질입니다.

세대 교체가 상권을 바꾼다

불과 10년 전만 해도 우리는 서울 신사동 가로수길을 최고의 상권이라고 불렀습니다. 20년 전에는 압구정 로데오였는데, 압구정 로데오가 박살이 나고 가로수길이 그 명성을 차지했습니다. 그곳이 당시 가장 많은 사람들이 다니는 곳이었기 때문에 최고의 상권이 될 수 있었습니다. 그런데 그 길을 다녔던 사람들은 가로수길 근처에 사는 사람들이었을까요? 아닙니다. 서울, 대전, 대구, 부산은 물론 전국 모든 사람과 해외에서 온 이들까지 모였기 때문에 그렇게 사람이 많았던 것입니다. 따라서 이 사람들이 여기에 모이지 않으면 그 장소에 더는 사람이 많을 이유가 사라지게 됩니다.

그렇다면 그렇게 모인 사람들의 정체는 무엇일까요? 바로 힙하고 핫한 유행을 주도하는 20~30대입니다. 그 당시 20~30대들은 미친 듯이 가로수길로 향했습니다. "어디서 만날까요?" 하면, "가로수길에서 보자"가 당연했습니다. 그러다 보니, 업체들은 엄청난 마케팅 비용을 써서라도, 가로수길에 입점하려 애썼습니다. 여기서 말하는 마케팅 비용은 바로 임대료입니다. 강남 최고 자리에 자리 잡은 파스쿠찌가 월 1억씩 임대료를 낸 것도, 마케팅비로서 효용이 있었기 때문입니다. 좋은 상권에 입점하는 것 자체가 엄청난 마케팅 효과를 내기 때문에 장사가 되고 사업적으로도 수익이 생겨서 그 임대료를 내도 상관이 없던 것입니다.

가게 자리는 한정적인데 들어오려는 사람은 많아지니 임대료가 500만 원, 1,000만 원을 거쳐 1,500만 원까지 오르기 시작합니다. 그러다 문제가 될 변화가 하나 생깁니다. 가로수길에 찾아오던 20~30대가 나이를 먹는 것입니다. 그들이 30대, 40대가 되면서 결혼하고 애를 낳고 먹고 사느라 바빠 더는 모이지 않게 됩니다. 결혼한 새로운 근거지로 이동해서 더는 그곳에서 소비할 여력이 없어지게 됩니다.

대신 새로운 아이들이 새로운 소비 주체로 부상하게 됩니다. 그런데 이들은 그 전 세대와는 좀 다릅니다. 완전 모바일 세대죠. 그들은 그 장소에 가서 눈에 보이는 간판을 보고 갈 곳을 정하지 않고, 온라인에서 갈 곳을 찾은 뒤 목적의식을 가지고 가게를 방문합니다. 이렇게 세대교체가 되면 기존 상권의 장사꾼들은 힘들어집니다. '내 가게가 훨씬 좋은 곳에 있는데 왜 뒷골목까지 들어가서 그곳에서 소비를 하는 거야? 미치겠네.'

그러거나 말거나 새로운 20~30대들은 그들이 뒷골목이라 부르는 그곳을 새롭게 이름 짓습니다. '세로수길'이라고요.

세로수길에서 장사하는 사람들은 새로운 세대들을 이해하는 젊은 장사꾼들입니다. 그들은, 마케팅비를 나눠서 생각합니다. 그래서 가로수길에서 월 500만 원씩 내기보다는 차라리 세로수길에서 월 300만 원의 임대료를 내고 온라인 임대료에 100만 원을 투자합니다. 오프라인 임대료는 그 동네에 와서 들어오는 사람들을 위한 임대료이고, 온라인 임대료는 그 동네 바깥에 있는 사람들을 위한 임대료입니다. 결국, 오래된 장사꾼들이 임대료에만 500만 원을 쓸 때, 새로운 장사꾼들은 그곳에 찾아오는 사람들을 위한 유효 상권을 넓히는 비용을 100만 원만 써도 양질의 고객들이 오게 됩니다.

온라인 간판 없이 장사하지 말라

이 흐름에서 알 수 있듯이 이제는 이 온라인 간판 개념을 알아야 합니다. 온라인 간판을 어떻게 세웠는지가 정말 중요한 상황이 되었거든요. 보통 장사를 하면 간판을 걸게 됩니다. 매장을 세웠으니 간판을 걸어야 당연한 것 아니냐고 말할 수 있지만, 그렇지 않습니다. 얼마 전 간판을 걸지 말고, 장사를 시작하라고 한 브랜드가 있기 때문입니다. 바로 '초○○○○'이라는 코스요리 전문점입니다. 김포 구래동 3층에 위치한 이 매장은 오픈을 앞둔 시점에 예산이 500만 원 남아 있었습니다. 그런데 아무리 생각해도, 이 동네를 지나가는 사람이 3층에 단 간판을 보고 들어올 리가 없다는 생각이 들었습니다. 그래서 간판을 달아매는 걸 포기하고, 온라인 간판에 올인하기로 했습니다.

'유명셰프와 요리 공부를 하고 온 요리사, 김포에 있기 아까운 젊고 잘생긴 철판 요리사가 직접 코스로 대접하는 철판 요리. 한 사람에 5만 원, 두 명이 오면 10만 원.' 사진과 영상을 제대로 준비하고 방문자 리뷰와 블로그 리뷰를 오고 싶어 죽겠다는 생각이 들 정도로 계속 쌓았습니다. 양질의 고객들을 초대하고 그렇게 수많은 사람들이 다녀와서 느낀 점을 쌓고 쌓아서 이곳에 와서 어떻게 즐기면 되는지, 이곳에 와서 어떤 경험을 할 수 있는지를 확실하게 남겨서 결국 오게 만든 것입니다. 오프라인 간판비 500만 원을 아껴서, 온라인 간판에 500만 원 투자한 것입니다.

본질을 갖춰놓고, 내방 고객을 만족시키고, 그 만족시킨 내용들이 온라인을 통해서 확산되면 그 매장은 유효 상권이 넓어집니다. 수십만 명이 사는 김포시를 넘어 서울 강서구, 부천, 파주, 일산까지 1시간 안에 있는 사람이 모조리 다 우리 고객이 됩니다. 1층에 있는 그 수많은 점포들이 훨씬 높은 임대료를 내면서 기껏해야 그 동네를 지나는 사람들로만 장사할 때, 3층에 있는 초○○○○은 온라인 간판을 제대로 달아맨 상태로, 수백만 명을 대상으로 온라인상 간판이 보이게 한 것입니다.

자, 장사하겠다고 마음먹고, 내 가게 간판을 달아매는 상황을 생각해 봅시다. 항상 문제가 되는 지점은 본질을 지키면 결국 손님들이 알아준다고 믿으면서 사는 데서 옵니다. 그들은 본질에 자신이 있으니 온라인 간판도 이런 식으로 답니다. '빵맛(본질)이 좋습니다.', '미용 기술(본질)이 훌륭합니다.' 온라인에서 우리 동네 사람이 아닌 사람들이 저 글을 읽고 손님으로 찾아올까요? 이렇게 온라인을 관리하는 사람들이 가장 하수입니다. 나름 필요성을 느끼고 온라인을 세팅하는 사람들은 잘 보이고 멀리서도 눈에 띄며 세련되게 준비합니다. 그러나 아직 부족합니다. 20년 전이라면 먹혔겠지만, 이제는 이 정도 하는 사람들이 수두룩하기 때문입니다.

온라인 마케팅 나중에 하겠다는
사장은 망한다

지금 온라인 간판 시장에서는 과거 오프라인 간판 중에서도 익스테리어 영역에서 경쟁이 치열했듯이 더 많은 사람들이 흡입될 수 있는 다양한 전략을 장착하고 있습니다. 기본적인 온라인 간판인 네이버 플레이스 세팅은 물론이고, 블로거나 인플루언서들을 초대해서 콘텐츠를 쌓으며, 인스타g 릴스·유튜브 쇼츠 등 다양한 콘텐츠를 다양한 플랫폼에 선보이며 온라인 간판을 더더욱 화려하고 세련되게 만듭니다. 훨씬 좋은 서비스를 훨씬 좋은 가격으로, 훨씬 좋은 가치를 부여하면서 초보 창업자의 상권으로 가는 고객들까지 빨아들입니다.

초보 창업자들은 온라인에서 어떤 경쟁이 일어나는지도 모른 채 당합니다. 이렇게 생각하면 됩니다. 지금 내 가게 앞에 누군가 자기 가게 배너를 세워서 내 간판이 안 보이는 것입니다. 그 배너가 두세 개가 넘고 현수막까지 내 가게 앞에 설치된 겁니다. 남들이 지금 당신 가게를 다 덮어버렸는데 온라인 까막눈이면 그것조차 모릅니다. 가게 앞에 서서 눈만 껌뻑거리면서 오지 않을 손님을 기다리기만 합니다.

더 많은 사람들이 온라인에 간판을 걸어 매고, 현수막을 걸고, 익스테리어를 꾸미며 더 예쁘게, 더 오고 싶게, 더 찾아가고 싶게 온라인 간판을 신경 쓰고 있습니다. 그런데 우리는 간판 값 500만 원, 1,000만 원은 아무렇지 않게 쓰면서, 온라인 간판을 세우는 데 단돈 100만 원 쓰는 것도 아까워하고, 때로는 "장사가 익숙해지고 나중에 한다"고 말합니다. 나중에 달아매면 바로 손님이 온다고 생각하나요? 아닙니다. 처음부터 준비한 모습들이 쌓이고 쌓여서 온라인 간판이 형성됩니다.

온라인 간판을 달지 못하면 좁디 좁은 동네 사람들로만 장사하다가 유효 상권을 넓히지도 못한 채 고전하게 됩니다. 뒤늦게 마케팅 업체라도 찾아 어떻게 내 가게를 네이버 1면에 띄워 놓아도, 그동안 쌓은 콘텐츠와 스토리들 즉, 온라인 간판이 없으면 수백만 원을 날릴 뿐입니다. 홍보가 되어도 고객들이 그 홍보를 보고 오고 싶지 않으면 그 마케팅은 무용지물이죠.

온라인 간판을 무시하면, 결국 지극히 한정적인 상권에서 좁고 좁은 수요에 맞춰서 끝없이 고통받게 됩니다. 이제는 온라인에서 내 가게가 어떻게 보여야 할지를 생각하고 반드시 가게 오픈 전부터 온라인 마케팅을 시작해야 합니다. 온라인 간판을 세우고 나서도 끊임없이 온라인 임대료를 어떻게 써야 효율적일지 계속 연구해 나가야만 합니다. 가로수길 임대료가 오르듯이, 마케팅 비용도 오르니까요. 그래야만 안정적인 수요를 확보하고 장사할 수 있습니다.

다른 집에서 일한 경험은
도움이 안 된다

창업 전에 나름 경험을 쌓기 위해 다른 집 가서 일을 먼저 해 보고 와야 한다는 얘기를 하는 사람이 꽤 많습니다. 심지어 창업 전문가라는 사람들도 그런 얘기들을 아무렇지 않게 합니다. 언뜻 보면 반복해서 얘기해도 손해 안 나는 그런 얘기들이니까요. 근데 그 말 듣다 보면 전 좀 답답합니다. 물론 그냥 치킨집이 아니라 "내가 앞으로 교○○○을 할 거야"라는 마음을 먹고 그곳에서 일해 보는 건 저도 찬성입니다. 오히려 필요한 일일 수 있다고 생각합니다. 하지만 대개 프랜차이즈 본사는 그러지 말라고 조언합니다. 왜냐고요? 해 보면 안 할 테니까요. "이크, 이거 보통 아니구나", "몇 억을 투자한 결과가 나의 인생이 이렇게 되는 거구나"를 깨닫고 나면 시도조차 못 할 테니까요. 어쩌면 창업이라는 건 뭣 모르고 도전하는 게 나은 행위일지도 모릅니다. 알면 못합니다.

만약에 내가 커피숍을 차리기 위해서 커피숍에서 일하기로 했다고 칩시다. 그러면 나름 클래스 있는, 나름 직원들을 많이 뽑는, 나름 사람들이 아는 상권에 있는 곳에 지원하게 됩니다. 채용 인원 티오라는 게 있으니까 한 명 뽑는 점장급에는 지원하기 힘드니까요. 채용 후에는 굉장히 열심히 일합니다. 설거지나 쓰레기 치우는 말단 일이더라도 "이건 나의 창업의 기틀이 되는 일이니까" 하며 아주 보람차게 일합니다.

뭔가 가슴이 웅장해지고, 쉴 새 없이 커피를 빼내고, 손님들에게 친절에 친절을 다하고, 열심히 일하고 얼마 안 되는 시급에도 "나는 지금 시급이 목적이 아니라 창업을 준비 중이야"라고 읊조리며 본인을 격려하고 뿌듯해하겠죠. 뭔가 열심히 하고 있다는 착각 속에 그렇게 시간을 보냅니다.

본인이 커피도 내릴 줄 알고, 청소부터 오픈 마감도 할 줄 알고, 직원들과 친하게도 지내고, 바쁜 일과를 쳐낼 수도 있는 능력을 갖추었다고 스스로 판단되면, 쌈지돈을 모아서 창업을 단행합니다. 그렇게 전 재산 1억을 들여서, 본인이 경험했던 그 아이템으로 창업합니다. 왜냐하면 원래 내가 원했던 창업이고, 나는 경험을 한 경험자이고, 익숙한 창업이기 때문입니다.

문제는 내 전 재산, 그것도 부모님 쌈지돈까지 얹어서 마련한, 나에게 있어서 가장 큰돈인 그 창업 자금이 이 창업 시장에서는 너무나도 빈약한 수준이라는 것입니다. 그냥 동네 상권에 가게를 열어도 보증금 3천에 월세 100만 원, 권리금 1,000만 원 주고 남은 돈으로 인테리어를 하니 시원치 않습니다. 결국 열심히 하고 싶은 나의 의지와는 별개로 열심히 할 게 없는 상황을 만나게 됩니다. 손님이 있어야 열심히 하는 거지, 손님이 안 오는데 뭘 열심히 하겠어요?

환경의 차이를 간과한 실수

사전에 일했던 커피숍은 유명 상권에 나름 이름이 알려져 있는 브랜드에 나름 평수도 좋고 인테리어도 괜찮아서 사람들이 많이 찾아왔습니다. 그래서 커피 내리는 사람도 2명, 디저트 담당 1명, 설거지 포장 1명, 서빙도 2명이 이렇게 유기적으로 움직이던 매장이었습니다. 그러나 내 작은 가게는 그렇지 못합니다. 또 일했던 매장은 유명 상권에 보증금만 1억 원, 월세는 600만 원, 권리금 2억 원 규모로 30평에 총 3억 이상이 들어간 커피숍인데, 나는 고작 1억 가지고 만들었습니다. 이 두 매장이 똑같을 수는 없습니다. 따라서 창업을 경험하겠다며 같은 업종에서 일해 보는 것은 창업에 도움이 되지 않습니다. 즉, 자기의 미래는 혼자서 알바 하나 정도 고용하면서 일해야 하는 실력과 투자금인데, 돈 많은 고수들의 창업하는 공간에서 일해 보고 나니 내 창업도 이렇게 해야겠다고 연결시키는 오류가 생깁니다. 창업 예산이 적어서 내가 들어갈 자리와 내가 들어갈 상권 입지가 좋지 않다면, 결국 장사가 되나 싶게 띄엄띄엄 손님이 들어와서 주인 혼자서 고군분투하는 그런 곳에 가서 일을 해 봐야 합니다.

문제는, 혼자서 알바 하나 두고 장사하는 집은 직원 채용을 안 합니다. 그러다 보니 그런 곳에 지원할 일도 없습니다. 만약 기적적으로 알바 자리가 나더라도 그런 곳에서 일하려는 예비 창업자는 없습니다. 이름값도 있고 장사가 잘되는 곳에서 일을 해보고 남들한테 "나 여기서 열심히 일하고 있어"라는 멘트와 자신이 뭔가 웅장하게 일을 하고 경험을 하고 있다는 안도의 명분을 축적해야 하는데 그럴 수 없기 때문입니다.

유명 매장 점장의 비애

유명 레스토랑에서 일했던 점장들이 창업을 하면 왜 그렇게 하는 족족 망할까요? 점장 시절에는 근엄한 표정으로 모든 걸 다 알고 있다는 눈빛으로 매출 몇 억은 우습게 찍었던 이들이 왜 본인 가게에서는 쪽박을 찰까요? 왜 그 유명 셰프는 빨리 망했을까요? 모두 자본가들의 환경 속에서 본인이 빛났던 것이기 때문입니다.

본인 스스로가 그런 능력을 발휘할 만한 환경을 만들지 못하면
창업은 성공할 수 없습니다.

어찌 보면 경험을 통해서 창업을 준비한다는 것이 사실 무의미할 수 있습니다. 물론 내가 창업할 공간과 환경이 비슷한 곳에서 미리 일해보는 건 좋을 수 있습니다. 프랜차이즈 브랜드를 할 건데 그 프랜차이즈매장에서 일해 보는 건 권할 수 있어요. 그러나 내 가게를 열고 싶은 사람이라면, 떡볶이를 팔든 커피를 팔든 짜장면을 팔든 그냥 혼자서 내 몸 갈아 넣어서 일하겠다는 각오를 가지고 부딪혀 보는 편이 나을 수 있습니다. 처음 생각했던 대박 창업은 나의 두 번째, 세 번째, 네 번째 창업으로 열겠다고 생각하고, 첫 창업은 현실적으로 생각해 보시길 바랍니다.

지금 망하는 건
외식업이 아니다

각종 뉴스에서는 외식업이 전년 대비 몇 프로가 망하고 폐업율이 사상 최고치라는 암울한 이야기만 합니다. 그런데 항상 강조하듯이 뉴스는 필요한 정보를 구분해서 봐야 합니다. 전체적인 요식 자영업 구조가 망하는 것은 아닙니다. 지금 망하고 있는 건 명확하게 영세한 평식업입니다. 좀 나눠서 생각해보아야 합니다. 평식업은 평소에 간판 보이면 들어가서 먹는 음식점이고, 외식업은 약속 잡고 먹으러 가는 음식점입니다. 평소에 먹는 밥집들, 고깃집들, 점심에도 먹고 저녁에도 먹으며 끼니를 채우기 위한 음식을 파는 곳을 평식 음식점이라고 말합니다.

평식업이 망하는 이유

경기가 어렵고 소비력이 줄고 평소에 먹는 음식들은 계속 대안이 나옵니다. 편의점에서는 5,000원짜리 도시락이 점점 더 늘어나고, 배달로도 그럴싸한 밥상을 저렴하게 주문할 수 있습니다. 이젠 냉동으로 나오는 김밥과 햄버거도 맛있고, 냉동 피자나 냉동 치킨도 에어프라이기 하나면 훌륭하게 조리가 됩니다. 유튜브에서는 유명 셰프와 손맛 좋은 장사꾼들이 레시피와 노하우를 다 알려 주고 식당에서나 쓰던 식자재와 소스 분말류도 이제는 쉽게 구할 수 있어서 직접 해 먹는 게 무조건 이익입니다.

여기서 자영업자들에게 문제가 생깁니다. 대기업이 파는 도시락이나 김밥, 햄버거는 편의점에 가져다주면 손님들이 집어갑니다. 추가 임대료, 추가 인건비가 안 들죠. 온라인으로 구매하면 택배를 보내면 됩니다. 배달로 시키면 서빙 인력 필요 없고, 임대료도 낮습니다. 그런데 자영업자는 그 음식 가격에 인건비와 임대료와 온갖 수수료를 넣어야 하니, 절대 이보다 더 가성비가 좋아질 수가 없습니다. 그렇다고 해서 "우리 저 집에 가서 오늘 저녁을 먹자. 이번 주말 저 집에 가서 저녁시간을 보내자" 이렇게 마음먹고 갈만한 외식을 할만한 곳도 아닙니다.

평일 점심에는 고객들이 편의점으로 빠지고, 배달로 빠지고, 온라인 택배로 빠집니다. 평일 저녁에도 올 만한 이유가 없어서 손님들이 안 옵니다. 더 싸게 팔자니 남는 게 없어서 장사 자체가 의미가 없습니다. 그나마 휴일에는 오겠지 하고 주말을 기다렸지만, 주말에는 우리 동네 사람들이 우리 동네에 없는 기이한 현상이 일어납니다. 우리동네 사람들은 미리 계획해 둔 외식할 만한 다른 동네 식당으로 갔기 때문입니다.

여기서 가장 미친 듯이 망하는 부류는 남들이 하라는 대로만 했던 자영업자들입니다. 대표적으로는 평식 프랜차이즈 가맹점주입니다. 주말에 약속 잡고 외식으로 오고 싶지는 않지만, 그냥 점심때 눈에 보이는 곳에 있으면 한두 번씩 가서 먹을 정도는 되는 매장이죠. 이들은 본사로부터 원가가 높은 물건을 받고, 남들보다 인건비를 더 씁니다. 처음에 한두 번은 가능해도 지속적으로 방문할 만한 가치가 없어서 배달까지 하면서 상권을 넓혀야 하니 배달 수수료도 쓰죠. 장사가 잘되든 안 되든 임대료도 냅니다. 그러다 보니, 시간이 지나 오픈발이 끝나면 고정비를 감당하지 못하고 망하게 됩니다.

성공하는 외식업의 전략

소비가 줄고, 가성비와 가심비를 채워준다면 어디든 찾아가는 고객의 변화 속에서, 오히려 외식 대기업들은 더 극단적인 초집객 상권으로 들어갑니다. 아이쇼핑도 하고 산책도 하고 커피도 마시고, 정작 사는 건 가격 비교해서 쿠팡에서 사더라도, 밥은 그래도 폼 나게 먹어야 하니까요. '평소에 초절약하며 살았으니까, 유명 셰프들이 하는 스테이크집은 못 가도 아웃백 정도는 괜찮잖아?', '요즘 동네 고깃집을 가도 우리 가족 한 끼 먹으면 돈 10만 원 그냥 나오는데, 여기에서 이 가격이면 납득할 수 있어. 외식도 하고 데이트도 하고 가족 나들이도 하는 것까지 고려하면, 이게 무조건 이득이야!'

또 다른 외식 대기업은 키워드를 바꿔서 저속노화 콘셉트를 주기 시작합니다. 분위기도 좋고, 가격도 좋고, 건강까지 챙길 수 있다고 홍보합니다. 이러면 다이어트를 하고 있는 연인을 데리고 갈 수 있고, 아이들 건강을 위해서 가족 외식을 하거나, 부모님을 모시고 올 수 있게 됩니다.

그런데 외식하러 가는 사람들이 무조건 크고 웅장한 곳만 가지는 않습니다. 사람의 취향은 다양하니까요. 예를 들어 홍대 합정 동상권에는 '라라○○○'라는 10평대 작은 가게가 있습니다. 자신들이 즐겨 먹는 와인 안주를 와인과 함께 파는 콘셉트입니다. 대단한 셰프나 품위 있는 요리가 아니어도 됩니다. 가족들이 같이 음식해서 와인 한잔하는 곳에 친구를 초대할 수 있잖아요? 그렇게 초대해서 본인들이 먹는 음식을 내오는 곳입니다. 웅장한 아웃백 매장으로 가기도 하지만, 이런 곳도 올 수 있는 것입니다. 라라

○○○의 입지는 합정동에서 완전 떨어진 곳입니다. 하지만 어쨌든 합정동 안에 있습니다. 사람들은 와야 될 이유가 있다면, 그곳으로 갑니다. 그리고 배달의민족이 평식업을 홍보해 준다면, 외식플랫폼 캐치테이블은 찾아갈만한 외식업을 홍보해 줍니다. 물론, 외식플랫폼에 올릴만한 콘셉트와 분위기는 갖춰야겠죠.

'당○○'은 된장전골을 전통주와 함께 팝니다. 우리 술과 어울리는 우리나라의 술안주를 파는 곳이지요. 위치한 곳은 행리단길이라고 하는, 수원에서는 집객 요소가 있는 상권입니다. 그러나 행리단길에서 가장 끝자락이라서 좋은 위치는 아닙니다. 하지만 찾아올 만한 요소가 있는 외식업소는 행리단길에만 있으면 됩니다. 어차피 알고 찾아 오게 되므로 거리는 중요하지 않기 때문입니다.

이렇게 인건비는 최소화하고, 원가는 낮고, 유효상권은 넓은 곳은 죽지 않습니다. 지금 아무리 힘들다 힘들다 해도, 고정비가 높지 않으니 손익분기 자체가 낮기 때문입니다.

확실한 평식업 생존 전략

지금까지 외식 자영업 이야기만 했습니다. 그렇다면 평식자영업은 다 망해야 할까요? 아닙니다. 평식자영업도 마찬가지로 원가가 낮고, 인건비 낮고, 유효상권이 넓으면 살 수 있습니다. 가령 삼계탕, 감자탕을 예로 들어보겠습니다. 삼계탕은 건강 키워드를 가진 평식, 감자탕은 평소에 부담 없이 먹을 수 있는 평식입니다. 이 삼계탕이든 감자탕이든, 미친 듯이 가맹점에 물류공급수익을 보려는 일부 프랜차이즈들 때문에 가맹점원가가 높아서 문제지, 개인적으로 하면 원가는 30%가 넘을 수가 없습니다. 그리고 인건비 지출은 한 명이면 족하죠.

원가가 낮고, 주인이 직접 일하면서
사람은 한 명만 쓰면, 망하기가 어렵습니다.

요즘 일부 프랜차이즈는 공급원가가 40%를 넘어가기도 합니다. 이 원가로 수익을 내려면 매출이 높아야 하고, 이는 결국 인건비 상승으로 이어집니다. 게다가 평식의 유효상권을 넓히는 대표적인 방식은 배달입니다만, 배달 수수료로만 30%를 부담해야 하기 때문에 원가율이 40%가 넘고 사람 둘, 셋 쓰는 집들은 배달 수수료까지 내면 몇 달도 못 버팁니다. 그래서 사실상 유효상권을 넓히지 못해요. 하지만 개인으로 브랜딩되거나, 기술을 배워서 오픈한 삼계탕과 감자탕은 포장비까지 합쳐 원가를 30%를 잡고, 배달 수수료를 30%를 잡아도 40%가 남습니다. 40%의 수익이 있으면 안 할 이유가 없습니다. 이게 평식자영업으로 살 수 있는 길입니다. 원가율 낮고 인건비를 안쓰면 평식자영업도 생존이 가능하다는 것입니다.

모쪼록, 지금 망해 가는 상황에 대한 정확한 진실을 알아야만, 앞으로 창업 시장에서 생존할 수 있습니다. 지금 망하고 있는 건 결코 외식 자영업자가 아니고, 어정쩡하게 장사하는 평식 자영업자들입니다.

> 통찰 5

몇 번을 망해도 다시 일어나는
자영업자들의 실체

성공한 사람들은 실패를 많이 했다고 말합니다. 치킨집을 했다가 망하고, 프랜차이즈를 했다가 망하고, 사기를 당해서 망합니다. 그런데도 계속 창업하고 실패를 반복하다 이번에는 해장국집으로 도전한다는 이야기를 들으면 어떤 생각이 드나요? 창업하려면 돈이 있어야 하는데 망해서 빚을 졌는데도 또 창업한다는 말에 이게 이게 말이야 막걸리야, 하는 생각이 들 수 있습니다.

초보 창업자일수록, 잘 모르는 사람들일수록 무엇을 함에 있어 먼저 돈을 마련해야 한다고 생각합니다. 그러면서 주말에 놀러 갈 거 다 놀러 가고 친구들 만날 거 다 만나고 취미활동도 포기하지 않습니다. 미래를 준비한다며 재테크 공부도 하고 자기 계발 서적도 보고 생활비 쥐어짜면서 저축과 투자를 하는 스마트한 자기자신이 남 보기에 품위 있게 잘 살고 있다고 여기며 자위합니다.

제가 만난 한 식당 사장은 창업하겠다고 마음먹고는 식당에 들어가서 주방 일과 배달 기사 일부터 시작했다고 합니다. 원래 다닌 직장보다 월급도 적고 일도 고됐지만 일단 식당일을 알려면 요리는 못하더라도 어떻게 돌아가고 있는지 경험해야 했기 때문입니다. 월급이 적어도 돈 쓸 시간을 없애서 생활비를 줄였고 일하는 시간을 점점 늘려서 저축도 늘렸습니다. 사람들도 안 만나고 취미 생활도 안 하고 기존 인맥들도 정리하고 아침부터 밤까지 일하고 알아 보고를 반복하며 돈을 쓰지 않았습니다. 그렇게 하나도 안 쓰고 모으다 보니 한 달에 200만 원씩은 모았다고 합니다.

그러던 어느 날, 동네에 주방 시설과 홀까지 다 갖춰진 20평짜리 지하 술집이 2,000만 원에 매물로 나온 걸 발견합니다. 가지고 있던 돈은 1,000만 원이었지만 술집을 개업할 때 도움받을 수 있는 주류 대출이 1,000만 원 나온다는 사실을 알고 인수하게 됩니다. 가진 건 내 몸뚱이 하나지만 인건비를 안 쓰고 그 가게에서 먹고 자고 할 각오로 시작한 것입니다.

밤에는 장사하지만 낮에는 어떤 아이템이 유행하나 연구해서 가게에 접목하다 보니 점점 입소문이 납니다. 하지만 장사는 되는 거 같은데 자리 탓도 있는 거 같고 가뭄에 콩 나듯이 손님이 들어오다 보니 돈을 버는 것도 아니고 손해가 나는 것도 아니게 되었습니다. 수익이 나지는 않지만 조금씩 장사하며 자신감이 붙던 어느 날, 1층에 조금 더 좋은 자리에 가게 매물이 나온 것을 보고 새롭게 도전해 봅니다. 그러나 항상 자신감이 붙었을 때 오히려 안 되는 경우가 많습니다. 장사는 되는 것 같은데 월세도 높고 사람도 쓰다 보니 결국 수입이 마이너스가 되어 망하게 됩니다.

다시 원점으로 돌아왔습니다. 돈도 없어서 다시 시작하는 것보다 한 템포 쉬어야겠다는 생각에 직장 일을 찾았습니다. 취업은 쉽지 않지만 부동산 회사에 들어가서 공인중개사 자격증 공부를 하면서 상가 부동산 일을 합니다. 누구보다 열심히 2년 정도 했고 몇 년 하다 보니 어떤 물건이 좋은지 나쁜지를 알게 됩니다. 그리고 그 모은 돈으로 다시 식당을 차립니다.

싸게 나온 자리에 대박 식당을 차려서 부동산 일 할 때 봤던 사람들처럼 권리금 받고 나올 생각이었습니다. 그러나 권리금은커녕 또 이러저러한 이유로 망하게 됩니다. 들어간 돈은 3,000만 원 정도 밖에 안되었어도, 하지만 망한 건 망한 것이죠

다시 낮에는 부동산 일을 하고 밤에는 배달 대행을 하기 시작합니다. 밤낮으로 한 달에 300만 원씩 모았더니 1년 정도 지나자 또 창업을 할 만한 자금이 생깁니다. 이번엔 배달 전문매장을 엽니다. 처음에는 잘 되고 점점 더 확장을 하게 됩니다. 하지만 점점 경쟁자들이 계속해서 생기게 되고 광고비도 늘어나고 서비스 쿠폰도 날리고 하다 보니 답이 안 나온다는 걸 느끼고 스스로 접게 됩니다. 그래도 몇 번 망하면서 가게를 접더라도 어느 정도 손실을 보전하는 방법을 알게 되었고, 또다시 자금을 킵하고 더 큰 자금을 만들기 위해 우연한 기회에 맛집으로 유명한 식당에서 들어가서 일을 하게 됩니다. 레시피도 좀 배우고, 전수도 받아 볼 생각으로 최저시급은 물론, 자발적인 노동도 하면서 인심을 얻었습니다.

또 안 쓰고 모으고 공부하고 연구하고 그렇게 시간을 보냅니

다. 기존 맛집의 맛과 나만의 시스템을 연구하고 나만의 이 새로운 아이템으로 장사할 곳을 시간 날 때마다 물색을 하게 됩니다. 그리고 그동안의 실패를 교훈 삼아 나에게 맞으면서 월세도 싸고 주차도 좋은 그냥 딱 봐도 내 거라고 생각되는 그 자리를 상가 부동산 경력의 날카로운 분석을 통해 인수를 하게 됩니다. 내 기준에서는 그야말로 헐값에 나온 그 자리를 있는 시설을 최대한 활용해 적은 투자 금액으로 오픈하게 되고, 나의 부족함을 계속해서 찾아가며 항상 앞서가는 큰 기업들의 아이템과 시스템 메뉴들을 연구하고 장착하면서 나만의 가게를 만듭니다. 그리고 아직도 만드는 중이라고 합니다. 이 6번째 매장은 지금 그 동네에서 맛집이라고 불리고 있습니다

이 사장님이 망하고 모으고 오픈하고 공부한 기간이 벌써 10년이 됐습니다. 그러나 사장님은 망하는 것을 두려워하지 않습니다. 남들은 변명만 하다가 불안에 떨며 회사를 나와야 하는 나이가 되었을 때 이 사장님은 삶의 원리를 아는 사람이 되어 두려움이 없이 살고 있습니다. 대부분의 성공한 사장님들은 이러한 과정들을 비슷하게 겪었습니다. 대박이 나서 돈을 많이 벌어서 안정이 된 것이 아니라 두려움이 없어지면서 도전을 즐기면서 안정되는 것입니다.

그 사장님은 또 다른 도전을 앞두고 있습니다. 그동안의 도전보다 훨씬 위험해 보이지만 표정에선 담담함을 넘어 평온함까지 엿

보였습니다.

창업하겠다고 돈타령부터 하고 돈 꿀 생각부터 하고 가족들에게 손 벌리고 대출 신청하고 한번 넘어졌다고 온갖 변명을 하며 다시 일어서는 걸 포기하는 초보 창업자들에게 제가 만난 이 사장님 이야기를 꼭 하고 싶습니다. 지금도 창업을 준비하며 일할 곳이 사방에 널렸다고 말입니다. 망했다고 쉽게 안 죽는다고 말입니다. 초보에서 고수가 되는 데 필요한 시간은 생각보다 오래 걸리지 않는다고 말입니다. 고수가 되어야 비로소 안정적으로 가족을 지킬 수 있다고 말입니다.

여기서 핵심은 내가 감당할 수 있는 선에서 계속 도전하라는 것입니다. 처음부터 실력을 갖추지 않은 상태로 모든 걸 걸면 겨우 한 번 망해도 재기할 수가 없습니다. 망하더라도 '얍쌉'하게 망해야 합니다. 큰돈 들이지 않고, 재기할 수 있을 정도로요. 그래야 내 삶을 내가 주도하고 삶이 재미있어질 수 있습니다. 망해도 되지만 영혼까지 끌어모은 가게가 망해버리는 그런 '폭망'은 제발 하지 맙시다.

3장

당신의 실패로 먹고사는 회사들

이익은 본사에게

[영상 함께 보기]

1. 설거지 창업은 어떻게 만들어지는가?

2. 가맹점 평균 매출 수익에 속는 이유

대기업 출신 초보 창업자가
빠지는 함정

　지금 가장 호황인 시장이 어딘지 아시나요? 바로 프랜차이즈 시장입니다. 하지만 프랜차이즈 시장도 양극화되어 있습니다. 한쪽은 생계를 목적으로 한 소자본 프랜차이즈 시장이고, 다른 쪽은 투자를 목적으로 한 대형 창업 시장입니다. 소자본 프랜차이즈 시장은 휘청이고 있습니다. 창업하려는 사람들이 돈이 없기 때문에 그들을 대상으로 한 프랜차이즈 회사도 어려운 상황입니다. 반면 최소 3~4억 이상 투자금이 들어가는 투자형 창업 시장은 특수를 누리고 있습니다. 대기업들이 주도하거나 사모펀드가 주도하는 프랜차이즈 시장은 앞으로 향후 5년간 미친 듯이 호황을 누릴 것이라고 확정 짓고, 지금 서로 그 파이를 가져가려고 난리입니다.
　실제 프랜차이즈 M&A 시장은 그 어느 때보다 호황입니다.

1970년대생은 퇴직하면서 회사를 나오고, 1980년대생은 회사에서 퇴직금 많이 챙겨 준다고 하니 또 나옵니다. 대기업마다 수백 명씩 지금 이 창업 시장으로 내몰리고 있습니다. 이들은 퇴직금과 쌈짓돈을 들고나오며 그 쌈짓돈을 쓰기 딱 좋은 맞춤형 프랜차이즈들이 입을 벌리고 기다리고 있습니다.

스마트하지만 실패를 모르는
대기업 출신 초보 창업자들

대기업 출신 초보 창업자는 스스로를 스마트하다고 생각하는 편입니다. 그리고 살면서 실패를 경험한 적이 그리 없습니다. 남들보다 항상 위에 있었고, 칭찬을 많이 받았고, 공신력 있는 곳에서 인정받아 왔습니다. 그래서 명함이 중요하고, 위에 있어야 한다는 강박이 있습니다. 처음 대기업에 들어가고 잠깐 남들의 부러움의 대상이 되지만, 입사해서 얼마 지나지 않았을 때 영광스러운 시기는 금방 끝납니다. 그리고 시간이 지나 선배들을 보며 자신의 미래를 그려보니, 빨리 나오는 게 상책이라는 결론을 내립니다. 스마트하기 때문에 유급휴직 제도를 십분 활용하고, 회사 제도를 이용하며, 퇴직 후 계획도 철저히 세웁니다. 탁상 사업 계획서를 완벽하게 만들고, 마치 회사에서 하던 분석 작업처럼 프랜차이즈를 분석합니다.

　이들은 손 안 대고 코 풀 생각을 합니다. 스스로는 부지런히 준비한다고 하지만 기껏 해봐야 서류 분석과 매장 답사 정도를 창업 준비라고 생각합니다. 이윽고 프랜차이즈 하나를 고릅니다. 앞으로 대기업 과장 명함 대신 누군가에게 보여 줄 만하면서도, 가족과 지인들에게 "나 이거 한다"라고 했을 때 체면이 유지될 정도의 브랜드여야 합니다. 퇴직했지만 자신의 지위와 지금껏 그렇게 살아온 삶의 습성을 바꾸는 건 거의 불가능하기 때문입니다. 혹시나 스스로 변화하려 해도 그를 둘러싼 가족과 지인들이 그 변화를 허용하지 않습니다. 자신들의 지위나 위치가 내려가는 것처럼 보이는 건 참을 수가 없습니다.

　이 대기업 출신들은 데이터 분석을 좋아합니다. 그래서 브랜드의 재무구조를 보고, 3년 치 매출 상승 데이터를 분석하는 등 점포 현황을 꼼꼼히 살펴봅니다. 하지만 그들이 간과하는 것들이 있습니다. 탄탄한 본사의 재무구조는 가맹점주들의 효율적인 수탈로 만들어졌을 가능성이 크다는 것입니다. 게다가 이 좁은 대한민국 땅덩어리에서 출점 한계가 오면 수백 개의 브랜드파워는 결국 가맹점주 간 제로섬게임으로 바뀝니다. 이제 곧 끝물이 될 가능성이 높고, 그것이 아니면 브랜드 튜닝을 통해서 기존 가맹점주를 폐점시키고 새로운 가맹점주로 채워 넣는 가맹점 구조조정이 시작될 가능성이 큽니다.

브랜드 역사가 오래되었다고 해서 처음 시작한 가맹점주가 지금껏 살아있다고 보면 안 됩니다. 그 브랜드가 발전해 나가면서 그동안 얼마나 많은 가맹점이 도태되고 대체되면서 희생되었는지 모릅니다. 공신력 있는 회사라고 해서 마치 자신이 몸담고 있던 대기업처럼 가맹점주인 자신을 보호해줄 것이라는 환상을 가지면 안 된다는 말입니다.

그러나 데이터를 기반으로 한 확신이 생긴 이들은 가족을 설득합니다. 가족들도 믿습니다. 항상 믿음직한 아들이었고, 든든한 남편이었으며, 똑똑하고 책임감 있게 살아온 사람이었기 때문입니다. 그렇게 대형 프랜차이즈를 선택합니다. 그리고 모자란 투자 금액은 부모님이 선뜻 도와주기도 합니다.

조언을 듣지 않는 사람들

늘 이야기합니다. 퇴직금 바로 쓰지 말고, 밑바닥부터 차근차근 올라가라고 말입니다. 하지만 이런 조언을 해 주어도 내가 할 일이 아니라고 생각하기 때문에 자존심 상해합니다. 퇴직 후 먼저 나간 나를 지켜보는 회사 동기들, 친구들, 가족들에게 창피합니다. 그래서 밑바닥부터 시작하는 것을 받아들일 수 없습니다. 그래서 대형 프랜차이즈를 선택했다가 불과 1~2년 만에 쫄딱 망합니다. 매출이 높은 브랜드일수록 손익분기점이 높고 고정비는 그대로인데 매출이 줄어들면 그 적자의 폭은 상상이상으로 늘어나서 순식간에 망하는 겁니다.

조언을 받아들이기는 했는데 절충하는 부류도 있습니다. 합리적인 투자금이라는 명목으로 'B급 브랜드'를 선택하는 것입니다. 유튜브에서 핫한 C급 브랜드를 선택하기도 합니다. 전문가들이 볼 때는 급조한 반짝 브랜드지만, 모르는 사람 눈에는 성장성이 큰 A급 브랜드처럼 보입니다. 그리고 이렇게 생각합니다. '직접 일하는 것보다 직원 써서 운영하면 되겠지, 오토매장으로 돌리면 편하겠지, 합리적으로 투자하면 잘 되겠지' 하고 말입니다. 하지만 이는 걷지도 못하면서 뛰려다 넘어지는 전형적인 패턴입니다. 1년도 안 돼서 망하거나, 망한 것도 안 망한 것도 아닌 상태로 좀비 매장이 되고 답답한 현실을 마주보게 됩니다. 불과 1~2년 전만 해도 스마트하고 당당했던 사람들이 순식간에 쪼그라듭니다.

더 놀라운 것은 본사로부터 부당한 처사를 받아도 싸울 생각조차 하지 않는다는 것입니다. 밑바닥부터 치열하게 살던 사람들은 항의라도 합니다. 쫓아가서 따지기도 하고, 보상이라도 받아내려고 합니다. 하지만 대기업 출신은 온순한 양처럼 가만히 있습니다. 오히려 자신을 등쳐먹은 본사를 주변 사람들의 걱정에 맞서 변호하기까지 합니다. 이것이 온실 속에서 자란 초보 창업자들의 한계입니다.

돈 버는 것보다 신분 전환이
목적이어야 한다

대기업에서 퇴직한 순간 안정적으로 돈을 벌겠다는 목적으로 창업하면 위험합니다. 일반인에서 자영업자로 신분 전환한다고 생각해야 합니다. 하지만 이들은 여전히 '안전한 배'에 올라타려고 합니다. '대형 브랜드를 선택하면 안전하겠지, 대기업처럼 체계 있는 곳이어야 안정적이겠지, 나를 보호해줄 브랜드가 필요해'라고 생각합니다. 안전한 곳은 결코 없습니다. 정글과도 같은 창업 시장에서는 스스로 일어서는 방법부터 배워야 합니다. 이제는 남이 만든 배가 아닌, 자신의 배를 만들어야 하는 시점입니다.

밑바닥부터 시작하십시오.

그럴 듯한 매출과 수익율에 속아 리스크를 키우지 말고, 투자금과 직원 고용, 임대료 역시 최소화해서 본인 몸을 갈아 넣는 창업을 해야 합니다. 그것도 어렵다면 배달 기사부터 시작하면서 장사 근육을 키워야 합니다. 힘들게 모은 쌈짓돈을 프랜차이즈에 갖다 바치지 마세요. 진짜 살아남는 방법을 먼저 배우길 바랍니다.

매출이 높아도
남는 건 없다

프랜차이즈 창업 시장을 보면 매출이 어마어마합니다. 1억, 2억은 우습게 이야기하고, 월 매출 7,000~8,000만 원을 기록하는 곳도 많습니다. 매출 5,000만 원 이하의 브랜드는 실력 없는 브랜드 취급을 받는 현실입니다.

하지만 그렇게 대박일 것만 같아 보이는 곳에서도 힘들다고 이야기하는 가맹점주가 있습니다. 장사를 안 해본 초보 창업자들은 "아니, 매출이 떨어진다고 해도 아직 꽤 되는 거 같은데 왜 남는 게 없다는 건가요?" 하고 묻습니다. 이해가 안 되죠. 이때 프랜차이즈 본사의 영업담당자는 친절하게 설명해 줍니다. 어쨌든 담당자는 매출별 수익데이터를 가지고 있으니까요. 7,000만 원을 팔면 7,000만 원 기준의 순수익이 도출되고, 5,000만 원을 팔면

5,000만 원 기준의 순수익이 나온다며 친절하게 사실을 설명해 줍니다. 여기서 핵심 함정 포인트는 결과론적으로 달성한 그 매출 내역이 기준이라는 겁니다.

본사의 계산이 틀리지는 않았다

예를 들어, 한 가맹점에서 월 매출 8,000만 원을 기록하고, 가맹점주는 한 달에 1,000~2,000만 원을 가져간다고 가정해 봅시다. 본사는 월 8,000만 원 정도 팔면 20%는 가져간다고 설명하고 8,000만 원을 팔았을 때의 매장 수익율을 계산해 줍니다. 매출을 감당할 수 있는 상권 입지 및 평수에 걸맞은 임대료, 매출을 감당할 수 있는 인건비를 책정해서 다음과 같이 스마트하게 수치를 제시합니다.

원가: 40% (3,200만 원)
임대료: 10% (800만 원)
인건비: 20% (1,600만 원)
기타 경비: 10% (800만 원)

계산 결과 "사장님은 1,600만 원을 가져가시는 겁니다."라고 설명합니다. 순수익의 20%입니다. 예비 창업자는 쉽게 납득합니다. 왜냐하면 본사는 이미 이런 수치를 가진 매장을 보여 주기 때문입니다. 하지만 그 매장처럼 매출이 안정적이려면 확실하게 유효 상권을 넓으면서 집객력이 뛰어난 상권에 입점해야 합니다. 또 그런 매출을 감당할 수 있는 경험치와 인력 관리 같은 능력이 있어야 합니다. 하지만 대부분은 이런 배경까지는 모릅니다. 실력도 없고 투자금도 부족해서 무권리 자리, 상권이 좋지 않은 자리에서 시작하면서도 본사에서 제시한 결과론적인 데이터를 믿습니다. 희망목표 매출을 듣고 창업을 결정하게 됩니다.

우여곡절 끝에 본사가 이야기한 대로 매출 8,000만 원을 달성했다고 가정해 봅시다. 이 매출을 꾸준히 유지하면 20% 수익을 가져갈 수 있습니다. 그런데 최선을 다했지만 어떤 이유든지 6개월 후 매출이 6,000만 원으로 떨어진다면 어떻게 될까요?

원가 40% (2,400만 원) → 원가율은 동일
임대료 10% (800만 원) → 매출 대비 14%로 상승
인건비 20% (1,600만 원) → 매출 대비 27%로 상승
기타 경비 10% (600만 원) → 유지

6,000만 원이라는 매출은 어마어마한 금액이지만, 수익률이 급감하면서 실제 남는 금액은 540만 원(9%)이 됩니다. 이것마저도

대출 이자, 원금 상환, 생활비 등을 제하면 사실상 번 것이 없는 상황이 됩니다. 매장이 손님으로 꽉 차있으니 잘되는 것처럼 보이지만 사실은 효율이 떨어진 상황입니다. 그러나 초보 창업자일수록 이런 변화를 육안으로 인식하기 어렵습니다.

꾸준히 안정적으로 매출이 나게 장사하는 매장은 궁극적으로 멀리서도 사람들이 찾아오는 상권과 입지가 좋은 곳들이고 그런 곳들은 권리금이나 임대료가 높은데 그런 곳에 입지를 잡은 고수자영업자는 장사를 지금도 꾸준히 합니다. 그러나 창업 비용을 적게 쓰면 그런 상권과 입지에 들어가지 못합니다. 결국 매출이 6,000만 원이 아닌 5,000만 원까지 떨어지면 재앙이 시작됩니다.

원가 40% (2,400만 원) → 원가율은 동일
임대료: 매출 대비 15~20%
인건비: 매출 대비 30% 이상

완전히 적자 상태에 들어섰지만 직원들에게 "내일도 손님 없을 것 같으니 나오지 마"라고 할 수도 없습니다. 매출이 빠지면서 수익이 악화되면 결국 초보 창업자는 이도 저도 못 하게 됩니다. 남는 게 있고 없고를 떠나서 적자 매장으로 돌아서게 됩니다.

살아가기 위해 자구책을 마련하기도 합니다. 장사가 안되니까 결국 놀고 있는 직원들이 눈에 거슬려 배달을 시작하는 경우도 있고, 본사에서 마케팅을 제안해 수백만 원을 들여 진행하기도 합니다. 하지만 결국 훗날 방문할 손님을 미리 끌어오는 셈이 되고, 홀에서 식사했어야 할 고객이 배달을 이용하게 되면서 매출의 질까지 떨어지게 됩니다. 매출이 증가한다고 해도 실질적인 수익이 늘어나지 않으니 결국 생계에 도움이 안 됩니다.

결국, 초반에 잠깐 월매출 8,000만 원을 팔아서 남긴 수익을 불과 3~4개월 적자로 전부 날리는 상황도 벌어집니다. 이 와중에 생활비도 써야 하고, 금융비용도 감당해야 하니 돌려막기가 시작됩니다. 매출은 높은데 정작 남는 돈이 없는 이유가 바로 여기에 있습니다. 현재 가맹점이 망하는 이유는 매출의 절대 수치 하락이 아니라, 8,000만 원 팔아야 할 집이 5,000만 원 팔아서 망하는 거고, 5,000만 원은 꼭 팔아야 할 집이 매출이 3,000만 원으로 떨어지면서 망하는 겁니다.

가맹점 창업 절망편

1년이 지나 연 매출을 계산해 보면 연 매출 6억 원이라는 멋진 데이터가 남게 됩니다. 매출만 보면 성공한 사업가 같고, 홀에 손님도 있는 것처럼 보이지만 내가 투자한 돈을 회수할 길은 요원합니다. 점점 운영이 힘들어지고, 월 매출 5,000만 원 이하로 떨어진 후로는 본격적인 적자가 시작됩니다.

적자가 심해도 매출원가, 임대료, 배달수수료, 세금은 낮출 수 없습니다. 결국 낮출 수 있는 인건비를 줄여 2명에서 하던 거 1명이서 하게 됩니다. 장사가 안될 때는 괜찮아도 간혹 장사가 잘되는 날은 또 일손이 부족해 직원 불만이 쌓이게 됩니다. 인건비 아껴서 이번 달도 잘 넘겼다고 안도하지만, 이는 가게의 가치를 올리기 위해서 노력한 결과가 아니라 그저 매장 적자를 메꾸기 위한 고육지책에 불과해 해결책이 되지 않습니다.

결국 한번 떨어진 매출은 복구가 안 되고, 인건비라도 줄여 보려고 하지만 프랜차이즈는 각 파트별 공정이라는 게 있어서 혼자서는 장기적으로 유지할 수 없습니다. 고객서비스 측면에서도 적정 인력이 없다 보니 시간이 갈수록 외면 받게 되고, 설상가상으로 경쟁매장이 생기면 그때는 속수무책으로 무너지게 됩니다. 그때서야 매장양도를 시도하지만, 적자 매장이기 때문에 매각도 쉽지가 않고, 타 업종으로 할 사람이 인수하게 되면 시설 관련 권리금을 받을 수도 없습니다.

지금도 매출은 높지만 속앓이 하는 가맹점주들이 많습니다. 매출이 높으니까 어디서든 남을 것이란 안일한 생각은 하지 마시고, 매출의 함정을 조심하기를 바랍니다.

양도양수 물건이 위험한 이유

예비 창업자들은 매 순간 불안합니다. 앞으로 미지의 세계를 혼자서 헤쳐갈 만큼 마음이 단단하지 않습니다. 그러다 보니 가장 쉽게 접근하는 것이 가맹점 창업입니다. 이미 나보다 먼저 시작한 사람들이 있으니 나의 미래 모습까지 선명하게 보이는 것처럼 느껴집니다. 그다음으로 접근하는 것이 양도양수입니다. 양도양수란 기존에 운영하던 매장을 인수하는 것입니다. 양도양수 자체가 위험한데, 그중에서도 개인 매장의 양도양수가 더 위험할 가능성이 높습니다.

양도양수 매장의 실체

한번은 롯데리아, 베스킨라빈스, 서○○○를 동시에 운영하는 프랜차이즈 가맹점주가 찾아왔습니다. 세 개를 합하면 월 매출 2억이 넘지만 한 매장의 매출이 무너지면서 나머지도 위험해 진 상황이었습니다. 매출이 무너진 쪽은 1억 3,000만 원에 인수한 매장이었습니다. 그런데 단 1년 만에 매출이 급락하며 순적자가 발생하기 시작했습니다.

매장을 양도하는 사람은 그동안의 경험을 통해 '내년 이맘 때는 절대로 과거의 매출을 낼 수 없다'는 확신이 섰기 때문에 매장을 넘깁니다. 과거의 영광이 곧 끝난다는 것을 알고 있습니다. 반면 양도받는 사람은 데이터를 중시합니다. 최근 3년 매출 등을 보면서 벌이를 가늠하고 심지어 내년 매출을 예상하기도 합니다. 과거 매출 평균을 토대로 내년 매출을 예상하는 게 과연 잘 맞아떨어질까요? 근거 없는 희망 회로일 뿐입니다.

양도양수를 목표로 삼으면, 매장을 넘길 전략부터 짭니다. 마케팅에 돈 쓰고 배달 비율을 높이고 배달 혜택을 주는 등 매출을 올리는 모든 방법을 동원 합니다. 이렇게 하면 매출 상승 곡선이 만들어지고, 새로 양도양수할 사람은 희망을 갖게 됩니다. 초보 사장님들을 혹하게 만들려는 속임수입니다. 실제로 지금 창업 시장에서는 이렇게 폭탄을 넘기고 있습니다. 매출 하락뿐만이 아니라 수익 구조 자체가 무너진 경우도 많습니다. 기존 사장은 이런 구조를 감당하기 어려워져서 초보 창업자들에게 넘기는 것입니다.

사장님이 나를 인정해서 제안한 것이고, 나 역시 그 매장 상황을 잘 알고 있기 때문에 인수할 수도 있습니다. 하지만 대부분의 경우, 아무리 열심히 일해도 장사 환경이 변화할 때 그에 맞게 대응하기 어렵습니다. 창업자는 0부터 직접 세팅하고 운영해봤기 때문에 어디를 어떻게 손봐야 할지 알지만, 인수한 사람은 그것을 알지 못하기 때문입니다.

상황에 따라 재료를 바꾸는 것도 어렵고, 상황에 따라 인력조율도 어렵고 매장 각 파트 공정별 세팅을 바꾸는 것도 어렵고, 분위기를 바꾸는 것도 맛을 바꾸는 것도 시스템을 바꾸는 것도 그 모든 바꾸는 것이 두려울 수밖에 없습니다. 결국, 변화의 물결 속에서 변화해야 될 시기, 즉 골든타임을 놓치고 서서히 도태되게 됩니다. 오랫동안 일하다 인수한 사람도 어려움을 겪는데, 처음 본 사람이 갑자기 인수해서 운영해서 성공하는 게 쉬울까요? 특히 요즘처럼 자영업 환경이 급격하게 변화하는 시점에는 더더욱 생존하기가 어렵습니다.

매출 높은 매장이 더 위험하다

차라리 매출 2,000만 원 이하에 알바 한두 명 데리고 운영하는 곳이면 유사시에 적자가 나도 감당할 수 있는 수준입니다. 그런데 매출 5,000만 원 이상에 직원 4~5명, 홀은 물론 배달까지 해서 매출을 올리는 구조라면 한두 달 적자가 나는 순간 사실상 월순익 1,000만 원은 아무 쓸모 없는 말이 됩니다. 그 매출이 안 나오면 순익이 순차적으로 떨어지는 것이 아니라 순식간에 적자 매장이 되기 때문입니다. 특히 프랜차이즈 매장은 상권 한계가 명확해 수요 확장이 불가합니다. 그래서 한번 떨어진 매출은 복구되기 힘듭니다. 또 인수하는 데 대부분의 돈을 쓰기 때문에 단 6개월의 적자도 못 견딥니다.

결국 기존 매장을 양도받을 때는 매우 신중해야 합니다. 운 좋게 좋은 매장을 인수하더라도 매출을 유지할 수 있다는 보장은 없습니다. 매출이 높은 매장을 양도받아 운영하면 부자가 될 수 있을까요? 아닙니다. 고수들은 안목이 있습니다. 양도양수 물건을 보더라도 직접 현장을 보고 매출 대비 나가는 항목을 보면 그럴듯한 매출이 있어도 답이 없다는 걸 알고 외면합니다. 그러나 이 사정을 모르는 사람은 바로 걸려들게 됩니다. 그렇게 초보 창업자는 한계가 명확한, 수명이 다 된 그 폭탄을 끌어안고, 이제 살아가야만 합니다.

전 세계 유례없는 K-프랜차이즈

한 피자 브랜드가 가맹점주들과의 차액 가맹금 소송에서 승리한 이후 줄소송이 이어지고 있습니다. 현재 뉴스에 보도된 브랜드만 해도 B○○, 교○○○, 배○○○○○, 두○○○○ 등 다수에 달합니다. K-프랜차이즈라는 이름으로 엄청난 상승세를 이어가는 모습에 도취된 초보들은 또다시 유명 K-프랜차이즈를 선택하는 패턴을 반복하고 있습니다. K-프랜차이즈는 분명 성장세를 보이고 있으며 좋은 아이템들도 많습니다. 하지만 초보들이 하면 안 되는 이유는 무엇일까요? 소송을 진행 중이거나 이미 소송을 마친 브랜드들의 공통점은 무엇일까요?

이들 브랜드는 포장과 홀, 배달을 겸하며 운영하다 보니 포장으로도 돈을 벌고 홀 장사도 돈을 벌고 배달까지 매출이 나옵니다.

3중 매출 구조라고 찬사를 보낼지 모르겠습니다만 사실상 상권 땅따먹기를 조장합니다. 홀, 포장, 배달을 모두 하면 상권이 넓어지기 때문입니다. 여기에 다른 치킨 브랜드들까지 수십, 수백 개 매장이 경쟁하게 됩니다.

브랜드 간 경쟁이 발생하면 서비스 차별화가 크지 않은 상황에서는 새롭게 진입한 매장이 고객 유치를 위해 공격적인 판매 전략을 사용합니다. 그때마다 상권의 패권은 이동합니다. 브랜드별 경쟁은 물론 같은 브랜드끼리도 점포별 경쟁을 하게 되지요. 이쯤 되면 자기 구역이 어디인지도 몰라 무질서해집니다. 문제는 이 과정에서 생계가 걸린 매장이 도태될 가능성이 높다는 데 있습니다. 한 달 한 달 버티는 이들은 매출이 몇 달만 적자가 나도 투자금을 회수하지 못한 채 헐값에 매장을 넘기는 수밖에 없습니다.

사실 자본이 많거나 창업 고수라면 프랜차이즈 가맹점 사업이 꽤 매력적입니다. 오피스텔 월세 수익, 주식 배당금, 아파트 임대료, 기존에 운영 중인 노래방, 카페 등 큰돈은 아니더라도 내 생활비 정도는 확보된 상태에서 창업하기 때문입니다. 또한 브랜드 하나만 운영하는 것이 아니라 여러 브랜드를 운영하는 식으로 포트폴리오를 구성하는 경우가 많아 한 가게에 적자가 나도 다른 가게에서 나온 흑자로 메꿀 수 있어 장기적인 안목을 가지고 운영할 수 있습니다. 수익 포트폴리오가 구축되어 있어 안정적입니다.

오히려 브랜드를 직접 만들지 않아도 되며 본사에서 마케팅과 전략을 담당해 주므로 편합니다. 본사 또한 가맹점 매출이 올라야 본사 수익도 오르기에 적극적으로 지원합니다. 그리고 시스템이 정착되면 오토 운영도 가능합니다. 직접 운영하면 700만 원을 벌 수 있지만 오토 운영하면 200~300만 원 가져가는 셈입니다. 자산 수익을 얻으려는 투자자들에게도 매력적입니다. 15억짜리 아파트를 사서 임대 놓으면 월 200만 원 정도 나오는데 3억 투자한 가맹점으로 300만 원을 벌 수 있다면 훨씬 수익성이 좋습니다.

조작된 매출과 수익률의 실체

K-프랜차이즈의 명성이 높아지는 이유는 피 터지는 점유율 싸움, 즉 땅따먹기 경쟁이 치열하기 때문입니다. 브랜드 점유율 싸움과 제로섬 게임에서 승자가 되기 위한 시장 장악, 맹렬한 경쟁 속에서 가맹점들이 빠르게 대체되는 현상이 나타납니다. 프랜차이즈 본사들은 점점 더 브랜드 파워를 키우기 위해 맛을 개선하고 가성비 높게 가격을 책정해서 고객의 선택을 기다립니다. 브랜드 이미지를 위해 광고도 활발히 하고, 포장, 홀, 배달 3중 매출 구조로 물류 수익을 극대화합니다. 하지만 본사는 전체 매출이 중요할 뿐 가맹점 개개인의 수익은 중요하지 않습니다. 따라서 도태된 가맹점주는 사라지고 새로운 투자금과 자본을 가진 가맹점주로

교체됩니다.

사정을 모르는 사람들은 프랜차이즈 창업이 안전하다고 생각합니다. 아무리 남는 게 없다고 말해 줘도 프랜차이즈는 기본적으로 매출이 보장되는 것처럼 보이기 때문입니다. 특히 본점이나 직영점을 방문하면 직원들은 프로페셔널하게 일하고, 대표가 직접 운영하지 않아도 매장이 척척 돌아가서 멋져 보입니다. 실제로 매출이 나오는 것을 눈으로 확인하고 데이터로도 보니 신뢰하게 됩니다. 그러나 이 매출과 수익은 조작되었을 가능성이 큽니다. 1억 매출 억대 매출을 내서 순수익을 25%에서 30%를 가져간다는 계산에는 가맹점주로 꾀어내기 위한 영업 장치가 숨어 있습니다.

서울 송파에 본점이 있다고 가정해 봅시다. 그곳은 줄을 서서 먹을 정도로 인기가 많습니다. 그런데 줄을 서는 사람들이 실제 송파 주민이 아닙니다. 강남에서도 오고, 성남에서도 오고, 가락동·잠실·위례신도시에서도 찾아옵니다. 즉, 동네나 반경 1km 지역 상권이 아니라 광역 고객을 대상으로 매출을 만든다는 것입니다. 그런데 이 본점에서는 다음과 같은 수익률 계산표를 제시합니다. 매출 1억 원에 원가 38%(3,800만 원), 인건비 25%(2,500만 원), 임대료 7%(700만 원), 기타 잡경비 5%(500만 원), 순이익 25%(2,500만 원)라고 합니다. 하지만 현실은 완전히 다릅니다. 이 집은 사실상 남는 것이 없다고 보면 됩니다.

첫 번째는 '매출 구조 조작'입니다. 이 본점의 매출은 동네 주민들만으로 나온 것이 아닙니다. 옆 동네, 뒷동네 사람들까지 오도록 온라인 광고를 적극 활용했기 때문에 가능한 것입니다. 그러나 가맹점은 다릅니다. 가맹점은 자신이 위치한 동네 주민들만을 대상으로 장사를 해야 합니다. 송파문정점이 있으면 가락점도 생기고 송파점도 생기니 말입니다. 그런데 본점은 다른 동네 다른 지역 사람들까지 온라인 광고로 끌어와서 매출을 만들어 냅니다.

두 번째는 '임대료 조작'입니다. 이 본점의 수익률 계산에서는 임대료 700만 원만 반영되어 있습니다. 하지만 여기서 온라인 임대료인 광고비는 제외되었습니다. 옆 동네, 뒷 동네 사람들을 끌어오려면 온라인 광고를 해야 하고, 플레이스 순위를 올리려면 엄청난 비용이 들어갑니다. 배달앱 상위 노출을 위해서도 돈을 써야 하고, SNS·유튜브·블로그·포털 광고 등 각종 홍보비도 추가됩니다. 사실상 본점은 월 임대료의 2~3배 수준에 달하는 온라인 임대료를 씁니다. 즉, 본점은 실제로 매달 2,000만 원에 달하기도 하는 광고비를 지출하면서도 이를 비용에서 제외한 채 수익률을 부풀린 것입니다.

세 번째는 '인건비 과소 계산'입니다. 본사는 일반 자영업자들처럼 매장에서 나오는 수익으로만 운영되지 않습니다. 가맹 영업을 목적으로 운영되기 때문입니다. 초기 투자금 이외에도 매장에 계속 재투자하고, 직원들에게 합당한 대우와 높은 급여를 지급하여 최고의 서비스를 제공합니다. 급하게 인원을 충당할 때도 시급

2만 원까지도 주면서 똑똑한 인력을 사용합니다. 하지만 수익률 표에서는 최저시급으로 계산합니다. 현실에서 가맹점주들이 최저시급 알바를 뽑아서 본점과도 같은 인력 활용을 할 수 있을까요? 최소 현재 인건비 계산보다 1.5배는 올려야 그나마 잘하는 직원이 뽑힐 것이고 돈 이상의 비전도 줄 수 있어야 본점과도 같은 수준의 인력 효과를 기대할 수 있을 것입니다.

오픈 특수가 끝난 후의 현실

매장이 오픈하면 소위 오픈 특수라는 게 생기면서 후 6개월~1년 동안 장사가 됩니다. 오픈 특수가 끝나면 어떻게 될까요? 앞서 이야기한 광역 상권을 잡고 우리 동네 주민뿐 아니라 멀리서도 오는 고객들도 같이 채워줘야 하는데 이 한정적인 동네 주민들만 한 번씩 다녀가고, 이후 재방문율이 낮아집니다. 매출이 줄어들고 수익도 점점 감소합니다. 그러다 보면 매출은 나지만 남는 것은 없는 적자 매장으로 전환됩니다. 본사에 도움을 요청해도 본사는 답을 줄 수가 없습니다. 우선 퀄리티 유지하고, 서비스 잘하고 위생을 더 신경 쓰라는 소위 QSC를 강조할 뿐입니다만, 손님 자체가 안 들어오는 매장에서 그게 무슨 의미가 있을까요?

더 심각해지면 본사는 그때서야 마케팅하라고 얘기합니다. 그

얘긴 결국 그 옆 상권 뒷 상권 다른 가맹점 영업 지역에서도 손님들을 끌어오라는 의미입니다. 문정동 사람으로만 장사하는 문정점이 마케팅을 해서 가락동 사람까지 데려오면 가락점은 어떻게 될까요? 그 전에 본사가 연결해 주는 마케팅 업체부터 한 달에 수백만 원의 견적을 제시합니다. 매출이 줄어 돈이 없는데 수백만 원의 마케팅 비용을 감당할 수 있을까요? 마케팅을 포기하면 매출이 더 줄어들고, 마케팅을 진행하면 가맹점끼리 경쟁이 붙어 같은 브랜드 내에서도 온라인 광고 전쟁이 벌어지게 됩니다.

가맹점이 마케팅비를 써서 서로 상권을 선점하면서 싸워도 본사는 아쉬울 것이 없습니다. 어느 매장이든 매출이 늘면 본사는 이익이 늘어나니까요. 반대로 가맹점은 매출이 늘어도 고정비가 새로 생겨서 마진이 줄어듭니다. 그러다가 그 마케팅을 멈추면 걷잡을 수 없는 수렁에 빠지고, 그때부터는 본사도 전화를 받지 않으며 그냥 알아서 폐점해 주길 바라는 수준까지 가게 됩니다.

K-프랜차이즈가 발전하는 데 초보 창업자의 자리는 없습니다. 그러므로 스스로 생존할 수 있는 능력부터 갖추어야 합니다. 대박이라고 소문 내는 과열된 창업 환경에서 한 발 물러서서 냉정하게 시장을 분석하고 파악할 줄 아는 안목이 필요합니다. 가맹점주라는 껍데기가 벗겨지면 내가 아무것도 아니라는 사실을 깨닫게 될 것입니다. 그 잠깐의 성공에 도취되어 같은 방식으로 또 다른 프랜차이즈를 선택하려 한다면 운이 좋아 몇 번의 성공을 경험할

수도 있겠지만, 단 한 번의 잘못된 선택과 환경 변화로 인해 그동안 투자하고 쌓아 온 것들이 순식간에 무너지는 경험을 하게 될 것입니다. 그리고 스스로는 아무것도 못하는 초보 창업자로 돌아오게 됩니다. 과거에 영광이 있었다는 말을 하면서 말입니다. 그러니 그들의 손아귀에 사로잡혀 계속해서 수렁에 빠지는 선택은 하지 않았으면 합니다.

프랜차이즈 본사와
엔터테인먼트의 만남

요즘 새롭게 보이는 현상을 이야기해 보려고 합니다. 보통 계약을 성사시키기 위해 설득하는 과정을 '영업'이라고 합니다. 홍보는 단순히 정보를 전달하는 것에 불과하지만, 영업은 계약까지 이끌어내는 역할을 하죠. 곧 홍보 성과는 영업 실적으로 이어집니다. 예를 들어 가게를 알리기 위해 열심히 홍보를 하더라도, 사람들이 실제로 방문할지는 장담할 수 없습니다. 그렇기 때문에 단순한 홍보가 아니라, 방문하고 싶게 만드는 콘텐츠가 먼저 필요합니다. 그리고 그 콘텐츠를 효과적으로 노출할 수 있도록 전략적으로 배치하는 것이 중요하죠. 그러나 사람들이 가게를 인식하는 것과, 실제로 방문하는 것은 완전히 다른 문제입니다. 단순히 아무나 블로그나 SNS에 글을 올린다고 실제 고객으로 전환되지 않습니다.

프로가 만드는 콘텐츠의 힘

그렇다면 프로란 누구일까요? 최소한 해당 콘텐츠를 통해 수익을 창출하는 사람들입니다. 맛있는 음식을 먹고 감동받았다고 해서, 그 감정을 효과적으로 전달할 수 있는 것은 아닙니다. 감동을 전달할 재능이 없다면 아무리 좋은 경험도 소비자에게 영향을 주기가 어렵습니다. 그래서 가게를 오픈할 때일수록 콘텐츠는 전문가에게 맡기는 것이 중요합니다. 이들이 가게의 핵심 장점을 효과적으로 전달하고, 고객들에게 매력적으로 보이도록 콘텐츠를 제작하면, 홍보가 실제 방문으로 이어질 가능성이 커집니다.

프로가 남긴 이미지와 글은 잠재 고객들에게 신뢰를 주며, 직접 가게를 찾게 만듭니다. 과거 프랜차이즈 창업 시장에서는 이 역할을 영업사원이 담당했습니다. 경험이 많지만, 다소 촌스럽고 고루한 인상의 영업사원이 발로 뛰며 계약을 성사시키던 시절이었죠. 요즘은 이 일을 연기자가 대신합니다. 이들은 영업사원처럼 직접 상담을 하지 않고, 실제 가맹점주처럼 행동하며 브랜드를 홍보합니다. 연기자들은 카메라 앞에서도 자연스럽고, 대본을 숙지한 후 능숙하게 브랜드를 소개합니다. 매장을 운영하는 과정이 쉽고 재미있다는 인상을 주고, 초보 창업자들에게 희망적인 메시지를 전달합니다. 줄을 서는 모습, 포스기를 체크하며 매출을 이야기하는 장면, 심지어 첫 창업임에도 오토운영으로 자유자재로 직원들을 컨트롤하면서 장사를 진행하는 과정 등을 보여 주며, 마치 가맹점주가 되면 쉽게 성공할 수 있을 것 같은 착각을 심어줍니다.

"저는 식당에서 일해본 적도 없어요. 그런데 첫 창업으로 이렇게 성공할 줄 몰랐어요.", "20년 직장 생활을 하다가 처음 장사해봤는데, 이렇게 잘될 줄 상상도 못했어요.", "두 아이의 엄마인데, 가정을 위해 선택한 브랜드였고, 지금 제 선택에 전혀 후회가 없어요." 이들의 말에는 공통점이 있습니다. 희망적인 메시지, 빨리 하지 않으면 손해라는 심리, 높은 순이익 보장, 추가 매장 오픈을 목표로 삼고 있다는 이야기입니다. 또한 처음에는 직접 운영을 했다고 이야기하지만, 지금은 오토 운영으로 매장이 돌아간다고 강조하는 경우가 많습니다. 매장에 나가지 않아도 원활히 운영되는데 왜 굳이 매장에 상주해야 하냐고 반문하고, 가끔 직원들을 격려하거나 간식을 사다 주며 사장 코스프레까지 합니다.

그러나 이런 매장일수록 가맹점 출점을 위한 반직영점일 가능성이 높고, 매장을 운영하는 실질적인 인력은 본사의 중간 관리자일 확률이 큽니다. 그럼에도 불구하고 연기자 가맹점주는 사장 직함을 내걸고 마치 본인이 운영하는 것처럼 행동하며, 매장을 방문한 예비 창업자와 간단한 상담까지 합니다. "본사만 믿고 가면 된다. 나도 하는데, 당신도 충분히 잘할 수 있다. 어렵게 생각하지 말고 일단 시작해 보라."며 창업 결정을 부추깁니다. 사실상 지분 관계에 있는 반직영점임에도 불구하고 가맹점처럼 포장해 창업을 유도하는 것입니다.

창업 시장의 새로운 트렌드

특히 브랜드 출점 초창기에 이러한 방식이 더욱 두드러집니다. 초반에는 빠르게 좋은 상권을 선점해야 한다는 심리를 자극하며, 유튜브나 SNS를 활용해 드라마 같은 홍보 영상을 제작합니다. 초보 창업자들은 이런 영상을 보며 "나도 저렇게 성공할 수 있을까요?" 하는 기대를 갖습니다. 영화나 드라마처럼, 연기자가 등장하는 실제 운영 중인 매장 영상이 높은 조회수를 기록하고, 그 조회수에 걸맞게 가맹 계약이 성사되는 현상이 벌어지고 있습니다.

이제 프랜차이즈 본사들은 단순한 가맹 영업이 아닌, 창업과 엔터테인먼트의 결합을 통해 성장하고 있습니다. 평범한 자영업자 대부분은 말수가 적고 카메라 앞에서 긴장하는 경우가 많지만, 연기자들은 화려한 연기력으로 자연스럽게 매장을 홍보합니다. 그리고 초보 창업자들은 이러한 영상들을 보면서 희망을 품고 가맹 계약을 맺습니다. 프랜차이즈 본사는 이제 단순한 브랜드 운영을 넘어, 창업 시장을 엔터테인먼트화하며 새로운 방식으로 시장을 공략하고 있습니다. 그러나 이러한 방식은 또 다른 형태로 초보 창업자들을 수렁에 내몹니다.

좋은 자리는
주인이 따로 있다

    누구나 다 알고 있는 멋진 프랜차이즈가 하나 있다고 가정해 봅시다. 누구나 탐내는 초A급 자리에 누구나 다 아는 브랜드로 들어가면 오픈하자마자 잘될 확률이 높습니다. 원가가 높고 인건비를 많이 쓰고 임대료가 다소 비싸도 괜찮습니다. 실패 확률이 매우 적기 때문에 그 자리에 들어간 사람은 행복하게 장사합니다. 가맹점 몇 개씩 하는 것쯤은 일도 아닙니다. 오히려 다점포 전략으로 포트폴리오를 짜서 가맹점을 운영하기도 합니다. 운영하는 사람의 노하우는 중요하지 않습니다. 너도나도 다 알고 있는 유명 브랜드라는 이유만으로 사람들은 몰리고 매출이 나옵니다.

    그런데 그런 자리를 아무에게나 줄까요? 본사는 회사고, 회사는 돈을 벌어야 합니다. 따라서 가장 본사에 도움될 만한 사람에게 A급 자리를 줍니다. 투자금도 많고 장사의 맥을 알고 그 전에도 우리 브랜드 매장으로 돈도 좀 벌고 본사에 호의적이며 가맹 출점에 도움이 되는 본사 친화적인 점주에게 줍니다. 그 사람은 내 브랜드로 최대의 효과와 실적을 내고, 본사에 물류 수익도 많이 안겨 주고, 가맹의 씨를 뿌리는 사람이기 때문입니다.

만약 절대 실패할 수 없는 A급 자리가 있다고 칩시다. 그러면 이 좋은 노다지를 왜 다른 사람에게 줍니까? 본사 직영으로 운영할 것입니다. 나눠 준다고 해도 임원의 친척이나 오래 근속한 충성스러운 직원의 가족에게 줄 가능성이 높습니다. 그런 자리들은 다 나눠주고, 나눠줄 사람 다 나눠주고도 남아도, 본사에서는 그런 자리는 이미 예약이 되어 있다고 홀드해 놓습니다. 아마 이미 내정된 사람과 협의하고 권리금조로 프리미엄 비용을 달라고 할 수도 있습니다. 그것이 아니면 그냥 줄 이유가 없습니다.

그래서 가장 좋은 A급 자리는 좋은 브랜드, 좋은 관계, 회사에 도움되는 친화적인 사람들이나 가맹의 씨를 뿌리기 좋은 점주들에게 주는 것이고, 안 좋은 자리는 그때 컨설팅에 매물을 내놓고 일반 출점시키는 것입니다. 시작부터가 다릅니다.

좋은 자리는 투자비가 더 비쌀까요? 시설비는 똑같습니다. 그 A급 자리 권리금은 보장이 됩니다. 하지만 어정쩡한 자리에는 권리금 보장이 없습니다. 그냥 시작부터 다릅니다. 상가를 분양하는 사람들도 똑같습니다. 가장 좋은 자리는 누가 가져가도 잘되기 때문에 회사 보유분으로 킵해 놓습니다. 그리고 초보들에게 나머지 자리를 줍니다. 초보들이 좋은 자리를 받기도 힘들고, 그래서 메이저 브랜드들이 세컨 브랜드, 서드 브랜드를 신규로 만들어서 초창기 가맹영업으로 치고 나갈 수 있는 이유가 여기에 있습니다.

핵심 멤버를 데리고, 좋은 상권 입지와 점주의 개인적인 능력, 본사의 마케팅 집중 포화로 대박 신화를 만들고, 그런 신화 스토리를 퍼뜨려서 신규 브랜드를 성장시킵니다. 본사의 첫 브랜드 명성을 엔진 삼아 처음 인연을 맺었던 본사와 우호적이면서 장사를 잘했던 점주들에게 우선 기회를 줍니다. 본사와 가맹점이 합심해서 본사는 출점이라는 이익을 취하고, 가맹점은 대박 매출이라는 이익을 공동 엔진 삼아 나갑니다.

초보 창업자들은 그들의 성공 신화를 겉모습만 보면 희망을 가지게 됩니다. A급 자리가 아닌 어정쩡한 곳에서 등락이 심한 매출 구조 속에서 운영하느라 수익이 크지 않으면서도 희망을 계속 품습니다. 열심히 하면 좋은 세상이 열릴 것이라는 이상적이기만 한 마음가짐으로 가맹점운영에 최선을 다하면서 살아가는 것입니다. 그러나 줄 없는 창업자에게 좋은 자리가 올 가능성은 희박합니다. 이미 본사와 협업을 할 수 있고 돌아가는 판을 잘 알고 있는 가맹점주들과 연관인들은 많기 때문입니다. 그래서 정말 좋은 자리를 가질 기회는 쉽게 오지 않습니다.

> 통찰 6

부자들과 초보들의
전혀 다른 접근법

　예전에는 아침 7시쯤이면 짤랑짤랑 소리를 내면서, "두부~ 덴뿌라~."를 외치는 야채 가게 아저씨들이 있었습니다. 주부들은 그 아저씨를 기다렸죠. 이 수요는 언제나 있었습니다. 지금은 이를 플랫폼화해서 신선식품을 새벽에 배송해 주는 업체가 생겼습니다. 바로 마켓컬리입니다. 마켓컬리가 얼마 버는지 알려지자 경쟁자가 생겨납니다. 쿠팡이나, 롯데새벽배송 등이 생기며 한때 4조 규모였던 마켓컬리 기업 가치는 점유율 하락으로 또 파이를 차지하기 위해 무한경쟁 중입니다.

　세탁소는 어떨까요? 세탁 맡기면 집까지 가져다주는 서비스는 30년 전만 해도, 동네 세탁소는 수천 명의 가족들이 먹고 사는 아이템이었습니다. 그런 세탁소의 파이를 크린토피아가 먹고, 그 수요를 보고 런드리고라는 IT 플랫폼 회사가 등장했습니다.

　부자들에게 질문합니다. 만약에 당신이 다시 20대로 돌아간다면 어떤 사업을 하겠냐고요. 그들은 낡은 사업이라고 하는 그 사업체를 인수해서, 그동안 받아보지 못한 서비스를 하는 곳으로 만들어서 사업하겠다고 답합니다. 부자가 사업하는 방식은 엄청 단순합니다. 전통적으로 수요는 있지만 현재 바뀐 환경에 없는 것을 창조하는 일을 합니다. 이를 블루오션이라고 합니다. 그리고, 블루오션이 극에 달해서 레드오션이 되었을 때, 그 파이를 다 먹습니다. 지금 창업 시장에서 대기업이 쓰는 전략과 동일합니다. 치킨 시장, 커피 시장, 고기 시장 등 확실하게 수요가 있는 곳에서, 점유율 싸움을 하면서 자기 포지션을 극대화합니다. 포화된 시장에서 어떤 걸 차별화하고 경쟁력을 만들어서 그 파이를 내가 다 먹을지를 고민합니다.

그러나 초보들은 데이터에 속습니다. A 커피보다 B 커피인 우리가 맛으로나, 시스템으로나, 서비스로나, 인테리어로나 훨씬 좋다는 말을 듣고, 그 동네의 커피 수요를 데이터를 통해 확인한 뒤 A 커피랑 경쟁하기 위해 B 커피 간판을 달고 창업합니다. 예상대로 A 커피가 패배해서 문을 닫습니다. 그러나 곧 B 커피보다 더 발전된 C 커피가 들어옵니다. 왜냐하면 이미 레드오션이 극대화된 곳이라, 수요가 확실하기 때문입니다. 경쟁자보다 우위에 설 수 있도록 시장을 독차지할 가능성은 높아집니다. 그렇게 또 C 커피가 또 승리합니다. 아주 잠깐이지만요. 커피 브랜드는 그렇게 경쟁을 계속하면서 발전하고 브랜드 가치를 높입니다. 그러나 그 안에서 그 잠깐의 성공을 거둔 그 점주들은 매 순간 교체됩니다.

"이쪽 상권은 그게 안 먹혀요. 그래서 없는 거예요. 대신 이 수요가 많아요. 그러니 그 수요에 맞게 들어가야 해요. 봐요, 저기

되게 잘되잖아요?" 초보들은 어정쩡한 경험자의 그럴듯한 이야기를 듣고, 어정쩡하게 오픈합니다. 사실, 잘 되는 아이템보다 그 상권에 없는 것을 하는 편이 안전합니다. 내가 호프집을 하려 했어도 알아 본 상권에 삼계탕집이 없다면 삼계탕집을 여는 것이 맞습니다. 젊은이가 많아서 호프집이 잘 되기는 하겠지만 그러려면 그 상권을 먹기 위해 무한 경쟁을 해야 합니다.

또 내가 삼계탕을 하려던 상권에 이미 삼계탕집도 두 개 있고, 장어집도 있다고 칩시다. 오래된 밥집만 있고 세련된 무언가가 없는 곳이라면 차라리 깔끔한 프리미엄 김밥집이 나을 수도 있습니다. '노인이 많으니까, 프리미엄 김밥은 안 팔릴 거야.', '8,000원짜리 한식 부페집도 이렇게 푸짐하게 주는데 5,000원짜리 김밥을 사 먹겠어?'라고 생각할 수 있습니다. 그러나 깔끔하고 세련된 곳은 누구나 좋아합니다. 또 어떻게 맨날 푸짐하게 한식부페만 먹고 삽니까? 가격대가 있어도 깔끔하고 고상하게 건강한 김밥 한 줄에 라면 한 그릇 먹고 싶을 때도 있을 것입니다.

아예 그 상권을 다 평정하겠다는 마음으로 평수도 크게, 자리도 좋게, 인테리어 투자도 확실하게 해서 경쟁자를 완전히 죽일 것이 아니라면, 차라리 없는 곳을 가는 게 맞습니다. 경험담과 데이터라는 틀에서 벗어나 고객이 그 동네에서 서비스받지 못했던 것을 찾고, 경쟁자 없이 독점하겠다는 마음으로 가는 편이 요즘은 훨씬 더 안전하다는 이야기로 마무리하겠습니다.

> 통찰 7

실행의 미학,
첫 창업은 없이 하는 것이다

　미국의 나사 NASA는 수십 년간 항공우주 분야에서 세계 최고 권위를 가지고 있습니다. 그런데 그 나사를 위협하는 민간기업이 있습니다. 일론 머스크의 스페이스X입니다. 스페이스X는 어떻게 세계 최고 두뇌들이 수십 년 동안 가지고 있는 데이터와 연구자료 위에 있는 나사를 위협할 수 있었을까요? 그 주된 이유는 해보는 것에 있습니다.

　일론 머스크의 스페이스X는 로켓이 얼추 준비가 되고, 이 정도면 되었다 싶으면 쏩니다. 로켓은 좀 날아가다가, 폭발합니다. 이 폭발 원인을 그때부터 고민하고 분석하고 찾아내고 또 얼추 되었다 싶으면 또 로켓을 날립니다. 또 폭발하겠죠. 첫 번째 폭발의 이유는 수정했지만 새로 나타난 두 번째 폭발의 이유를 찾고, 또 보완합니다. 실패를 계속해야 발전해 나갈 수 있기 때문에 시행착오를 계속합니다. 그러다 비용을 절감하기 위해 실패 상쇄 장치를 만들기도 합니다. 한 번 쏘아 올렸던 로켓이 같이 추락해서 폭발하는 것이 아니라, 다시 복귀시켜 사용하는 재활용 로켓을 만들어 낸 것입니다.

고민이라는 것은 문제가 터졌을 때 하는 것입니다. 지금 아무것도 하지 않은 상태에서 그냥 고민하고 연구하고 실패를 안 할 생각만 계속하면, 수십 년 경력에도 결국엔 뒤떨어지는 NASA와 같은 상황이 되는 것이고, 짧은 기간이지만, 일단 실행하고, 문제가 터지면 이를 미친 듯이 해결하고, 또 도전하고, 그 도전이 완전 폭망이 안 되게끔 안전장치를 만들고, 또 실행하며 발전에 가속도가 붙습니다.

불과, 20년 전까지만 해도 최고라고 생각했던, 이마트 기업 가치는 쿠팡의 수십분의 1밖에 안 되고, 온라인유통을 하겠다고 SSG닷컴을 야심차게 내놔도 당근마켓보다도 기업가치가 작고 롯데라는 유통 공룡이 몰락하는 등 그 모든 그동안 최고라고 여겨졌던 것들이 추락하거나 예전만 못해지고 있습니다. 창업 시장도 마찬가지입니다. 불과 20년 전까지만 해도 돈 잘 벌고 경력자라고 떵떵거리던 사람들은 이제 다른 환경에서 적응한 초보들보다 돈도 못 벌고, 어떤 방향으로 갈지도 모른 채 고민만 계속하고 있습니다.

실행을 안 한 상태로 고민이 가능할까요? 실행이 없으면 아무리 고민하고, 경우의 수를 연구해도 직접 부딪혀 가며 해결하는 사람을 절대 이길 수가 없습니다. 얼추 준비하고, 이 정도면 되었다 싶으면 바로 창업해야 다음 프로세스로 갈 수 있습니다. 실행의 미학, 실패의 미학을 적극 활용해야 합니다. 기간은 중요하지 않습니다. 실행하고 부딪히고, 문제를 발견하고 스스로 해결하고, 그 과정을 얼마나 압축되게 얼마나 성실하게 해 나갔는지에 주목해야 합니다.

성공은 실수와 실패라는 연료가 들어가야 작동합니다. 그것 없이 성공했다는 말은 들어 보지 못했어요. 너무 고민하지 말고 도전하세요. 도전하시되 감당할 수 있는 선에서 실패하세요. 그리고 실패에서 얻은 고민을 꼭 해결하세요. 아직 일어나지도 않은 고민을 만들어 내지 마세요. 그렇게 하셔야 합니다.

4장

먹이사슬의 완성

상가, 컨설팅, 플랫폼은 한편이다

[영상 함께 보기]

1. 양도양수 물건의 위험성

2. 대출해 주는 프랜차이즈 회사의 속셈

프랜차이즈와 무더기
공실 상가의 잘못된 만남

요즘 신도시 상가와 지식산업단지에는 공실이 넘쳐납니다. 상가는 지어졌지만 이를 구매하려는 사람이 없고, 상가를 매각하려는 사람들도 임차인이 들어와야 임대료를 받을 수 있는데 임차인을 구하지 못하기 때문입니다. 결국 상가를 팔려는 사람들은 상가의 분양 수익률을 맞추기 위해 무리수를 두기 시작합니다.

상가를 매각하려는 사람들은 부동산은 알아도 장사에 대한 경험은 부족한 경우가 많습니다. 프랜차이즈 브랜드의 대박 신화를 홍보하는 영상과 자료를 본 이들은 프랜차이즈가 입점하면 사람들도 몰리고 상가가 활성화될 거라는 착각에 빠지게 됩니다. 그래서 초기 시설비를 지원해 주고 임대료를 높게 책정한 후 프랜차이즈 본사에 접촉해 가맹점을 유치하려 합니다. 어차피 임차인이 들어오고 상가가 팔리면 초기에 지원해 준 시설 지원비는 회수할 수 있으니 말입니다.

이 과정에서 프랜차이즈 본사는 분양 수익률에 맞춘 어마무시하게 높은 임대료 이슈는 쏙 빼고 초기 시설비 지원으로 창업 비용이 적게 든다는 점을 강조하며 초보 창업자들을 유혹합니다. 예비창업자는 그 임대료가 훗날 본인에게 어떤 결과를 가져올지 전혀 모릅니다. 그리고 이런 공실 상가는 장사에 적합하지 않을 가능성이 높습니다. 외부 사람들이 이곳에 와야 할 이유가 없기 때문에 집객력이 떨어지므로 상주인구만으로 운영해야 하는 구조가 대부분이기 때문입니다.

공실 상가에서 망하는 이유

얼마 전 일산의 한 신도시 상권을 방문했을 때 '렌트프리(무상 임대) 11개월'이라는 현수막이 붙은 곳을 보았습니다. 그곳에서는 시설비 지원을 받아 오픈한 프랜차이즈 가맹점이 높은 임대료와 운영비를 감당하지 못하는 상황이 발생하고 있었습니다.

프랜차이즈 브랜드는 대개 원가율이 40% 이상으로 높고, 공정별로 인원이 배치되어야 해서 혼자서는 운영이 불가능합니다. 그래서 공실이 많고 유동 인구가 적은 상권일수록 치명적인 단점이 됩니다. 가맹점주는 장사가 잘 안 되어도 계약 기간이 있어서 쉽게 그만두지 못합니다. 시설비 지원을 받은 조건으로 계약 기간이 길게 설정되는 경우가 많아, 가게를 접을 경우 위약금을 물어야 하는 상황이 발생하고 문을 닫아도 계약 기간 동안은 임대료를 계속 내야 합니다. 업종 변경도 어렵고 보증금도 돌려받기 어려워 완전한 파산 위험에 처할 수 있습니다

공실 상가 분양자들은 초반 6개월 동안 가맹점을 통해 임차 계약이 체결되면 상가를 팔 수 있을 것이라고 기대하지만, 최근 부동산 시장에서는 상가 구매자들이 더욱 신중해지고 기다리는 분위기입니다. 결국 시설비 지원까지 해 주며 유치한 프랜차이즈 가맹점이 장사를 포기하거나 매출 부진으로 문을 닫아버리면 상가를 매각하는 것도 어려워집니다. 결국 가맹점주, 상가를 매각하려던 분양팀 모두 망하고, 프랜차이즈 본사만 별다른 손해 없이 빠져나가는 구조가 형성됩니다.

결과적으로, 임대료를 높게 책정하면 상가 분양가를 더 높게 받을 수 있기 때문에, 분양업자들은 프랜차이즈 유치를 최우선 과제로 삼습니다. 하지만 프랜차이즈 가맹점을 선택할 때는 입지 선정이 가장 중요한 요소입니다. 유동 인구가 적고 집객력이 없는 상권의 공실 상가에 입점하는 것은 위험합니다. 초기 시설비 지원에 현혹되지 말고 장기적인 운영 가능성을 판단하세요.

프랜차이즈 갑질이
없어지지 않는 이유

프랜차이즈 사업은 B2B 사업입니다. 고객 접객은 가맹점이 하지만, 본사에게는 예비 창업자가 고객입니다. 그리고 가맹점이 되는 순간부터 본사가 갑이 됩니다. 어느 한 곳이 아니라 전체 각도에서 계산해도 갑입니다. 갑의 방침대로 을의 미래가 결정되는 수직 구조이며, 두루뭉술한 고객 홍보 이외에 가맹점이 본사에 잘 보일 이유가 없습니다. 삼성전자라는 대기업도 핸드폰을 팔려면 고객 눈치를 봐야 하고, 반도체를 팔려면 다양한 업체의 눈치를 봅니다. 반도체를 만들려면 장비 업체의 눈치를 보고, 판매하려면 빅테크 기업의 동향도 살펴야 합니다. 그런데 프랜차이즈 본사는 눈치 볼 곳이 없습니다.

아무리 큰 기업도 프랜차이즈 회사에게는 을입니다. 하림 같은 대형 닭공장도 회사 규모는 프랜차이즈 회사보다 크지만, 엄밀히 따지면 프랜차이즈 본사 앞에서 선택받아야 할 을입니다. 간판 회사, 인테리어 회사, 김 공급 회사, 계란지단 제조업체 등도 모두 본사의 허락을 받아야 합니다. 이 관계에서도 프랜차이즈 본사는 최상단에 있습니다.

가맹점 100개면 회장은 왕이 된다

프랜차이즈 본사 내부에서는 회장이 절대적인 권력을 행사하며, 사장, 전무, 상무, 부장, 팀장, 일반 직원까지 철저한 위계질서 속에서 움직입니다. 공장과 물류 센터는 하청 구조로 운영되며, 직원들은 본사의 지시에 철저히 종속됩니다. 회장이 등장하면 모두 머리를 숙이며 충성을 다합니다.

또 프랜차이즈 본사는 엄청난 현금 흐름을 보유하면서도 감시받지 않습니다. 가맹점이 본사에 선입금해야 가게 운영이 가능하며, 매장당 본사 입금액은 적게는 1,500만 원에서 많게는 3,000만 원 이상입니다. 곧 가맹점 100개면 한 달에 120~150억의 현금 흐름이 발생합니다. 대기업이나 상장기업이라면 엄격한 회계 감사를 받겠지만, 프랜차이즈 본사는 문제가 없습니다. 주주 감시가 없고 내부 통제도 형식적이니까요. 회계 감사를 받아도 내부적으로 조정할 수 있는 구조이며, 결국 회사 자금을 오너의 사적 소비로 전용하는 일이 다반사입니다. 이러한 환경 속에서 프랜차이즈 오너는 오만해지고 독단적인 행동을 하게 됩니다.

권력을 가진 사람이 절제되지 않은 권력을 행사할 때 어떤 일이 벌어질까요? 언론에서도 공개된 김밥 프랜차이즈 사건이 대표적입니다. 오너는 회사 돈을 자신의 쌈짓돈처럼 사용하고, 직원에게 성적 요구를 하거나 부적절한 관계를 맺어도 문제없다고 생각합니다. 내부적으로 문제를 제기하는 직원이 있으면 바로 퇴출시키며, 자신이 왕이라는 착각에 빠져 윤리의식을 상실합니다. 본사 오너는 마치 절대 군주처럼 행동하며, 직원이나 가맹점주는 그저 따르는 존재로 여깁니다.

이러한 행태가 지속되는 이유는 누구도 이를 견제하지 못하는 구조이기 때문입니다. 프랜차이즈 구조상 가맹점은 본사에 의존할 수밖에 없으며, 본사는 가맹점을 지원하는 것이 아니라 수익 모델로 삼습니다. 문제를 제기할 창구가 없고 감시도 받지 않습니다. 주식금융 쪽은 금감원이 있고, 부동산 쪽은 권한이 제한적이긴 해도 한국부동산원이라는 기구라도 있지만, 창업 쪽 감독 및 관리 기관은 전무합니다. 이러한 구조적 문제를 해결하지 않으면 앞으로도 제2, 제3의 김○○ 사건은 계속될 것입니다. 결국 프랜차이즈 업계의 권력 구조를 바꾸지 않으면 갑질은 사라지지 않습니다. 우리 스스로 감독하면서 지킬 수밖에 없습니다.

본사도 정말 적자일까?

프랜차이즈 회사는 가맹점을 운영하기 위해 열심히 규모를 키웁니다. 가맹점에 물건을 공급하기 위한 협력 업체와도 긴밀한 관계를 맺습니다. 치킨 프랜차이즈라면 닭 가공 업체와 물류 업체가 있을 것입니다. 외부 업체를 통해 공급받다 보니 원가를 더 낮출 수도 없고 장부를 조작할 수도 없습니다. 그러나 프랜차이즈 회사는 공급 업체의 갑입니다. 공급 업체는 프랜차이즈 회사에게 백마진, 그러니까 대형 업체와 꾸준히 관계를 맺기 위한 할인을 줍니다.

프랜차이즈 회사는 백마진을 받아 가면서 협력업체와 손을 잡고 사업을 키워 갑니다. 그런데 계속하다 보면 생각이 바뀝니다. "이걸 왜 백마진을 받지? 어차피 우리 가맹점에 공급하는 건데, 그냥 닭 가공업체 세우고, 가맹점에 공급해 주는 물류업체를 세워버리면 되지." 아예 회사를 세워서 수익을 그냥 다 가져갈 생각을 합니다.

모르면 당하는 본사의 수법

실제로 치킨 프랜차이즈 회사인 굽○○○에서는 오너 일가가 닭 가공 회사와 물류 업체를 세워버립니다. 내가 치킨 프랜차이즈 회사 본사라면, 내 동생을 닭 가공 업체 회사의 100% 지분 개인사업자로 세우고, 내 자식들에게 물류 업체 회사 지분 100%를 나눠줍니다. 결국 그 프랜차이즈 본사에 공급하는 닭 공급 회사도 우리 가족이고, 그 프랜차이즈 가맹점에 배달하는 물류업체도 우리 가족입니다. 프랜차이즈 본사는 협력 업체로부터 비싼 가격에 원재료를 공급받고, 그 가격에 본사 마진까지 붙여서 가맹점에 공급합니다. 물류비용을 비싸게 책정해서 그 물류회사에 일감을 다 몰아주다 보니, 타 물류회사처럼 영업비가 드는 것도 아니고 그냥 가만히 있어도 일감이 들어옵니다.

언뜻 보면 프랜차이즈 본사 영업 이익이 줄어드는 것처럼 보이지만, 그 관계회사들의 영업 이익은 폭증하게 됩니다. 또 관계 회사로 돈을 미리 빼 두는 효과도 있습니다. 이것이 소위 말하는 일감 몰아주기, 통행세 개념입니다. 프랜차이즈에 대한 인식이 안 좋아지면 언제든 위기 상황을 맞이할 수 있습니다. 언제든 가맹점주들이 들고 일어나서 소송이 일어나면 본사가 털릴 수도 있으니까 일단 돈을 빼놓는 것입니다. 표면상 적자 프랜차이즈 본사를 유지하려고 합니다.

지금은 시작부터 이렇게 운영하는 본사들이 엄청 많습니다. 찜닭이나 아귀찜 등 소스를 공급해야 하는 프랜차이즈 회사를 세웠다고 칩시다. 본사에서 주는 소스 공급가는 비싸지만 본사가 이윤을 많이 보지는 않습니다. 본사에 납품하는 소스 공장에서 이미 비싸게 받아왔기 때문입니다. 가맹점주는 말도 안 되게 비싼 소스 공급을 받으면서도 그 돈 없는 영업사원인 본사에게 따지지도 못합니다. 왜냐하면 장부상 본사도 번 게 없으니까요. 그러나 살펴보면 그 소스 공장은 대표와 연관된 개인 사업자가 운영하고 있습니다. 결국 본사도 어렵다, 본사도 적자다, 다들 올라서 어렵다고 말하지만, 뒷구멍으로 알아보면 결국 폭증하는 관계 회사의 수익이 나오게 됩니다.

이같은 행태를 하는 프랜차이즈 본사는 절대 적자를 보지 않습니다. 갖은 방법으로 본사의 수익을 만들어 기업을 유지하고 있으며, 그 방법 때문에 줄소송이 일어나기도 합니다. 찾아보니 상품 쪽에서는 스포츠 의류 업체로 유명한 아○○○가 있었습니다. 이들은 유명 연예인이 신은 핫한 신발은 가맹점에 공급해 주지 않습니다. 수입 물량이 부족해서라고는 하지만, 본사 쇼핑몰에서는 버젓이 팔고 있습니다. 신발은 식품이 아니라서 굳이 가맹점에 비치를 안 해도 인터넷으로 보낼 수가 있으므로 이렇게 팔면 수익을 가맹점과 나누지 않아도 됩니다. 게다가 그곳에서는 아예 대놓고 가맹점 구조조정이라는 말을 쓰더군요. 퓨처 가맹점이라고 부르는 우량 가맹점 20개를 빼고는 다들 재계약 불가 통보를 받습니다. 재계약 안 해 주면 끝인 것이고, 오히려 가맹점이 줄어들수록 본사 수익은 급증합니다.

시설업에서는 골○○ 이야기로 한바탕 시끄러웠습니다. 시설업은 시설을 갖춰 놓고 그 시설로 돈을 버는 개념입니다. 이곳은 개발 회사에서 시작한 스타트업이 상장이 되어 가맹점을 유치하고 있는데, 가맹점이 아니더라도 골○○ 기계는 누구나 살 수 있습니다. 다만 시간이 지나면 프로그램을 업그레이드해야 합니다. 6~7억을 주고 100평 규모로 창업했지만 2~3년만 있으면 몇억 들여서 시설과 소프트웨어를 리모델링해야 합니다. 골○○ 가맹점의 영업이익률이 30%라고 합니다. 언뜻 보면 이익률이 좋아보일지 모르지만 식재료 같은 원가가 높은 요식업도 아니고 원가가 적게 드는 시설업에서 영업이익률 30%가 나온다는 말은 본사에서 취하는 소프트웨어 관리 비용도 어마어마하다는 것을 보여줍니다. 감가상각으로 투자금도 회수하기 전에 업그레이드 비용이 나가기 때문에 돈을 벌어도 번 게 아니게 됩니다. 그마저도 본사는 상권 쪼개기로 가맹점 및 취급점을 늘려갑니다. 똑같은 프로그

램에 똑같은 시설이라면 조금 더 편리하고 새로 만든 곳에 가게 되고, 매출도 더욱 잘게 쪼개집니다. 결국 함정에 빠진 것입니다.

전 재산을 다 털어서 오픈한 가게가 노예의 길이 될 수 있습니다. 식품이든 상품이든 시설이든 그 어느 곳에서도 빠져나올 수 없는 수렁을 만들어내는 본사들입니다. 내가 몰라서, 내가 경험이 없어서 그들의 것으로 생계를 연명하려다 생존의 위협을 받는 상황입니다. 이젠 스스로 해내지 못하면 결국 생존할 수 없게 됩니다. 작더라도 스스로 해내는 연습을 꼭 하길 바랍니다.

프랜차이즈 업계의
줄소송

2024년 9월에 서울고등법원은 한국피○○ 가맹점주 94명이 제기한 '차액가맹금 반환 청구 소송(2020가합607773)'에 대한 판결을 내렸습니다. 본사의 이익이 부당하니 가맹점주에게 받은 차액가맹금을 반환하라는 내용이었습니다. 차액가맹금이란 쉽게 말하면 본사가 가맹점에 공급하는 물류에서 얻는 마진을 뜻합니다. 이 물류 마진은 공공연히 관행처럼 인정되던 부분이었으나 이제 가맹점주들은 생존을 위해 본사의 부당함을 주장하고 있습니다. 이 판결을 계기로 다른 브랜드의 가맹점주도 본사를 상대로 한 소송을 진행하고 있습니다.

사실 차액가맹금 자체는 본사의 정당한 요구일 수 있습니다. 본사도 운영을 해야 하니 말이지요. 예를 들어 떡볶이 장사하는 사람에게 손님들이 와서 "떡 원가가 1천 원이고 소스 원가가 500원인데 왜 5천 원이나 받아 먹냐?"라고 따질 수는 없는 것처럼, 본사도 운영 비용이 존재하기 때문에 대한민국 창업시장에서 물류 마진 없이 사업하라는 것은 말이 안 되는 이야기일 수 있습니다. 하지만 프랜차이즈란 브랜드의 파워를 기반으로 소비자 신뢰를 장착하고 본사의 운영 노하우를 지속적으로 제공하면서 그 대가로 로열티를 받는 사업입니다. 물류 마진을 보더라도 브랜드의 맛을 유지하는 핵심 재료에 한정되어야 하지요. 그러나 유독 우리나라에서는 일반 유통에서도 쉽게 구할 수 있는 범용 상품까지도 본사가 강제로 공급하는 일이 성행합니다.

창업의 조삼모사

왜 이런 구조가 생겼을까요? 초보 창업자들은 비용을 직접 지불하는 것에 인색하기 때문입니다. 특히 본인이 의식하지 못하는 상태에서 원천징수 되듯 자동으로 빠져나가는 것은 괜찮지만, 처음부터 "이만큼 내야 합니다"라고 하면 본능적으로 거부감을 가지게 됩니다. "왜 저 브랜드는 가맹비도 안 받는데, 여긴 가맹비를 받아요?", "왜 저 브랜드는 로열티가 없는데, 여긴 로열티를 내야 해요?", "왜 저 브랜드는 교육비도 무료이고, 시설비도 지원해 준다는데, 여긴 왜 다 받아요?" 이러한 무지 때문에 프랜차이즈 본사들 또한 우회전략을 써서 가맹 사업을 할 수밖에 없던 측면도 있습니다.

처음에는 가맹비, 교육비, 로열티가 무료이고 인테리어 수익도 안 본다며 모든 걸 공짜로 마련해 주는 것처럼 홍보합니다. 그러나 계약하고 나면 그때부터 본전을 뽑기 위해 가맹점에 빨대를 꽂고 빨아들이기 시작합니다. 뉴스에서는 한 치킨 브랜드의 본사 영업이익률이 30%라는 기사를 냈습니다. 우리나라 프랜차이즈 시장에는 기술혁신을 통해 폭리를 취한다는 글로벌 빅테크 기업보다 마진이 더 좋은 프랜차이즈 본사들이 즐비합니다. 이 마진이 어디서 나오는 걸까요? 바로 가맹점을 향한 물류 마진에서 옵니다. 원가 500원짜리 소스를 2~3천 원에 납품하고, 원가 300원짜리 분말을 2천 원에 공급하며 계약으로 옭아맵니다. 매출이 높은 치킨 브랜드 가맹점 하나로부터 연간 1억 원까지 물류 수익이 난다고 합니다.

정당한 가맹비를 요구하는 곳도 있습니다. 적게는 1,000만 원 많게는 3,000만 원 이상도 요구할 수도 있습니다. 비싸다, 싸다, 판단할 것은 아닙니다. 그 프랜차이즈 본사가 책정한 가치이니 말이죠. 그런데 오랜 시간 쌓아온 노하우와 레시피를 알려 주고, 자신이 장사할 품목들을 판매하는 것이 아니라 자신이 시행착오 겪으며 만든 양질의 거래처를 공유해 주고, 생존할 수 있도록 운영적인 것까지 가르쳐 주는 비용이 1,000만 원이면 제가 볼 때 수익이 아닌 실경비 수준입니다. 그러나 조삼모사 이야기처럼 초보 창업자들은 처음에 1,000만 원 가맹비 내기가 아깝다며 피하는 경우가 많습니다. 그래서 처음에 모든 걸 무료로 해준다는 브랜드를 선택하고 오픈 후 다달이 순이익에서 300~500만 원씩 뜯깁니다. 계산해 보면 2년이라는 계약 기간에 7,000만 원을 뜯기는 셈입니다. 매출이 높을수록, 특히 배달, 홀, 테이크아웃을 전부 운영하는 브랜드일수록 금액 단위도 커집니다. 차라리 서○○○처럼 로열티를 10% 이상 내더라도, 외국 브랜드라서 차액가맹금 장난질을 안 치는 곳이 장기적으로 볼 때 더 저렴합니다. 하지만 모르는 사람들은 로열티 10%가 너무 비싸다며 결국 물류 수익 옴팡 뜯어가는 브랜드를 선택해 더 뜯깁니다.

 매출은 나오지만 본인에게 남는 게 없자, 그제야 깨닫고 프랜차이즈 본사를 욕하기 시작합니다. 하지만 위약금에 묶여서 그만두지도 못하고, 내용증명 한 장, 위약금 청구서 하나 날아오면 "죄송합니다, 좀 봐주세요" 하며 본사에 사정을 합니다. 그렇게 모든 걸 털리고, 또다시 창업 시장으로 나옵니다.

 적어도 이번 사건을 통해 직장인이 원천징수당하듯 가맹점이 차액가맹금으로 원천징수당하는 구조, 그 크기가 얼마나 심각한지 깨닫는 분이 많아졌으면 합니다.

정당하게 가맹비 받고, 정당하게 로열티 받는 본사가 존중받아야 합니다.

앞에서는 모든 걸 공짜로 해준다고 홍보하고, 뒤에서는 알게 모르게 다 뜯어가는 본사의 본모습이 이제는 더 많이 노출되어야 합니다. 더 투명한 창업 시장이 되길 바랍니다.

대부업으로 진화하는
프랜차이즈의 속셈

창업에 필요한 돈이 부족해서 돈을 빌립니다. 이미 창업을 하고 있는 자영업자들도 아무런 희망 없는 곳에서 탈출하기 위해 돈을 빌립니다. 창업 시장에서 돈을 빌려서 창업하는 두 부류에 대한 이야기를 두 가지 사례로 설명하겠습니다.

창업을 준비하는 사람 중 거의 100%는 자금이 부족합니다. 마치 우리가 5억을 가지고 있어도 10억짜리 매장에 눈길이 가는 것처럼, 창업자들은 자신의 능력치보다 항상 더 큰 기회와 보상을 찾으려 노력합니다. 더욱이 첫 창업을 하는 이들은 의욕도 높습니다. 처음에는 위험성을 고려하여 보수적인 시각으로 접근하지만, 시간이 지나면서 점차 더 좋은 위치, 더 세련된 매장을 원하게 됩니다. 경험이 없어서 예상치 못한 금액들이 추가되고, 그 과정에서 예상하지 못했던 비용이 계속 발생하여 결국 초기 계획보다 훨씬 많은 창업 자금이 필요하게 됩니다.

특히 수억 매출과 수천만 원의 순수익을 꿈꾸는 창업자들은 이번 첫 창업으로 새로운 인생 역전을 꿈꾸는 사람들이 상당히 많습니다. 기왕이면 제대로 투자해서 제대로 한몫 챙기려는 마음입니다. 이미 퇴직금, 가족의 돈, 아파트 담보대출, 2금융권 대출까지 모두 끌어온 상황에서도 부족한 경우가 많습니다. 예나 지금이나 항상 이런 상황은 부지기수이지만, 예전에는 프랜차이즈 본사가 창업자의 상황을 고려하여 일정 부분 창업 비용을 절감해 주거나 지원해 주는 것이 일반적이었습니다. 본사 직원들이 품의서를 올리면 프랜차이즈 오너 대표가 너그럽게 형편을 봐주면서 깎아주기도 했습니다. 그러나 이제는 그런 낭만 있는 시대가 아닙니다. 오히려 프랜차이즈 M&A 시장이 활발해지면서 본사가 수익을 포기하는 일은 더더욱 없어졌습니다. 이젠 프랜차이즈 본사는 창업 비용을 깎아주지 않습니다. 대신 돈을 빌려줍니다.

프랜차이즈 본사가 대출해 주는 이유

프랜차이즈 본사는 창업자가 감당할 수 없는 창업 비용을 낼 수 있도록 본사 차원에서 대출을 지원해 줍니다. 하지만 본사는 절대로 손해를 보지 않습니다. 가맹비, 교육비, 인테리어 비용 등 창업 비용에는 이미 본사의 이윤이 포함되어 있습니다. 가령 가맹점 출점 비용이 5억이라면, 실제 창업 원가는 그 5억 중 70%인 3억 5천이 원가이고, 30%인 1억 5,000만 원이 본사의 이윤이라고 가정해 봅시다. 그러면 이제 본사는 창업 비용 5억 중 3억 5,000만 원은 창업자가 부담하도록 하고, 부족한 나머지 1억 5,000만 원을 본사 아니면 본사와 연관된 곳에서 대출해 줍니다.

이러면 본사는 돈을 한 푼도 들이지 않고도 가맹점주에게 1억 5,000만 원의 채무를 발생시키고, 본사는 채권자가 됩니다. 그리고 본사와 가맹점 간의 관계에서 본사의 권한은 더욱 강력해집니다. 가맹점주는 프랜차이즈 본사와 가맹점이라는 갑을 관계에 채무 관계까지 더해져 본사의 지시와 운영상 권유 사항들을 거스를 수 없게 됩니다.

창업자가 좋은 입지에서 가게를 열었다고 해도, 그 매출을 유지하는 부담은 전적으로 점주에게 있습니다.

높은 임대료, 권리금, 인테리어 비용은 점주가 부담해야 합니다. 매출이 높으면 본사는 더 많은 물류 수익을 가져갑니다. 대출 원금과 이자를 갚아야 하는 부담도 점주에게 있습니다. 그 매출을 감당해야 하는 인건비와 매출로 계산되는 세금 또한 점주가 부담합니다. 가맹점주는 본사에 물류 수익을 제공하면서도 대출 원금과 이자까지 갚아야 하는 이중 부담을 지게 됩니다. 만약 계약 기간 내에 폐점을 하거나 계약 위반이 발생하면, 본사가 제공했던 혜택을 모두 반환해야 합니다. 이미 법적, 제도적 구조에서 프랜차이즈 가맹점이 본사를 이길 방법이 없습니다.

현재 창업 시장의 변화

현재 확장 속도가 빠른 브랜드들의 공통점은 점주에게 돈을 빌려줘서 창업을 시작하게 하는 구조입니다. 본사가 직접 대출해 주거나, 주류 회사가 대출해 주거나, 캐피탈을 끼워 주방 기물과 가구 등을 렌탈로 빌려주는 방법을 활용해 창업자의 초기 부담을 최소화하고 있습니다. 하지만 이 모든 과정이 창업자의 채무를 증가시키는 방식이라는 점을 간과해서는 안 됩니다. 이들은 대출을 이용해 '레버리지 효과'를 극대화하고, 위기를 한 번에 타개하려는 심리를 자극합니다. 그리고 유튜브, SNS 등을 활용해 성공 사례를 강조하며 창업자의 마음을 흔듭니다.

무리하게 투자하고, 본사의 전략에 완전히 휘말리면 실패했을 때 최악의 상황을 맞이하게 됩니다. 본사와의 관계는 극도로 악화되고, 소송과 갈등으로 이어지며, 몸과 마음이 모두 지쳐 신용불량자로 전락할 수도 있습니다. 설상가상으로 채권자들은 채무를 갚지 않는 가맹점을 결코 그냥 두지 않습니다. 그들은 이미 큰 피해를 입고 법적 압박과 지속적인 독촉에 시달리며, 한때 반발해 보려 했지만 결국 무력감에 빠집니다. 본사의 강한 입김 아래 결국 고개를 숙이고, 본사의 요구에 따라 누구에게도 자신의 상황을 이야기하지 못하도록 각서를 쓰고 조용히 살아가게 됩니다.

자영업자 울리는
설거지형 프랜차이즈

이번에는 아예 답이 없는 상황에 있는 자영업자들에게 돈을 빌려주는 프랜차이즈들의 이야기입니다. 처음부터 본사의 시스템에 의존해 온 프랜차이즈 가맹점주들은 매출이 끝도 없이 떨어질 때 대안을 찾기가 어렵습니다. 사업이 어려워져 매장을 정리하고 싶어도, 이미 투자한 비용이 너무 커서 쉽게 포기할 수도 없는 현실입니다. 절망적인 현실 속에서 점주들은 어떻게든 살아남기 위한 선택을 하게 됩니다. 마지막 희망이라도 붙잡고자 하는 마음으로 타 프랜차이즈 본사가 제공하는 대출을 선택하는 것입니다. 이를 업계에서는 설거지 당한다고 표현합니다.

망한 가게를 노리는 무이자 대출의 함정

"리모델링 비용 2,000만 원! 3개월 만에 월 매출 5,000만 원 달성!", "업종 변경 후 순수익 1,000만 원! 비용 부담 없이 시작하는 창업!" 유튜브나 SNS를 통해 이러한 광고를 접하면 절망에 빠진 점주들은 희망을 품게 되고, '밑져야 본전'이라는 생각으로 그 기적을 만들어주는 프랜차이즈 본사에 연락하게 됩니다. 본사는 친절하게 상담을 진행하며, 부족한 자금은 주류 대출, 기물 렌탈 등을 통해 충당할 수 있다고 설득합니다. 심지어 본사가 직접 돈을 빌려주겠다는 말까지 하며 점주들을 안심시킵니다.

대체로 이들이 운영하는 브랜드들은 비슷한 특징을 갖고 있습니다. 우선 가성비를 앞세운 한식 계열이 많으며, 점심과 저녁을 모두 공략할 수 있는 무난한 메뉴 구성을 갖추고 있습니다. 배달과 홀 영업이 모두 가능하며, 특별하진 않더라도 어떤 동네든지 오픈하면 한두 번쯤은 방문할 만한 아이템들입니다. 본사의 담당자가 매장을 확인하는 과정에서도 최소한의 변경을 강조합니다. 예를 들어 망한 고깃집이라면 후드를 철거하고 테이블과 간판을 교체합니다. 국밥집이었다면 기존 테이블을 그대로 활용하고 주방 구조를 조금 변경한 후, 필요한 그릇을 추가하는 정도의 최소한의 변경이 이루어집니다.

그렇다면 이 프랜차이즈 본사들은 어떤 방식으로 수익을 얻을까요? 그 프랜차이즈 본사가 너무나도 착하기 때문에 그 창업자들을 위해서 순수하게 돈을 빌려주는 것일까요? 그들의 수익 구조를 들여다보면 더욱 교묘한 방식이 숨어 있습니다.

먼저 비용 부풀리기입니다. 본사는 기존 매장을 활용하면서도 리모델링 및 시설 개선 비용을 실제 비용보다 높게 책정합니다. 그리고 다른 업체들이 부담해야 할 부분과 본사가 부담해야 할 부분을 나눠서 설명합니다. 주방 기자재와 그릇 등의 기물은 1,000만 원으로 업체 렌탈이 가능하고 가구는 500만 원으로 업체 렌탈이 가능하지만, 인테리어 및 간판 공사 등 시설비는 2,500만 원으로 렌탈이 불가능해 본사가 부담한다고 설명합니다. 예를 들어 본사가 투자 형태로 부담해야 하는 시설비의 원가는 1,500만 원 정도인데, 이를 2,500만 원으로 부풀려서 점주에게 브리핑하고 원가와 이윤을 합한 총비용 2,500만 원을 본사 대출로 제공하는 방식입니다.

그것을 무이자 대출이라고 부릅니다. 그런 방식으로 시설비가 부담스러운 점주에게 본사는 무이자로 전액을 대출해 주겠다고 제안합니다. 하지만 앞서 이야기한 내용처럼 실상은 다릅니다. 원가 1,500만 원의 시설비를 2,500만 원으로 책정하고, 점주에게 월 200만 원씩 상환하도록 설정했다면 1년 만에 본사는 2,500만 원을 회수하고, 1,000만 원의 추가 이익이 발생합니다. 결국 점주는 한 푼도 없는 상태에서 다 갚아야 하는 투자금 4,000만 원이 들어가는 창업을 하게 되었지만, 본사는 1년 만에 모든 비용을 회수하며 안정적인 수익을 확보하게 됩니다.

물류 수익도 극대화합니다. 대한민국 프랜차이즈의 평균 차액 가맹금이 매출 대비 10% 안팎입니다. 점주의 매출이 높을수록 본사는 더 많은 수익을 얻습니다. 월 매출 3,000만 원일 때는 300만 원, 월 매출 4,000만 원일 때는 400만 원, 월 매출 5,000만 원일 때는 500만 원이 본사 수익입니다. 이렇게 개점 초기에 매출이 높게 유지되는 몇 개월 동안 본사는 최대한 많은 수익을 챙깁니다.

예를 들어 봅시다. 가맹점이 월 매출 4,000만 원어치를 팔게 되면, 본사는 1차적으로 물류 공급 순익 400만 원을 법니다. 거기에 점주가 대출한 200만 원을 추가로 받습니다. 이렇게 처음 2~3달만 운영해도 시설비 원가인 1,500만 원이 회수됩니다. 이후로는 오픈 특수가 끝날 때까지 최소 500~600만 원의 본사 순이익이 생기는 것입니다. 오픈 특수가 끝나면 본사는 매출을 유지하기 위해 마케팅을 강화하거나 배달 서비스를 더욱 확대하는 방법을 제안합니다. 이렇게 하면 본사는 최소한 첫 1년 동안 약 3,000만 원 이상의 수익을 확보할 수 있습니다. 이후에 가맹점이 힘들어져서 그만하고 싶어도 그만둘 수 없습니다. 계약위반 시 위약금 또는 초기 제공했던 혜택을 철회하면서, 가맹점이 계약을 쉽게 종료하지 못하도록 만듭니다.

본사는 손해를 볼 일이 없습니다. 애초에 자금이 부족한 점주들은 대안이 없기 때문에 본사 제안을 받을 수밖에 없었고, 본사는 정상 금액을 모두 챙기면서도 점주에게 대출을 부담시키는 구조를 유지합니다. 그러나 점주들은 원금과 이자를 갚아야 하는 상황에 놓입니다. 생활비와 운영비까지 본사의 대출 지원을 받았던 가맹점주는 추가로 렌탈 원금과 이자를 부담해야 하며, 본사에 매월 200만 원씩 상환해야 합니다.

점주가 경제적으로 버티기 힘든 상황에 처하면, 본사는 월 200만 원이 아닌 100만 원씩 갚으면서 마케팅 비용을 추가로 사용하자고 제안합니다. 언뜻 보면 본사가 가맹점을 살리려는 노력처럼 보이지만, 사실 채무는 없어지지 않았습니다. 마케팅을 통해서 매출이 늘어나면 본사 수익은 늘어나고, 점주는 또 늘어난 매출을 감당할 인건비를 부담해야 합니다. 이렇게 마케팅 비용조차 점주의 부담이 되고, 매출이 상승해도 본사의 물류 수익과 순이익만 증가하며, 점주는 채무에서 벗어나지 못하는 구조가 계속됩니다.

대출은 신중해야 합니다

현재 프랜차이즈 시장은 단순한 가맹 사업을 넘어 대부업과 결합된 금융 장사로 변질되는 모습을 보입니다. 기존 자영업자는 투자 여력이 부족하고, 마땅한 대안도 없어 장사를 계속해야 하는 상황입니다. 본사 역시 이러한 현실을 잘 알고 있으며, 처음에는 마치 도움을 주는 것처럼 보이지만, 실제로는 높은 이윤이 포함된 정상 금액을 제시하며 이를 채무로 전환시킵니다. 그리고 계약이 성사된 후에는 점주들에게 지속적으로 비용을 회수하는 구조를 유지합니다.

단순한 물류 장사를 넘어 이제는 금융업까지 병행하며, 프랜차이즈 본사들은 1,500만 원짜리 원가를 1년 만에 2,500만 원으로 회수하는 악성 대출 구조를 만들어가고 있습니다. 이는 사채보다도 더 심각한 구조이며, 더욱 우려스러운 점은 이들이 유튜브를 통해 적극적으로 홍보하며 시장을 장악하고 있다는 사실입니다. 쉽고 빠른 성공은 없습니다. 합법적인 사기 형태로 점주들을 옭아매는 일부 프랜차이즈 본사의 행태를 경계해야 합니다.

프랜차이즈 대표들이
숨어 사는 이유

세상에서 가장 비싼 세금은 유명세입니다. 유명세는 반드시 확실한 대가를 치러야 합니다. 과거 저는 프랜차이즈 업계에서 오래 일하면서 당시 자신의 브랜드로 이름을 날리던 사업가들과 어울려 술 한잔을 나누곤 했습니다. 유튜브가 시작되던 태동기이기도 했습니다. 당시 오래전부터 프랜차이즈 사업을 해 온 보수적인 사업가들은 신흥 매체로 떠오른 유튜브를 대수롭지 않게 여겼습니다. "저게 뭐지?" 하며 여전히 전통적인 방식으로 창업컨설팅 업체와 협력하거나 키워드 광고, 박람회 등을 활용했습니다. 새로운 매체인 유튜브를 적극 활용하는 사업가도 있었습니다만 우리는 그들이 걱정되었습니다. 가맹 영업 방식이 아니라 유튜브에 나와 얼굴을 알리는 것 자체가 굉장히 위험해 보였기 때문입니다.

유명세와 오너리스크

프랜차이즈 사업은 환경 영향을 절대적으로 받습니다. 그리고 그 환경은 언제, 어디서, 어떻게 변할지 알 수 없습니다. 혼자 장사 할 때는 나만 잘하면 됩니다. 떳떳하게, 죄짓지 않고 장사하면 됩니다. 하지만 프랜차이즈 사업은 내가 잘해서 되는 것이 아닙니다. 나의 브랜드로 장사를 하는 가맹점이 잘해야 합니다. 그러려면 전체가 잘될 수 있게 환경까지 갖춰야 합니다. 가맹점이 비가 오나 눈이 오나 바람이 부나 변함없이 장사가 잘되어 가맹점도 수익을 가져가고, 가맹점 매출을 기반으로 본사도 수익이 나면 둘 다 문제없습니다. 하지만 밸런스가 무너지는 상황은 분명히 옵니다.

본사가 돈을 못 벌고 가맹점이 돈을 많이 벌면 무능한 본사가 됩니다. 본사 재무제표를 보고 은행에서는 기업 가치 상승은 보지도 않고 대출도 안 해줄 것입니다. 반대로 가맹점이 힘들어하고 본사가 독식하면 폭리를 취하는 악덕 본사가 됩니다. 상대적으로 오래된 프랜차이즈 본사들은 이런 상황을 대비할 노하우가 있습니다. 고정비 조율, 비상 대응책 등 히든카드를 가지고 십수 년, 수십 년을 버텨온 경험이 있습니다.

하지만 초보 프랜차이즈 사업자들은 대개 착한 마음으로 시작합니다. 착한 마음으로 본사보다는 가맹점에 유리한 조건을 내걸고, 본사 고정비를 높이며, 가맹점이 많아질수록 이를 유지하기 위해 더욱 큰 출혈을 감수합니다. 또 가맹점이 늘어날수록 매출을 서로 나눠 먹을 수밖에 없으므로 대박이었던 브랜드도 매출 하향세를 타며 가맹점주의 불만이 폭증하는 순간이 옵니다.

그러면 어떻게 해야 할까요? 새로운 성장 동력을 만들어야 회사가 유지되니 결국 새로운 브랜드를 만들게 됩니다. 하지만 그 새로운 브랜드가 첫 브랜드보다 나을 리 없습니다. 급하게 만들었으니까요. 신메뉴를 멋대로 추가하고, 가맹점 출점에도 사활을 걸게 됩니다. 매달 들어가는 고정비도 늘어납니다. 사업이라는 회전목마에 올라탄 상황이 되자 본사도 살아야 하기 때문에 초창기에 가졌던 마음과 시스템이 달라지게 됩니다. 처음 추구했던 철학이 변질되면서 가맹점과 대척점에 서게 되는 순간이 오는 것입니다.

그동안 착한 이미지로 운영하다가 갑자기 냉정해지면 완전한 악당이 되어버립니다. 특히 유명세를 입어 방송에 나온 대표일수록 가맹점주들의 타겟이 됩니다. 연○ 사태도 사실 백 대표의 유명세 때문에 대가를 치르고 있는 건지도 모릅니다. 정말 폭리를 취하는 사모펀드가 운영하는 브랜드 대표들은 누가 대표인지도 모르는 상태에서 유유히 사업을 이어갑니다. 하지만 얼굴이 알려진 대표들은 정확한 표적이 됩니다. 결국 그때부터 대표들은 숨어 살기 시작합니다. 모든 유튜브 영상을 내리고, 언론 노출을 최소화합니다.

프랜차이즈 대표 지망생들에게

그렇다면 본사 대표가 베일에 가려진 사람이 나을까요, 아니면 본사 대표가 그래도 얼굴 떳떳이 내놓고 하는 사람이 나을까요? 능력적으로는 몰라도, 자기 얼굴 방송에 내놓고 가맹 사업하는 사람들은 최소한의 양심이 있는 사람일 가능성이 많습니다. 현재 기준으로 말입니다. 물론 반대인 경우들도 요즘은 더 많아 보이기도 합니다. 시장 환경이 어렵다 보니 오로지 출점에만 급급한 회사 대표들도 많아 보이니 말이죠. 그렇게 얼굴 공개하고 사업하다가 반드시 화를 입거나 곤경에 빠질 수 있다는 사실은 알고 있어야 합니다.

갑질하는 본사도 있지만 을질하는 가맹점주도 얼마든지 많습니다. 그렇게 한번 가맹점주들에게 당하고 나면 바로 숨어버리는 프랜차이즈 대표들을 제가 많이 봤습니다. 뭐가 옳은지는 모르지만 방송에 얼굴 내밀고 한다는 것은 다른 프랜차이즈보다는 수익을 덜 보고 평생 수익은 적을 수밖에 없지만 떳떳하게 사업할 수 있는 길이긴 합니다. 하지만 고단합니다. 가맹점주든 누구든지 알아주지도 않습니다.

그러니까 돈을 벌려면 섣불리 얼굴 내밀지 말아야 합니다. 방송을 타더라도 이사급이나 본부장급을 내세워야 합니다. 프랜차이즈로 돈 벌려면 본사 대표는 항상 베일에 가려져 있어야 합니다.

오너리스크가 가장 심한 곳이 바로 이 프랜차이즈 시장입니다. 이건 옳다 그르다의 문제가 아닙니다. 본사든 가맹점이든 회사 수익과 본인들의 생존이 결정되는 정글과도 같은 창업 시장이기 때문에 시비를 가릴 문제는 아닙니다. 다만 초보 창업자들과 초보 프랜차이즈 사업가들이 이런 것을 알았으면 하는 바람일 뿐입니다.

> 통찰 8

직원 복이
없는 사람

"제가 하는 건 없고, 제가 직원 복이 많아서, 고맙게도 직원들이 다 해 줘서 이렇게 하고 있습니다."

장사를 잘하는 사람들이 방송에서 많이 하는 말입니다. 그리고 실제로 그곳 직원들은 마치 자기 일처럼 미친 듯이 그 일을 하고 있습니다. 이를 본 초보들은 가슴이 웅장해집니다. 자신을 그 사장과 치환시켜 상상합니다. '나는 더 너그럽고 배려심 있는 사장이 될 거야'라는 이상한 마음까지 먹으면서 흡족해합니다.

그런데 이상하게도, 그 초보 사장은 '직원 복'이 없습니다. 이상합니다. 분명히 방송에 나온 그 고수 자영업자가 주는 급여보다 내가 더 많이 주고, 내가 더 배려해 주고, 내가 더 인간적으로 대하는 게 확실한데, 왜 그 사람은 최저임금을 주면서도 그렇게 직원들이 자기 일처럼 열심히 하고, 왜 나에게 온 이 직원은 내가 그렇게 잘해 주는데도 일을 이따위로 할까요? 자괴감이 들고, '나는 직원 복이 없다'라는 생각마저 하게 됩니다.

되게 재밌는 사실은 말입니다. 멍청한 리더 밑에는 똑똑한 직원이 있을 수 없습니다. 일을 떠나서 내가 누군가와 함께 해야 한다면 멍청한 사람과 같이 있고 싶은 사람이 있을까요? 그 멍청한 인간이 나에게 이득이 된다면 잠깐의 동거는 가능합니다만 지속적인 동거는 쉽지 않습니다. 그래서 똑똑하고 일잘하는 대부분의 사람은 멍청한 사장을 가립니다. 그런데 간혹, 똑똑하고 나름 마음 좋은 사람이 사장이라고 불리는 멍청한 사람을 만나는 경우도 아주 간혹있습니다. 내 똑똑함으로 멍청한 사람을 돕고 싶어하는 좋은 사람들도 있으니까요. 그러나 문제는, 멍청한 사장이 똑똑한 사람의 고마움을 알지 못하고, 시기와 질투를 하는 데서 옵니다. 도움을 주려 했던 똑똑한 사람은 결국 떠납니다. 결국, 사장이 멍청하고 실력이 없으면, 그 밑에 사람이나 주변 사람들도 그보다 나은 인간이 없게 됩니다.

 TV에 나오는 맛집이나, 미슐랭 식당, 수요미식회 같은 핫플레이스에 일하러 온 직원들은 최저시급 받으면서도 미친 듯이 일합니다. 그리고 인연을 이어가며 훗날 힘들었지만 배우며 살았던 그 시간을 회고합니다. 그러나 근근히 살아가는 동네 소규모 가게 직원들은 시급을 올려 줘도 언제 떠날지 모릅니다. 아무리 잘해 주고, 회식도 시켜주고, 보너스를 줘도 직원들은 별로 고마운 걸 못 느낍니다. 그저 '날 더 부려 먹으려고 하나.'라고 생각하죠.

 사람에겐 인정의 욕구도 있지만, 아이러니하게도 복종의 욕구도 있습니다. 근데 그 복종도, 따를 만한 사람에게 복종하고 싶어합니다. 아무리 계급이 높아도, 실력 없는 상관에겐 경례도 시원

찮게 하는 게 밑의 사람입니다. 리더가 실력이 있으면 밑의 사람들도 실력 있는 사람들이 붙고, 그 조직은 선순환이 됩니다. 반면 리더가 실력이 없으면, 직원도 없고, 일자리는 있어도, '나 저기서 일하기 싫어'가 됩니다.

그래서 '직원 복이 없다'는 것은 곧 실력 부족을 나타냅니다. 직원을 부리기 전에, 직접 일을 경험하고, 내가 일 잘하는 사장이라는 걸 증명해 보여야 합니다. 직원이 따라올 수 있도록 본질을 보는 눈을 길러야 하고, 존경받을 만큼 실력을 쌓아야 합니다. 그게 안 되면 평생 직원 복 없는 인생을 살게 됩니다.

5장

억대 매출의 진실

장부 속에 숨겨진 지옥

[영상 함께 보기]

1. 매출 5,000만 원도 망한다

2. 창업의 가혹함은 실시간으로 벌어진다

월 1억 매출
가맹점주의 현실

어떤 브랜드인지 밝히지는 않겠습니다만, 놀랍게도 수많은 프랜차이즈 가맹점주들도 창업 상담을 위해 찾아옵니다. 흥미로운 점은 처음에는 조심스럽게 접근하다가도 점점 속마음을 털어놓는다는 것입니다. 이들은 처음에는 자신의 브랜드를 밝히지 않습니다. 매출도 괜찮고 한 달에 가져가는 수익도 나쁘지 않다고만 말합니다. 하지만 왜 상담을 왔는지 질문하면, 그제야 속에 있는 진짜 고민을 털어 놓습니다.

월 매출 1억 이상을 낸다면 기본적으로 장사를 잘하는 사람들이고, 프랜차이즈 시장에서 나름 돈을 벌고 있는 축에 속하는 사람들입니다. 즉, 프랜차이즈 가맹점주들 중에서도 상위 그룹에 속합니다. 그런데 왜 그들이 고민을 가지고 찾아오는 걸까요?

내가 과잉 투자한 것은 아닐까?

매출 1억 이상을 올리는 가맹점주는 대체로 모범생 같습니다. 공통적으로 성실하고 문제 해결 능력이 뛰어난 사람들입니다. 그래서 확률적으로 대형 프랜차이즈 가맹점들이 매출도 높고 운영을 잘 합니다. 본사가 제시한 문제를 충실하게 이행하는 점주들이 많기 때문입니다. 그 점주들은 학벌도 좋은 경우가 많아 그동안 좋은 직장을 다니며 모은 퇴직금도 있고 집에 돈도 좀 있어서 첫 창업으로 2~3억 투자하는 것이 기본입니다. 또한 모범생 점주들은 작은 프랜차이즈 본사 대표들을 별로 좋아하지 않습니다. 질문에 대답을 시원하게 못해 주는 실력 없는 선생님처럼 여기며 작은 프랜차이즈의 모호한 시스템을 신뢰하지 못합니다. 반면 체계적이고 사회적으로 인정도 받으며 확실하게 시스템이 갖춰진 대형 프랜차이즈를 신뢰합니다.

한편, 1억 이상 매출을 올리는 모범생 가맹점주들은 인력을 탄탄하게 세팅해 놓고 운영하기 때문에 상대적으로 시간이 많습니다. 그래서 주변 가게를 관찰하며 브랜드를 염탐합니다. 그러다가 의문이 듭니다. "왜 저 허름한 해장국집은 항상 손님이 꽉 차 있지?", "저 대패삼겹살집은 인테리어에 거의 돈을 들이지도 않았는데 왜 이렇게 잘 되지?" 당연합니다. 프랜차이즈 브랜드는 물류 기반의 사업이니까요. 본사는 가맹점들이 물류를 많이 소진하도록 만들어놨고 프랜차이즈 매장들은 각각 매장의 매력을 뽐내는 게 아닌 똑같은 형태로 장사하고 고객 유치는 본사 브랜드 파워에 의존합니다. 결과적으로 고정 비용이 높은 것입니다. 반면 개인 매장은 초기 투자비가 적고, 물류를 직접 조달해서 원가 절감이 가능합니다.

이 사실을 깨닫는 순간, 우리보다 훨씬 매출이 낮은 해장국집 사장이 순수익은 더 높다는 허탈한 사실도 알게 되고, 고작 3,000만 원 들여 리모델링한 대패삼겹살집과 비교하며 '내가 과잉 투자한 것은 아닐까?' 하는 자괴감이 듭니다. 그러나 개인 매장으로 독립할 용기는 없고, 프랜차이즈 체계가 주는 안정감도 포기할 수 없습니다. 더 돈을 버는 길을 알고는 있지만 하나부터 열까지 창업한 경험이 없기 때문에 시도조차 안 합니다.

이것이 모범생 가맹점주에게 부족한 한 부분인데 그것이 바로 과제 설정 능력입니다. 문제해결능력이 좋아서 숙제를 푸는 것은 자신 있지만, 숙제를 내는 것은 해본 적이 없습니다. 프랜차이즈 본사라는 선생님이 내 준 과제를 성실히 해낼 자신이 있지만 스스로 과제를 설정해서 해결해 나가는 것은 다른 문제입니다. 때문에 연구하고 알아보다가 그 과제 설정과 진정한 첫 창업에 대한 힌트를 얻기 위해 저를 찾아옵니다.

자영업자로서 궁극적으로 생존한다는 것은 문제 해결 능력만 가지고서는 안 됩니다. 지금은 괜찮지만 언제든 위기에 몰릴 수 있는 삶은 남들이 보기에는 번듯해 보여도 속 빈 강정이나 다름없습니다. 프랜차이즈 가맹점으로 성공적인 운영을 하는 사람들이 창업 상담을 받는 이유입니다. 확실하게 스스로 과제를 설정하고, 문제를 직접 풀어 내면서 매장을 만드는 사람이어야 앞으로도 생존이 가능하다는 것을 깨닫게되고, 그래야만 우리 옆집 해장국집, 대패삼겹살집 사장님처럼 진짜 자영업자가 될 수 있다고 생각을 하게 된 것입니다. 그래서 중고 초보 창업자인 프랜차이즈 가맹점주도 진정한 창업을 하기 위해 노력하고 방법을 찾습니다.

대박집 옆집은
망할 수밖에 없다

'대박집'은 단순히 장사가 잘되는 가게를 뜻하지 않습니다. 엄밀히 말하면, 대박집은 상권을 넓게 확보하여 장사하는 가게입니다. 오래된 대박집은 오히려 상권이 약한 곳에 들어가는 경우가 많습니다. 배후 인구가 적고, 유동 인구가 많지 않으며, 입지가 뛰어나지 않은 곳에 자리 잡습니다. 그래서 대박집 사장님들의 단골 멘트가 항상 '처음에 힘들었다'인 것입니다. 하지만 시간이 지나면서 점점 손님이 늘어나고, 결국 대박집이 되는 과정을 거치게 됩니다.

초라했던 대박집의 시작

처음에는 장사가 힘들 수밖에 없습니다. 배후세대가 적고, 주변 집객 요소도 별로 없기 때문입니다. 하지만 그만큼 경쟁자가 적고, 고객들은 상대적으로 관대합니다. 상권이 약하다 보니 장사가 잘되지는 않더라도 경쟁자가 적고 임대료가 싸고 사장이 직접 운영하기 때문에 버틸 수 있습니다. 경쟁이 적으니 자연스럽게 손님들이 익숙해지고 이들을 상대로 꾸준히 장사를 이어가다 보면 자연스럽게 손님의 재방문이 늘어나게 됩니다. 이 과정에서 손님들에게 특별한 경험을 제공하며 신뢰를 쌓아갑니다.

배후세대가 작고 고객이 적은 곳에서 부대찌개집을 운영한다고 가정해 봅시다. 처음에는 평범한 재료로 시작했지만, 점점 더 좋은 햄을 사용하고, 국물의 풍미를 살리기 위해 조리 방법을 개선하고, 라면 사리를 무한 리필하는 등 고객 만족도를 높이는 전략을 수년에 걸쳐 꾸준히 실행합니다. 이런 노력을 지속적으로 반복하다 보면 단골 손님들이 생기고, 그들이 주변 사람들에게 그 가게를 추천하는 구조가 형성됩니다. 동네 주민들은 이곳을 '우리 동네 부대찌개맛집'이라고 인식하고, 가족이나 친구가 놀러 오면 자연스럽게 이곳으로 데려오게 됩니다. 내 단골집이라고 자부심 있게 이야기하니, 내가 좋아하는 친구가 추천하고, 자주 보는 누나도 맛있다고 하니까 더욱 신뢰가 갑니다. 음식 자체가 맛있는 것도 이유가 되지만, 내가 좋아하고 친근하게 느끼는 사람들과 함께 그 부대찌개를 먹다 보면 허름한 인테리어나 음식이 조금 늦게 나오는 것 같은 불편함도 오히려 감성과 여유를 즐길 수 있는 시간으로 바뀌게 됩니다. 결국 그곳에서 보낸 좋은 시간과 감정만 남게 됩니다.

그러다가 그 부대찌개를 소개받아 온 옆 동네 사람이 정말 맛있는 부대찌개집이 있다며 일부러 찾아오는 상황이 생깁니다. 그 동네 사람들에게는 단순히 익숙한 '우리 동네 부대찌개집'이지만, 먼 길을 와서 먹는 사람들에게는 그 음식이 더욱 특별한 의미로 다가옵니다. 시간이 지나면서 사람들 사이에서 '인생 부대찌개', '꼭 찾아가서 먹어야 하는 집'이라는 수식어가 붙게 되고, 동네 주민만 아니라 옆 동네, 윗동네, 심지어 먼 지역에서도 일부러 찾아오는 손님들이 생겨 자연스럽게 상권이 확장됩니다. 유효수요가 확장되고 가망 고객 범위가 넓어져서 한 달에 한 번 오는 손님, 6개월에 한 번 오는 손님, 1년에 한 번 방문하는 손님들이 생기고, 이 다양한 손님층들이 어우러지며 매장을 채우면서 줄을 서는 '대박집'이 됩니다.

대박집 옆에 새로 생긴
김치찌개 가게의 착각

어느 날 장사에 스스로 조예가 깊은 누군가가 그 대박집에 방문해 부대찌개를 맛봅니다. 마치 미슐랭 가이드 심사위원이라도 된 듯 맛을 평가하죠. 그리고 그 부대찌개집도 잘 되니까 본인이 김치찌개집을 차리면 승산이 있다고 생각합니다. 대박집보다 깔끔한 인테리어에 더 좋은 재료를 사용해 저렴하고 친절하게 음식을 팔면 가능성이 있다고 생각합니다. 대박집이 수년간 쌓아온 수많은 손님들의 이야기, 그들이 그곳에서 느끼고간 감정, 그리고 그 공간에서의 추억들이 쌓여서 브랜딩이 된 세월을 고려하지 않는 것입니다.

이들은 기존 대박집보다 더 좋은 자리에서 더 높은 임대료를 감수하고, 손님이 꽉 찰 것을 대비해서 부대찌개집과 똑같이 직원도 4명을 채용하고 야심차게 오픈을 합니다. 예상한 대로 오픈하자마자 손님들로 꽉 찹니다. 동네 주민들은 오픈 전부터 우리 동네 새로 생긴 깔끔한 김치찌개집에 대한 기대감으로 몰려오고, 하루에 40~50팀씩 빠르게 회전되면서 대박집이라고 불릴 만한 상황을 맞이하게 됩니다. 김치찌개를 먹어본 동네 고객들은 외칩니다. "너무 맛있어요! 맛과 가성비 최고에요! 우리 동네에 들어와줘서 고마워요!"

그런데 부대찌개 대박집에 들어온 고객들은 동네 주민이 30% 정도이고, 나머지 70%는 옆 동네, 윗동네, 먼 지역에서 오는 손님들입니다. 즉, 상권을 넓게, 유효수요를 두텁게 확보한 가게입니다. 그러나 김치찌개집을 찾은 손님은 이 동네 고객이 전부입니다. 전체 테이블을 이 동네 사람들로만 꽉 채운 것입니다. 동네에서 가게를 찾을 만한 모든 고객들이 이미 방문하고 나자 손님들이 점점 줄어들기 시작합니다. 손님이 천천히 줄어드는 것이 아니라 어떤 날은 꽉 찼다가 어떤 날은 거짓말처럼 손님이 뚝 끊기는 등 매출의 편차가 커지게 됩니다. 처음에는 매일 가던 손님이 주 1~2회로 줄고, 이후에는 한 달에 한 번, 그러다 아예 발길을 끊게 되는 것입니다. 아무리 맛있다고 김치찌개만 먹을 수는 없으니까요. 자연스럽게 매출이 하락하게 됩니다.

시간이 지나면서 김치찌개집 사장은 임대료 부담은 점점 커지고, 매장이 만석이 될 것을 전제로 세팅한 인건비도 감당하기 어려워집니다. 막대한 초기 투자금을 회수하기는커녕 감가상각을 고려한 저축은 꿈도 꾸지 못하는 상황이 되고, 적자가 계속해서 누적됩니다. 이미 투자한 자금은 바닥났고, 매달 고정비 지출은 상상을 초월합니다. 단 6개월의 적자로도 견디기 어려운 상황에 놓이게 되고, 결국 이자를 감당하기 어려운 대출을 받아 생활비를 충당하며 추가로 가게에 자금을 투입합니다. 마케팅 비용을 늘리고, 배달 서비스를 전면적으로 가동해 보지만, 실제 수익으로 연결되지 못하므로 이제는 매출이 발생해도 남는 것이 없는 구조가 되어버립니다.

대박집과 망하는 가게의 차이

대박집은 오랜 시간 동안 고객을 축적하고, 지역을 넘어 넓은 상권을 확보하며, 손님이 퍼지는 과정을 거칩니다. 반면, 김치찌개집은 짧은 시간 안에 동네 고객들을 모두 짧은 기간동안 소진한 후 버틸 시간이 부족해 망합니다. 대박집 옆에 호기롭게 들어간 맛에서, 서비스에서, 가성비에서 밀리지 않는 옆집들이 망하는 이유입니다. 시작부터 대박 날 것이라는 생각으로 투자하는 우를 범하지 말고, 대박집이 되기 위해 오랫동안 노력해야 하는 시간이 주는 가치를 간과하지 말아야 합니다.

대박집 옆에서 무턱대고 창업하는 것은 위험한 선택이 될 수 있습니다. 단순히 겉으로 보이는 성공이 아니라, 그들이 어떻게 살아남았는지를 분석하는 것이 중요합니다. 그러니 대박집 옆에서 성공하려면 먼저 상권이 넓게 퍼질 수 있는지 고민해야 합니다. 동네 고객들만으로는 한계가 있습니다. 단기 대박이 아니라 장기적인 운영 계획을 세워야 합니다. 시간을 두고 꾸준히 성장하는 구조가 필요합니다. 또한 초기 비용을 감당할 수 있는지 따져 봐야 합니다. 높은 임대료와 많은 인건비를 감당할 여력이 없다면 시작하지 마세요. 대박집이 왜 대박이 되었는지 분석해야 합니다. 단순히 입지나 메뉴 때문이 아닙니다. 고객들이 만들어낸 가게의 역사와 문화가 중요한 요소입니다. 시간이 만든 성공을 간과하지 마세요.

매출 잘 나오는 가게가
매물로 나온 이유

사람들은 흔히 지방 소도시에서 프랜차이즈를 운영하기 어렵다고 생각하지만, 오히려 수도권보다 지방 소도시가 프랜차이즈로 돈 벌기 더 쉬운 경우가 많습니다. 먼저 상권이 적고 독점 구조를 만들 수 있습니다. 서울은 경쟁이 치열하지만, 지방은 상권이 제한적이라 독점 가능성이 높습니다. 또한 소비력이 약하지 않습니다. 지방이 소비력이 낮다고 생각하지만, 수도권보다 오히려 나은 경우도 있습니다. 자산은 적어도 먹고쓰는 소비는 더 센 경우가 많죠 마지막으로 운영비가 낮습니다. 임대료는 절반 이하, 인건비도 저렴하기 때문에 매출이 수도권보다 적더라도 순이익률은 오히려 더 좋을 수 있습니다. 이러한 장점 덕분에 제대로 자리만 잡으면 금방 투자금을 회수할 수 있습니다.

그런데 얼마 전 소도시에 이자카야 프랜차이즈를 운영하고 있는 가맹점주에게서 잘되는 매장을 팔려고 내놨다는 이야기를 들었습니다. 장사가 꽤 잘되어서 오히려 프랜차이즈 본사에서도 잘되는 매장이라고 홍보하는 간판급 가맹점이었습니다. 왜 잘되는 매장을 내놓았냐고 물어봤습니다. 매출 구조상 매달 1,000만 원 이상을 가져갔고, 꽤 만족하며 운영하고 있었는데 얼마 전 본사에서 온 전화가 이유였다고 합니다.

"대표님, 아무래도 그 지역에 한 군데 더 가맹점을 내야 할 것 같아요." 처음 계약할 때는 최소 2년 동안 추가 출점을 하지 않겠다고 약속했지만, 그 매장이 잘되는 것을 보고 창업 희망자가 나타났고 결국 본사는 가맹점 추가 출점을 결정했다는 것입니다. 사장님은 빨리 탈출해야겠다는 마음을 먹었습니다.

대박 가맹점이 시장에 나오는 이유

지방 소도시는 지도상으로는 떨어져 보여도, 실제로는 같은 생활권이고 동선 역시 하나로 이어져 있어서 유효상권이 겹칠 가능성이 높습니다. 새로운 가맹점이 오픈한 뒤부터 기존 매장의 매출은 점점 하락할 것이며, 장사하는 사람들은 그 미묘한 변화를 가장 먼저 감지합니다. 어쩔 수 없습니다. 서비스의 차별화가 없는 두 개의 가맹점이 같은 수요를 나눠 먹기 때문입니다. 마케팅이나 배달 비율을 높여도 큰 효과는 없을 것입니다. 갑자기 인구가 늘어나는 것도 아니고 수요는 한정적이기 때문입니다.

프랜차이즈 생리를 잘 아는 똑똑한 가맹점주들은
새로운 가맹점이 내 주변에 들어오기 전에 팔려고 합니다.

고수 가맹점주들은 이런 패턴으로 창업과 양도를 반복합니다. 지금 내놓으면 작년에 잘 나갔던 데이터가 있어서 인수할 사람을 찾기가 수월합니다. 양도양수를 원하는 가맹점주들은 최근 매출을 보고 인수한다는 게 개인적으로 황당하긴 하지만, 양도양수의 기본조건은 과거 매출이죠. 지금 내놓으면 과거 좋은 매출 데이터를 가지고 있기 때문에 새로 인수할 사람도 의심이 없습니다. 새롭게 그 브랜드로 가맹을 하더라도 총 창업 비용이 1억 5,000만 원이 들어가는데 이미 검증된 매출이 나오는 가게를 1억 5,000만 원에 인수할 수 있으니까 이익이라고 생각하는 것입니다.

파는 사람은 매출 잘 나오는 그 가게를 자신 있게 내놓고, 새로운 도전을 준비합니다. 창업 시장에서 뜨는 게 무엇인지 찾아보고, 유효상권을 넓혀서 잘 될 수밖에 없는 입지로 들어가서 그 동네 사람만 오게 하는 장사가 아니라 멀리서도 찾아오는 장사를 합니다. 그러다가 사람들이 대박이라고 이야기할 때, 좋은 가격으로 또 팔고 돈을 벌고 투자금을 가지고 새로운 것을 기다립니다.

하지만 초보 가맹점주들은 본인의 모든 것을 쏟아넣은 첫 가게에서 시작과 끝을 같이 하는 경우가 많습니다. 팔아야 할 타이밍을 못 잡아서 장사 잘 될 때 조금이라도 더 벌어보려다가 골든타임을 놓칩니다. 이후 같은 가맹점이 마구 들어옵니다. 비슷한 경쟁브랜드도 마구 들어옵니다. 이미 상권은 찢겨서 매출의 한계가 명확해졌음에도 "열심히 하면 되겠지", "본사가 도와주겠지"라는 생각으로 그냥 그 안의 세계에서 갇혀 삽니다. 새로운 가맹점주를 유치하는 본사에게 배신감을 느끼고, "왜 나를 신경 안 써 주지?" 하고 억울해합니다.

프랜차이즈 가맹점은 사업적인 전략이 필요합니다. 적절한 타이밍에 매각할 줄도 알아야 합니다. 지금 매출이 잘 나온다고 안심하면 안 되고, 언제든 하락할 가능성이 있다는 것을 인지하고 있어야 합니다.

해마다 뜨는
고기 프랜차이즈의 비밀

고기 프랜차이즈는 남녀노소 누구나 좋아하고 매출도 기본빵은 한다는 말처럼 객단가도 높아 매출 규모가 큽니다. 그래서 고기사업을 하시는 분들이 이 사업 아이템을 못 놓는 것입니다. 다른 아이템들이 주지 못하는 규모의 매력이 있습니다. 그래서 고기 프랜차이즈사업을 했던 사람들은 다른 아이템을 하면 낮은 매출 수준에 감질맛이 나서 못하게 되는 경우들도 종종 봅니다.

저에게는 습관이 하나 있습니다. 초보 창업자들이 고기 프랜차이즈 상담을 요청할 때마다 반드시 고기 유통업체에 문의를 넣는 것입니다. "요즘 그쪽 부위 가격은 얼마인가요?" 그러면 유통업체에서는 여지없이 그 부위가 싸다고 답변합니다. 심지어 엄청 쌉니다. 프랜차이즈 본사는 이 정보를 토대로 수급상 싼 부위를 활용해 '가성비 고기 프랜차이즈'를 기획합니다. 갈매기살이 비싸다는 기억이 있는 상황에서 저렴해진 갈매기살로 브랜드를 내면 삼겹살보다 싸다고 느끼게 됩니다. 소고기인 차돌박이가 삼겹살보다 싸다면 소비자 입장에선 가성비 좋은 고깃집처럼 보이게 됩니다.

이처럼 프랜차이즈는 '예대마진' 구조로 움직입니다. 은행에서 예금 금리는 낮고 대출 금리는 높게 설정해 그 차이만큼 이익을 남기는 구조와 같습니다. 예금금리는 원가이고, 대출금리는 판매가입니다. 원가가 낮고 판매가가 높으면 수익이 뜁니다. 예금으로 1% 이자를 주고 대출로 5%로 대출해 주면 4%가 남는 것처럼, 프랜차이즈도 동일한 방식으로 작동합니다.

본사의 패턴은 반복된다

과거에도 늘 그랬습니다. 1990년대 수입산 돼지고기가 흔하지 않을 때 3,300원 삼겹살을 내세운 돈데이부터 시작해서, 2000년대 수입산 소고기가 미친 듯이 쌀 때는 삼겹살보다 싼 소고기라고 홍보하면서 공룡고기, 고기킹, 우스, 소가조아 등이 생겨났습니다. 갈매기살이 저렴했던 때는 삼겹살보다 싼 갈매기살이라고 홍보하면서 마포갈매기, 서래갈매기 등이 유행했습니다. 구제역으로 국산돼지들이 살처분 당하고 수입산 돼지를 매우 싸게, 그것도 아주아주 싸게 들여올 때는 아예 무한리필 삼겹살 브랜드가 유행했습니다.

돼지를 싸게 파는 광풍이 지나니 다시 수입 소고기 갈비살이 싸지면서 600g 먹으면 600g을 더 주는 무한리필에 가까운 그○○○이나 불소식당 같은 브랜드들이 유행하고 사라졌습니다. 차돌박이가 싸지니까 이차돌이 생기고 일차돌이 생기고 차돌풍이 생기며 차돌백이 전문점들이 무지하게 생겨났습니다. 수입 소갈비살이 지니까 이젠 돼지갈비로 대체되어 가격이 싼 돼지목전지를 이용해서 명륜돼지갈비가 생겼습니다. 수입산 육고기 광풍이 지나면 이젠 국산 고기 중에서 가장 싼 닭을 이용한 숯불닭구이집가 유행하고 저가 한우 광풍이 불기 시작합니다. 유행은 돌고 돕니다.

본사는 성장하고 가맹점은 고통받는 구조

얼마 전 이차돌 프랜차이즈 피해 관련 뉴스기사가 매우 크게 났었습니다. 이차돌이 처음 생겨났을 당시 차돌백이 가격은 매우 저렴했습니다. 소비자는 원래 소고기가 비싸다고 생각했기 때문에 삼겹살보다 싼 소고기를 홍보하자 대박이 터졌습니다. 원가는 낮고 소비자 가격은 원가 대비 높게 설정할 수 있어서 프랜차이즈 본사의 예대마진이 엄청 컸던 시기였습니다. 당시만 해도 지금처럼 원육을 일반 가게 사장들이 투명하게 볼 수 있는 시스템도 별로 없었습니다. 정보의 비대칭성으로 점주들이 시세 확인을 못하다 보니 그러한 부분들도 사실 프랜차이즈 본사 수익 창출의 큰 이유 중 하나였습니다.

문제는 시간이 지나면서 발생합니다. 차돌백이가 인기가 많아질수록 원육 가격은 상승합니다. 경쟁 프랜차이즈들이 우후죽순 생겨나면서 수입량은 한정적인데 수요는 급증합니다. 원가가 높아지고 소비자 가격은 그대로라면 결국 프랜차이즈 본사의 수익이 줄어들기 시작합니다. 그러면 본사는 어떻게 할까요? 방법은 단 하나, 가맹점을 더 쥐어짜는 것입니다. 가맹점 매출이 높아지면 높아질수록 본사 수익은 수직 상승하게 됩니다. 가맹점 매출이 5,000만 원만 나와도 본사는 차액 가맹금으로 최소 500만 원 이상을 가져갑니다. 매출이 1억 원이면 본사는 1,000만 원 수익을 남깁니다.

문제는 본사는 돈을 벌지만 가맹점주는 감당이 안 된다는 것입니다. 매출 5,000만 원을 올리기 위해서는 높은 고정비인 임대료와 인건비, 초기 투자금, 그리고 엄청난 노동 강도가 필요합니다. 매출 7천에서 8,000만 원을 올려서 순이익을 1,500만 원을 남겼다가 다음 달 매출이 5,000만 원으로 떨어지면 손해를 볼 수도 있습니다.

또 본사는 뉴스기사에서도 찾아볼 수 있듯 물티슈, 냅킨, 머리끈까지 강제 공급으로 매기기도 합니다. 시중에서 6,500원짜리 고기를 1만 5,000원에 공급하고, POS 결제 수수료, 정수기 렌탈료, 배달 용품까지 모든 범용 상품을 본사에서 공급하고, 심지어 대출까지 진행합니다. 이쯤 되면 이 프랜차이즈가 정말 무엇인가에 대한 원초적인 질문을 던지지 않을 수가 없습니다. 프랜차이즈는 '본사가 브랜드 파워와 시스템을 제공하는 대가로 로열티를 받는 구조'여야 하는데, 우리나라에서는 로열티가 아닌 물류·납품 강제 구조가 극대화되어 있는 실정입니다.

끝나지 않는 악순환

프랜차이즈 기업의 이익은 가맹점의 이익과 반비례한다는 사실이 진짜 비극입니다. 본사는 태생적으로 초기 출점과 동시에 많은 매장을 출점할 수록 성장성이 둔화됩니다. 대한민국 땅덩이가 작아서 출점할 곳은 빠르게 줄어들고, 출점 개수가 늘어날수록 각 가맹점의 상권은 줄어듭니다.

출점 속도가 늦어지면 본사는 본사 수익을 늘리기 위해 가맹점 매출을 더 높여야 합니다. 기업의 지상과제는 끊임없이 성장하는 게 목적인데, 매출과 수익이 줄어든다는 것은 문제이기 때문입니다. 그래서 광고홍보에 주력합니다. 그 광고홍보 때문에 가맹점은 홍보비도 써야 하고 그 올라간 매출 때문에 인건비도 쓰게 됩니다. 고기는 주로 저녁에 먹지만 매출을 올리기 위해서 점심 메뉴를 추가하고 점심장사는 물론 배달도 할 것입니다. 밀키트도 팔고 와인셀러를 들여 와인을 파는 등 팔 수 있는 것은 다 팔게 할 것입니다. 다 약정 걸려 있고 계약 기간 동안은 옴짝달싹 못하게 됩니다.

프랜차이즈 기술자들은 지금 무너져내리는 브랜드보다도 더 멋진 브랜드를 만들 것이고, 다시 그걸로 시작하면 됩니다. 하지만 왜 망하는지도 모르고 재기불능의 가맹점주들이 문제입니다. 그렇게 망한 사람들이 적어도 수만 명, 수십만 명이 될 수도 있는데 다 망했기 때문에, 창업 시장에서 사라져버렸기 때문에 그들의 목소리는 없습니다. 그렇게 계속해서 기존 가맹점주의 도태와 신규진입이 반복되면서 고기 프랜차이즈의 흥망성쇠는 이어집니다.

프랜차이즈 본사들은 지금도 고민합니다. 이제 어떤 부위나 아이템들을 지금 소비자들이 판매가를 비싸게 여기면서 가장 원가가 저렴한 것인지 찾습니다. 원가와 공급가의 차이가 큰 것들을 계속해서 찾아 나갈 것이고, 가맹점을 컨트롤하는 노하우는 계속해서 쌓여가며, 가맹점 상위 5~10% 외에는 가맹 계약이 끝날때 간신히 본전이거나 어느 순간 버티지 못해 그냥 다 사라져버리는 그런 가맹점들이 계속해서 생겨날 것입니다.

끝났어도 끝나지 않는 싸움을 계속하는 가맹점들도 늘어납니다. 언론에서 잠깐 목소리를 내준다고 해서 도와주는 이가 생기는 것도 아닙니다. 기삿거리가 되서 이슈일 때는 같은 편 같지만 관심이 식으면 그들도 떠납니다. 연약한 가맹점주들은 공론화하는 게 해결책이라 생각하고 매달리지만 그때부터는 본사에 미운털이 박혀서 시범 케이스로 더 잔인하게 망할 수도 있습니다. 이 고기 프랜차이즈는 언제나 이런 패턴이었습니다.

프랜차이즈 가맹점주도
'급'이 있다

    프랜차이즈는 개인의 기술이나 역량이 아니라 브랜드의 힘을 보고 고객이 찾아오는 곳입니다. 고객 입장에서 프랜차이즈는 기본적으로 가성비가 좋고 믿을 만하다는 신뢰가 있습니다. 그래서 어느 정도 알려진 프랜차이즈는 오픈하자마자 장사가 잘되는 것이 정석입니다. 만약 오픈하자마자 장사가 잘 안 되는 프랜차이즈라면 아직 인지도가 낮은 '듣보잡' 브랜드일 가능성이 큽니다. 아니면 잘못된 상권과 입지에 들어간 경우일 수도 있습니다.

    프랜차이즈 창업에서 가장 중요한 것은 두 가지입니다. 첫째, 오픈하자마자 장사가 잘될 브랜드를 선택해야 합니다. 둘째, 꼭 들어가야 하는 상권과 입지를 선정해야 합니다. 이미 그 브랜드를 고객들이 알고 있어야 합니다. 공사 중에 오픈 현수막이 걸려 있는 것만 봐도 '꼭 가야지' 생각하는 브랜드여야 합니다. 그리고 그 현수막이 최대한 많은 사람들에게 보일 수 있는 입지여야 합니다. 결국 '최고의 브랜드'와 '최고의 입지'라는 두 가지를 갖춘다면 초보라도 성공할 가능성이 큽니다. 경험이 없어도 투자금 회수 속도가 빠르고, 이후에 권리금을 받고 양도하거나 업종을 변경해도 성공할 가능성이 높습니다.

1등 브랜드의 상권 선점

프랜차이즈 브랜드에는 분야별로 최소 상위 3등 안에 드는 1등급 브랜드가 존재합니다. 고기 브랜드 상위 3개, 맥주 브랜드 상위 3개, 포차, 햄버거, 카페 브랜드 상위 3개 이런 식으로 조사하면 알 수 있는데, 이 1등급 브랜드들은 상권 선점이 빠릅니다. 홍대에 1등급 브랜드가 이미 있다면 더 이상 같은 브랜드가 못 들어갑니다. 압구정에 1등 브랜드가 입점했으면 같은 브랜드는 못 들어오는 것입니다. 그러나 지금 대박 나는 모습을 보다 보니 그 아이템만 보이고 탐 나는 사람들이 많습니다. 그래서 자연스럽게 2등, 3등 브랜드를 선택하게 됩니다. 1등 브랜드에 밀려 경쟁력이 떨어지는 상태로 시작합니다.

최고 브랜드를 선택하고 최고 입지에 들어가는 사람들은 수익률이 큰 것보다 안정적인 것을 선호합니다. 그래서 그 안정적인 창업을 위해서 제일 좋은 자리에 들어갑니다. 입지를 위해 합당한 권리금도 지불합니다. 그러나 창업자 대부분은 좋은 상권을 선택하지 못합니다. 자금이 부족해 1등 상권이 비쌀까 봐 아예 가 보지도 않습니다. 결국 2등 3등 브랜드를 소위 말해서 빠지는 입지에 오픈합니다. '우리 가게 음식이 1등 브랜드보다 맛있으면 고객들이 알아줄 거야', '한번 먹어 보면 다시 올 거야'라고 생각하지만 현실은 다릅니다. 입지가 안 좋아서 접근성이 떨어져서 먹어 보러 오지 않으면, 맛이 좋아도 아무 소용이 없습니다. 브랜드 파워가 낮아서 사람들이 찾아오지 않으면, 음식을 알릴 기회조차 없습니다.

   프랜차이즈 시스템은 상권과 입지에 상관없이 동일하게 적용됩니다. 예를 들어, 1등 브랜드가 좋은 상권과 좋은 입지에 30평, 15테이블을 운영한다고 가정해 봅시다. 이 매장을 운영하려면 주방 2명, 홀 3명으로 총 5명의 인력이 필요합니다. 그런데 1등 브랜드를 안 좋은 상권과 안 좋은 입지에서 운영한다고 해도, 운영 시스템은 동일합니다. 고정비인 임대료와 인건비가 똑같이 들어갑니다. 하지만 손님이 없어 회전율이 떨어지면, 결국 수익이 나지 않습니다. 결국 안 좋은 상권 안 좋은 입지 2등 3등 브랜드로 해도 똑같이 인건비 쓰는 것입니다.

고수의 성공과 초보의 실패는 반복된다.

고수들은 이왕 프랜차이즈하는 거 안정적으로 하기 위해서, 1등 브랜드를 찾고 1등 상권을 선점하기 위해서 그 안정적인 투자금을 들고서 찾아가서 합니다. 고수 창업자들은 적어도 투자금 4억 이상 들고, 보증금 1억 권리금 1억 시설비 2억 그런 식으로 바닥 권리금이 있는 입지가 좋은 곳에 들어갑니다. 처음부터 고객들이 몰아닥칠 것을 대비해서 그 테이블 갯수에 맞는 실력 있는 친구들을 오픈 전부터 확보해 놓고, 오픈과 함께 바로 첫 달부터 몇천만 원 매출을 냅니다. 1년 안에 초기 투자한 시설비 2억을 뽑아냅니다.

어차피 어떤 업종이 들어와도 장사 잘되는 바닥 권리금이 있는 곳이라 초반에 쓴 권리금 1억은 없어지는 돈도 아닙니다. 이렇게 장사 잘되는 1등 브랜드는 1등 상권 선점을 못한 후속 예비 창업자들에게 양도양수를 할 수 있는 기회까지 생깁니다.

이러면 다달이 돈을 2,000만 원 이상 수익을 가져가면서 후속 예비 창업자가 시설 권리금으로 3억에도 가져가겠다는 사람이 생기기도 합니다. 1년에서 2년 동안 회수하고 2~3년 동안 다달이 1,000~2,000만 원씩 가져가고, 안정적인 매출과 상권 입지 덕에 내가 투자한 돈 이상으로 권리금을 주겠다는 사람도 생길 수 있습니다. 가령 내가 처음에 투자한 돈 2억만 회수해도 결과적으로 최소 2억 이상 벌게 됩니다.

　반면 초보들은 항상 기껏해야 1억에서 2억 정도 가지고 프랜차이즈에 덤벼듭니다. 권리금 없는 자리 보증금만 내고 들어가고, 메인 위치에서도 한참 빠지는 자리에 들어갑니다. 장사를 하기 전에 직원들도 미리 뽑아서 가게 정리도 같이 하고 집기 위치와 고객 응대에 대해서도 손발을 맞춰야 하는데, 장사도 안하는데 미리 사람 뽑아놓으면 월급 줄 거 아까워서 뽑지도 않습니다. 막상 오픈 때는 직원이 구해지지 않거나 손발이 맞지 않는 상태에서 운영을 하다 보니, 오픈 초기 고객들이 몰리면 고객 서비스는 엉망이 되고 안 좋은 소문도 나게 됩니다. 그때가 되면 또 부랴부랴 시급도 높이고 급한 대로 파출 인력까지 쓰면서 사후약방문 형태로 제일 잘해야 할 시기인 골든타임을 허무하게 날려버리기도 합니다.

　그 동네 사람들 다 한번씩 왔다 가면 더 이상 다른 곳에서 손님들이 유입되지도 않는 권리금이 낮은 동네상권이라 매출의 한계는 명확합니다. 결국 서서히 도태되기 시작합니다. 그러다 한계에 달하면, 가게를 내 놓습니다. 그나마 양도양수 폭탄 돌리기 전문가들이 팔아주면 간신히 투자금 반만 날리고 탈출 성공할 수 있습니다. 그마저도 못하면 전혀 수익을 내지 못하고 까지는 가게이기 때문에 상가 계약 기간 끝나면 철거하고 나가야 하는데, 철거비와 밀린 월급과 세금을 내고 나면 초반에 가지고 있던 1억 5천 날린 건 물론, 어렵다고 가게 운영하면서 대출받은 1억, 신용카드 대출 3천 그리고 마지막 철거비와 세금까지 털고 나면 어느새 나에게는 2~3억이라는 빚이 생깁니다.

그러는 와중에 고수 창업자는 이미 2억에서 3억의 수익을 벌고, 또 다른 1등을 찾아 헤매다가 1등 상권에 대한 이해도를 가지고 또 그 좋은 매장을 확보하고, 그 새로운 1등 브랜드들에 전화를 넣습니다. "이 상권에 이 입지에 들어가려고 하는데 시설비를 얼마까지 깎아줄 수 있나요?"고수들은 그동안 프랜차이즈 본사를 많이 겪어 보기도 하고 다룰 줄도 알고, 그들의 니즈를 알고 있기 때문에 그 프랜차이즈 본사와의 협상에서도 유리하게 진행합니다. 초보들에게 정상 금액으로 창업을 시키지만, 고수들에게는 많은 혜택을 줍니다.

고수들은 프랜차이즈를 자신의 재산 증식 도구로 이용하는 본사와의 공생 관계지만, 초보들은 프랜차이즈의본사의 일방적인 재산 증식 도구일 뿐입니다. 그리고 그 공생 관계의 프랜차이즈 가맹점주들은 진짜 자신은 대박을 내고 있기 때문에 프랜차이즈는 대박이라고 외치는 거고, 아무것도 모르는 초보들은 그걸 모르고 같은 가맹점주인 줄 알고, 쉽사리 또 어정쩡하게 도전했다가 장렬하게 망합니다.

그러니까 그 귀한 1억에서 2억을 가진 초보 창업자분들, 그 투자금을 귀하게 쓰려면 일단 이런 부분을 알아야 합니다. 내가 창업에 대해 모르니까 그냥 가지고 있는 돈을 다 쓴다? 내가 창업에 대해서 모르니까 그 브랜드를 믿고 내 전 재산을 다 건다? 이건 누가 봐도 말이 안 되는 것입니다. 창업에 대해서 알 때까지 헐값에 나온 순댓국집을 인수하든지 시설이 잘되어 있는 매장을 인수해서 그야말로 최소 비용으로 장사에 도전하고, 뭔가 알게 되었을 때 그때 도박이라도 하는 것입니다. 아무것도 모르면서, 경험도 없으니까, 리스크를 줄이겠다고 지금 내 재산 가족 전 재산까지 몰빵해서 대박이라고 하는 프랜차이즈 창업을 하는 이 현실을 잘 생각해 봐야 할 때입니다.

창업 비용 회수에
걸리는 시간

초보 창업자는 보통 투자금이 2억 원도 채 되지 않는 경우가 많습니다. 2억원이라는 금액도 본인입장에서는 큰돈일지 모르지만, 사실 이 창업 시장에서의 그 투자금은 사실 큰 투자금으로 보기 어렵죠. 그중 보증금, 권리금, 시설비 등으로 많은 금액이 빠져나가게 됩니다. 이를 자세히 살펴보겠습니다.

권리금과 시설비는 언제든 없어질 수 있는 돈

우리는 누가 봐도 탐낼 만한 억대 권리금을 주고 A급 자리에 들어가는 것이 아니라, 기껏해야 3,000만 원에서 5,000만 원 정도의 권리금을 주고 들어갑니다. 하지만 통계적으로 처음 지급했던 권리금을 그대로 받고 나오는 사람은 거의 없습니다. 권리금이 제대로 인정받으려면 내가 운영하던 업장을 그대로 인수하겠다는 사람이 나타나야 하지만, 현재 운영하는 가게의 수익성이 안 나올 때 가게를 내놓는 경우가 많아서 그 권리금을 유지하는 경우가 지극히 적죠. 만약 인수자가 내 업장을 그대로 가져가려 하지 않는다면, 그는 다시 시설비를 들여야 하고, 여러 업장이 시장에 동시에 나와 있다면 신규창업자들은 권리금이 가장 저렴한 곳을 택할 가능성이 큽니다. 심지어 무권리 공실을 선택하는 경우도 많습니다.

예를 들어, 권리금 5,000만 원, 시설비 7,000만 원을 포함해 1억 2,000만 원을 투자한다고 가정해 봅시다. 대출을 받았든, 누군가에게 빌렸든 간에 오픈하자마자 이 금액을 회수해야 하는 상황이 됩니다. 그러나 점포가 정해지지 않은 상태에서는 정확한 창업 비용을 산정할 수 없으며, 점포를 찾는 동안 최소 2~3개월동안 수익이 전혀 없는 상태에서 생활비와 교통비등 실비가 추가로 비용이 발생합니다. 한 달 생활비로 500만 원씩 2달이라고 했을 때 총 1,000만 원이라는 비용이 들어가고, 점포 계약을 하는 시점 내가 운영하려는 가게의 권리금과 보증금 임대료에 맞춰서 부동산 수수료를 줘야 합니다. 매출을 높여야 하는 프랜차이즈 가맹점의 경우 보통 300~500만 원을 책정을 합니다.

점포를 알아보는 기간 동안 소요되는 비용입니다.

생활비 및 경비 (월 500만 원 × 2개월) = 1,000만 원

부동산 중개 수수료 (평균) = 400만 원

점포 계약 후에는 본격적인 공사가 시작됩니다. 이 과정에서 추가 비용이 발생합니다.

공사 기간 월세 (월 300만 원 × 2개월) = 600만 원

생활비 (월 500만 원 × 2개월) = 1,000만 원

총 1,600만 원

여기에 점포에 따라 예기치 않은 추가 비용이 발생합니다. 프랜차이즈의 경우 미리 점포 계약 후 가맹 계약까지 한 후에 공사하면서 추가비용을 알게 되는데 가령 본사에서는 인테리어비용만 알 수 있지 실제 매장을 보고 책정해야 할 철거비용이 계산이 안 되어있어서, 500만 원 추가가 됩니다. 간판 비용이 본사 홈페이지에서는 기본 간판 스펙상 500만 원 책정되어 있었는데, 실제 현장을 보니 간판 길이도 크고, 입간판도 해야 하고 뒷간판까지 해야 하는 상황이 되었습니다. 그러면 총 500만 원이 추가가 됩니다. 전기가 부족하다고 합니다. 그러면 전기 10kw를 추가하고 분

전반을 옮겨야 비용 200만 원이 추가가 됩니다. 가스 인입이 안 되어 있다고 합니다. 그러면 가스 인입으로 100만 원 추가가 됩니다. 처음 세팅했을 때는 가구가 4인 테이블 10조로 계산이 되었었는데, 4인 테이블을 2인 테이블로 바뀌고, 평수가 기준 평수보다 3평이 넓어서 의자와 탁자 3세트가 더 들어가니, 가구 추가 비용으로 300만 원이 추가됩니다.

처음에 선택사항이라고 빼놨던 항목인 식기세척기가 안 들어가 있었고, 재고를 넣으려면 냉장고가 부족하다고 해서 냉장고를 추가로 채우고, 선반이 많아야 일이 편하다고해서, 선반을 좀 추가했더니 주방추가비용이 400만 원이 추가가 됩니다.

집기류도 부족합니다. 100만 원이 추가가 됩니다. 계약한 가게의 문짝이 낡아서 새 문짝을 집어넣으니 100만 원이 추가됩니다. 전면이 넓어서 폴딩도어를 하는 게 좋을 것 같다는 이야기를 듣고 욕심이 나서 추가하니까 500만 원이 들어가고, 폴딩도어를 열었을 때 앞공간이 허전해져서 데크 공사를 결정니까 추가비용 500만 원이 들어갑니다.

철거 비용: 500만 원
간판 추가 비용: 500만 원
전기 증설: 200만 원
가스 인입: 100만 원

주방 기자재 추가: 400만 원

집기류 추가: 100만 원

폴딩도어 추가: 500만 원

문짝 교체: 100만 원

데크 공사: 500만 원

소계: 2,900만 원 + 부가세 290만 원 = 총 3,200만 원

이후, 에어컨 설치까지 추가됩니다.

시스템 에어컨 및 벽걸이 에어컨: 500만 원

실외기 추가 및 설치 비용: 200만 원

총 700만 원

모든 공사를 마치고 장사를 시작하더라도, 초반 2~3개월은 수익이 거의 발생하지 않습니다. 이 기간 동안 추가로 다이소에서 소모품을 살수도 있고, 현수막이나 배너를 설치하기도 하고 처음 적응 못하는 직원들과 알바들의 임금이 중복해서 들기도 합니다. 남는 것은 없는데 생활은 해야 하니 생활비가 들어갑니다. 그리고 장사를 하기 위해 필요한 초도물품을을 납부하고 본사납입금전체에 대한 부가세도 들어갑니다.

생활비 및 초기 운영비 (월 500만 원 × 3개월) = 1,500만 원

위 모든 비용을 합산하면 2억 원이 넘게 됩니다.

투자금 회수는 가능한가

이제부터는 회수 기간을 계산해 보겠습니다. 우린 최소한 한 달에 1,000만 원을 반드시 벌어야 하는 상황이 되었습니다. 그러면 우리가 극적으로 목표를 달성해서 한 달 순수익 1,000만 원을 벌어야 한다고 가정합니다. 생활비로 500만 원을 쓰고, 500만 원을 저축한다고 가정하면 3년 후에 1억 8,000만 원이 모입니다. 하지만 여기에는 세금이 포함되지 않았고, 3년 내내 한 달도 빠짐없이 월 1,000만 원 순수익을 유지해야 한다는 조건이 붙습니다. 더 큰 문제는 프랜차이즈 특성상 오픈 특수가 끝난 1년 후부터 매출이 등락을 거듭하다가 대세하락할 가능성이 크다는 점입니다. 1년 뒤 매출이 떨어지기 시작하면 재앙이 시작됩니다.

보통, 프랜차이즈 가맹점을 하려는 분들은, 지금보다 더 나은 삶을 추구하려는 사람들이 많습니다. 내가 가진 전부를 투자해서 하는 것인데 직장 다닐 때보다 더 윤택한 삶을 살고 싶지 더 어렵게 살고 싶진 않습니다. 원래도 월 500만 원 이상씩은 쓰면서 살

던 사람들이므로 가맹점을 운영하면서도 현금 흐름이 생기게 되면 그만큼 쓰게 됩니다. 창업했다고 바로 아이들 학원을 끊을 수도 없는 거고, 생활비를 줄일수도 없는 거고, 평소 쓰던 대로 쓰는 것은 계속해서 쓸 테니 말입니다.

그러나 지금은 투자금을 융통하기 위해 빚진 이자와 원금을 내야 하고, 소상공인 대출에 카드 대출에 주류 대출에 이것저것 고정비로 나가는 게 급상승한 상태입니다. 월 500만 원을 써도 부족함을 느낍니다. 단언컨대 어떤 프랜차이즈를 선택하든지, 초보들의 투자금 스펙과 창업 능력치를 고려할 때, 3년 내내 월 1,000만 원 순수익을 유지하는 것은 불가능합니다. 그러므로 프랜차이즈를 하더라도, 투자금 회수 기간에 대한 정확한 비용을 알고 투자금 회수 계획을 세우길 바랍니다.

제 이야기가 다소 과장되었을 수도 있습니다. 하지만 정말로 이런 경우가 많습니다. 나는 아닐 거라는 생각을 하는 순간 그 사람의 실제 현실이 될 수 있으니 반드시 경계하길 바랍니다.

가맹점 수와 신뢰는
관계없다

"사업을 해야 한다.", "작게 시작하고 오래 버티면 반드시 성공의 기회가 온다.", "수익이 높아져도 지출은 작게 유지해야 한다.", "화면으로 남의 삶을 보는 시간이 많은 사람은 자신의 삶에 집중하는 사람을 이길 수 없고, 할 수 있다고 믿는 것이 할 수 없다고 믿는 것보다 언제나 이익이다."

어떤 롤스로이스 부자의 인생 조언입니다. 이 말들에 창업 시장에 진입하는 초보 창업자들에게 가장 필요한 조언이 모두 담겼습니다. 명심하면 일단 궤도에 오르는 시계 태엽을 감기 시작한 것과 같습니다. 그럼 위의 조언을 초보 창업자들에게 적용해 보겠습니다.

사업을 시작해야 한다

사업은 불확실한 것에 도전하는 과정입니다. 확실한 사업이라는 것은 없습니다. 하지만 초보 창업자들은 '확실한 사업'을 찾아 시작하려 합니다. 프랜차이즈 기업들은 이런 심리를 파고듭니다. 초보 창업자들에게 '확실하다'는 신호를 보내며 그들도 사업이기 때문에 자신들의 이윤을 위해 가맹영업을 합니다. 그 확실하다는 말에 넘어가는 사람들은 언제나 초보 창업자들입니다.

결국 그들은 무늬만 사업가가 되어 노예의 길을 걷게 됩니다. 우리 사회의 프랜차이즈 가맹점주들이 매출은 높아도 가난한 이유가 바로 이것입니다. 그들은 여전히 스스로 '사업을 하고 있다'고 생각하지만, 실제로는 사업가의 길에서 단 한 걸음도 나아간 적이 없습니다. 확실한 것을 찾으려 하지 말고, 불확실하더라도 내가 가야 할 길을 찾아야 합니다.

작게 시작하고 오래 버터라

처음부터 크게 시작해서 크게 성공하는 사람은 영화에서나 나오는 이야기입니다. 작게 시작해야 하는 이유는 작은 시작일수록 내가 감당할 수 있는 수준의 과제들이 주어지기 때문입니다. 내가 감당할 수 있는 숙제들을 하나씩 풀어나가는 과정이 반드시 필요합니다. 처음에는 작은 사업이라도 모든 시행착오를 스스로 겪으면서 성실하게 매 순간 해결해 나가야 합니다. 그렇게 문제를 해결하는 것이 습관이 되면, 어느 순간부터 내가 직접 과제를 설정하는 단계에 이릅니다. 그 시점에 돈이든 명예든 사업의 규모든지 퀀텀 점프의 기회가 옵니다. 그때가 바로 사업가로서 도약하는 시점이 됩니다.

사업이란 꾸준히 1년씩 성장하는 그래프가 아닙니다. 5년, 6년, 7년 동안 제자리걸음처럼 보이다가, 어느 순간 수십 배로 상승하는 순간이 오게 됩니다.

수익이 높아져도 지출은 작게 유지하라

사업하다 보면 어느 순간 수익이 높아지는 시기가 있습니다. 하지만 그것이 온전한 성장인지 일시적인 상승인지 알 수 없습니다. 지속불가능한 수익일 수도 있습니다. 따라서 완전히 궤도에 오르기 전까지는 처음 시작했을 때의 지출 수준을 유지해야 합니다. 고정비는 최대한 낮추고, 보험처럼 안전자금을 쌓아야 합니다. 이것이 수익이 떨어질 때를 대비하는 최고의 전략입니다.

자신의 삶에 집중하라

"저 사람이 저걸 해서 성공했대", "저 브랜드를 시작했더니 성공하더라", "그걸 선택한 사람이 수백 명이래", "그 수백 명이 선택했다면 믿을 만한 것 아니야? 그 사람들이 다 바보일 리도 없고" 하지만 그 수백 명이 모두 바보일 수도 있습니다. 자신의 삶에 집중하지 않고 남의 선택을 따라가면서 안전하다고 착각하는 것이 가장 큰 패착이 됩니다.

가맹점 숫자가 많은 브랜드는 이미 나의 파이가 줄어든 브랜드입니다. 그 많은 사람들이 선택한 것은 '안전한 선택'이 아니라 그들 역시 남의 선택을 보고 따라갔을 가능성이 큽니다. 결국 그렇게 선택하면 무늬만 사업가가 되고, 본사에 돈을 바치며 부려지는 노예가 될 수도 있습니다.

부자들은 남을 믿지 않고 자신을 믿습니다. 하지만 초보 창업자들은 항상 남을 믿고 자신을 믿지 않습니다. 그래서 단 한 걸음도 자신의 힘으로 나아갈 생각을 하지 않습니다. 우리도 이처럼 나를 위한 질문을 던져야 합니다. 특히 프랜차이즈 시장에서는 대다수의 선택이 언제나 위험할 수 있다는 생각을 해야 합니다.

"뭐가 진짜 믿을 만한가?", "어떻게 생각하는 게 나에게 이익이 되는가?" 이제는 남의 선택을 따라가지 말고, 진짜 사업을 시작하길 바랍니다.

프랜차이즈
배달 장사의 진실

개인적으로 프랜차이즈 배달 장사는 사실상 창업 경험이 없다고 생각합니다. 배달 장사 자체가 모든 면에서 잘못되었다는 것은 아닙니다. 자영업이라는 큰 카테고리에서 보면, 배달 장사는 투자금이 적은 창업자들에게 첫 창업의 좋은 모델이 맞습니다. 하지만 프랜차이즈 배달 브랜드를 운영하는 것은 또 다른 문제입니다.

배달 장사로 성과를 낸 사람들의 착각

자신이 배달 장사로 처음 창업하여 나름 성과를 낸 사람에게서는 뿌듯함이 느껴집니다. 힘든 과정을 거치며 한 달 한 달 생활비를 벌었고, 누구보다 열심히 노력한 기억이 있기 때문입니다. 그 과정에서 얻은 자부심은 마치 개선장군과 같은 자신감을 심어주기도 합니다.

그들은 당당합니다. 왜냐하면, 누구보다 성실하고 열심히 살았기 때문입니다. 선생님이 내준 숙제를 성실하게 마친 학생이 등교할 때 당당한 것처럼, 프랜차이즈 배달 장사를 한 사람들도 자신감을 가질 수밖에 없습니다. 하지만 여기서 중요한 점은, 배달 장사를 잘한 사람들은 숙제를 잘한 학생에 불과하다는 것입니다. 고객이 내 가게에 주문을 넣고, 내가 열심히 일할 수 있었던 것은 내가 잘해서가 아니라, 이미 만들어진 구조 덕분이라는 점을 이해해야 합니다. 즉, 주문이 들어오게 만든 원인은 내가 아니라, 배달 플랫폼과 프랜차이즈 브랜드 덕분이라는 것입니다.

배달 장사는 철저히 음식 자체로 평가받는 장사입니다. 그만큼 단순합니다. 장사로서 경험할 수 있는 지극히 좁은 영역만 소화할 뿐입니다. 하지만 오프라인 장사는 음식뿐만 아니라 여러 요소가 조합되어 평가받는 구조입니다. 공간, 서비스, 접객, 분위기, 조명, 브랜드 스토리 등 이 모든 것이 어우러져야 오프라인 매장이 성공할 수 있습니다.

게다가, 오프라인 장사는 배달 장사처럼 상권이 넓지 않습니다. 배달은 배달 가능 지역 전체에서 주문을 받을 수 있지만, 오프라인 장사는 좁은 유효 상권 내에서만 장사를 해야 합니다. 매장 내에 그 모든 것들을 진두지휘할 수 있는 오케스트라 지휘자가 되어야 합니다. 자칫 잘못하면, 상권이 좁아서, 시작부터 소문이 안 좋게 나면 궤도에 오르기도 전에 외면받아 심각한 타격을 받고 망하는 경우도 있습니다. 게다가, 투자금도 배달과는 다른 투자금이 들어갑니다. 그걸 회수하는 시간도 필요합니다.

총체적으로 모든 것을 다시 재정립해서, 해도 모자를 판인데, 오히려 배달창업을 조금 경험했다고, 열심히 해서 성과 낸 과거가 있다고, 열심히 하면 되겠지라는 생각으로 오프라인 매장을 시작한다면 오히려, 완전 한 번도 안 해봤던 사람보다도 위험할 수 있습니다.

열심히 해서 되는 것이 아니고, 내가 숙제를 잘해야 하는 것이 아니고, 내 고객 설정, 내 운영 방침 확립, 관리 노하우, 나의 고객 유치, 고객 서비스, 인력 관리 등 그 모든 것들을 내가 과제 설정부터 시작해서 과제 해결까지 해야 하는 삶입니다. 그렇게 하지 않으면, 또 똑같이 환경이 바뀌어버리면 곧바로 도태되는 삶이 됩니다.

창플에서도 배달 장사는 "군생활 같은 과정"이라고 이야기합니다. 돈이 없을 때 무턱대고 대출을 받지 말고, 시드머니(초기 자금)를 모은다는 생각으로 배달 장사를 시작하라는 것입니다. 하지만 배달 장사 경험이 장사 경력으로 생각해선 안 됩니다. 배달 장사는 어디까지나 첫 창업을 위한 자금 마련 단계일 뿐이며, 이후 오프라인 장사를 시작할 때는 완전히 새로운 시작이라고 생각해야 합니다.

오프라인 매장을 시작할 때는 완전히 0부터 다시 시작해야 합니다. 돈을 절대 많이 쓰지 말 것, 직원을 절대 많이 쓰지 말 것, 초기 투자비 회수를 최우선 목표로 삼아야만 합니다.. 배달 장사 경험이 있더라도, 오프라인 창업은 완전히 다른 영역입니다. 배달과 오프라인 장사는 운영 방식과 성공 요인이 전혀 다르다는 점을 반드시 기억해야 합니다. 프랜차이즈 배달 장사는 창업이 아니라 "열심히 할 일이 있는 직장"과 비슷하다고 생각해야 합니다. 오프라인 창업을 준비할 때는 배달 장사 경험을 내려놓고 완전히 새로운 마음가짐으로 시작해야 합니다.

그들도 처음엔 희망을 이야기했다

배달 플랫폼, 그들도 처음엔 희망을 이야기했습니다. 처음에는 누구나 쉽게 창업할 수 있다고 홍보를 합니다. 플랫폼에 입점하면 개인이 해야 할 홍보를 대신해 주고, 배달원을 모집할 필요도 없습니다. 당신은 그냥 주방에서 음식만 만드시면 된다고 합니다. 그리고 또 한쪽에서는 누구나 쉽게 음식을 만들 수 있다고 합니다. 바로 원팩밀키트식 식재료를 공급하는 프랜차이즈업체들입니다. "물만 넣고 이 팩 하나 뜯어서 넣으면 3분 조리 끝." 눈앞에서 시연을 보면 정말 너무 쉬워서 나도 금방 할 수 있을 것 같은 용기를 얻습니다. 여기저기 어디서든 월 매출 1억을 외치는 장사꾼들은 넘쳐나고, 배달 장사로 대박이 났다는 사람들의 이야기는 계속 들립니다. 아니, 내가 그런 영상만 찾아서 보는 것인지도 모르고, 이미 그런 영상을 봤던 기록은 알고리즘으로 바뀌어서 그런 사람들 영상만 봅니다.

그런데 정작 내 현실은 지금 다릅니다. 나와 내 주변은 힘들기만 합니다. 문제는 여기서 벗어날 수 없다는 게 가장 큰 문제인데 내가 그 안에서 할 수 있는 게 아무것도 없습니다. 플랫폼을 떠나서 내 스스로 홍보를 한다? 내가 직접 레시피를 만들어서 내 음식을 만든다? 그동안 해 온 일이라고는 그들이 준 곡괭이로 열심히 살았을 뿐입니다. 주방에서 열심히 하라는 대로 조리한 경험밖에 없습니다. 결국 그들이 정해준 기준으로 딱 안 죽을 만큼만 벌고, 그마저도 안 되면, 투자한 것 다 날리고, 진짜 장사를 배우고 경험을 통한 내공을 쌓은 것도 없이, 그냥 명함 하나 없고 나이만 먹게 되는 것입니다.

외부에 너무 의존하면 플랫폼 정책 하나에 언제든지 폭삭 망할 수 있습니다. 열심히 해 온 과거가 아까워서, 그동안 쌓아온 리뷰나 별점수가 내가 열심히 한 증거이고, 나의 자부심이었는데 그걸 생각하면서 이른바, 매몰 비용의 함정에 빠지면 더더욱 빠져나올 수 없게 됩니다. 과거의 영광, 지금까지 해왔던 세월이 아까워서, 계속해서 말라 죽어가는 삶을 살 수도 있는 것입니다. 이제는 명백하게 스스로 일어서야 생존할 수 있는 시대가 되었습니다. 배달 플랫폼의 변심이라는 갑작스러운 변화로 큰 타격을 받은 자영업자분들에게 심심한 위로와 응원의 말을 드립니다.

권리금 앞에서 동업자 정신이 무너졌다

동업자 정신이라는 말이 있습니다. 가령, 같은 격투기 선수라고 가정해 봅시다. 서로 경쟁하고 싸우는 관계지만, 그들은 같은 업을 하는 사람들입니다. 그래서 싸움을 하더라도 치명적인 부상과 상처를 주는 행동은 하지 않습니다. 선수 생명에 지장을 주는 행동을 하는 사람들은 동업자 정신을 어겼다고 비난 받고, 위험한 플레이로 상대 선수에게 심각한 부상을 입히면 해당 단체에서 제명되기도 합니다.

과거, 1년 만에 2억 원의 권리금 수익을 얻었던 자영업자에 대한 이야기를 한 적이 있습니다. 경기도 외곽의 평범한 단독 가든 매장이었습니다. 장사 고수들은 항상 헐값에 나온 가게를 인수합니다. 장사를 잘 못해서 매물로 나온 것이지, 시설이 노후되어 장사가 안되는 것이 아니기 때문에 시설이 잘 갖춰져 있으면서도 헐값에 나온 매물을 찾아다닙니다. 그리고 매출을 올린 후, 그렇게 나온 매출을 증거 삼아 권리금을 받고 넘기는 방식입니다.

  이 매장의 전략은 이러했습니다. 점심특선은 마진은 적더라도 상다리가 부러질 정도의 20첩 반상 차림으로 고객을 끌어들이고, 저녁 장사는 마진이 좋고 인건비가 적게 들고 손이 덜 가는 전골요리와 마진 좋은 술 판매 위주 가족 및 회식 수요 중심으로 운영했습니다. 여기서 핵심은, 헐값에 매장을 인수하고 마진 줄이기와 박리다매 방식으로 매출을 끌어올리며 인건비 효율을 높여 적정 수익률을 확보한 후 검증된 매출과 영업이익 기준으로 권리금을 받고 엑시트하는 것입니다. 창업 시장에서 열심히 일해서 자신이 만들어 놓은 가게를 권리금을 받고 넘기는 것은 당연한 과정이고, 정상적인 방식입니다.

  그런데, 요즘 배달 프랜차이즈 가맹점 권리금 장사를 하는 사람들은 다릅니다. 동업자 정신은 무시하고, 그야말로 돈 놓고 돈 먹기로 주변 가맹점들을 초토화시키고 자신만 배를 채우는 방식으로 권리금 장사를 합니다. 특히 배달 프랜차이즈 가맹점은 음식만 고객들에게 가져다주면 끝이기 때문에 서비스 차별화가 어렵습니다. 같은 브랜드 가맹점끼리는 똑같은 제품을 똑같은 가격에 판매하니까요 점바점 이슈가 있다고는 하지만 사실상 똑같은 양에 똑같은 가격에 비슷한 맛입니다. 이렇다 보니, 매출이 가맹점 가치의 기준이 되고, 자연스럽게 권리금에도 영향을 미치게 됩니다.

현재 배달 시장에서 일어나고 있는 권리금 장사를 하는 사람들의 전형적인 방식은 이렇습니다.

1단계는 헐값에 인수입니다. 도저히 안 되는 가게, 가게 수익으로는 생존이 어려워진 운영이 어려워진 가맹점을 헐값에 인수합니다.

2단계는 매출 부풀리기입니다. 같은 상품을 판매하니 차별화 요소가 없기 때문에 결국, 쿠폰 남발과 할인 프로모션, 노마진 전략으로 매출을 끌어올립니다. 이렇게 되면, 온갖 할인과 프로모션으로 중무장한 그 신규 인수 매장으로 인해 주변 가맹점들은 매출이 급감합니다.

3단계는 주변 가맹점 초토화입니다. 인근 매장도 출혈 경쟁에 울며 겨자 먹기로 할인을 시작하고 결과적으로 안 그래도 수익이 적은데 출혈 경쟁까지 겹쳐 수익이 더 악화됩니다. 하지만 권리금 장사를 하는 사람은 처음부터 헐값에 인수했으므로 부담이 적습니다.

4단계는 매출 데이터 포장입니다. 매출을 부풀려놓고 마케팅 비용, 할인 비용, 기타 지출 비용을 쏙 빼고 매출을 기준으로 권리금을 책정합니다.

5단계는 초보 창업자에게 매각입니다. 이 과정을 모르는 초보 창업자에게 그럴듯한 이유로 소개합니다. 기존 사장은 거의 권리금 없이 들어와서 몇 달 만에 5,000만 원에서 1억을 받고 엑시트하고 초보 창업자는 어차피 신규 매장을 인수하려 해도 인테리어 비용이나 기타 비용이 들어가는데 기왕이면 매출이 보장된다는 양도양수 물건으로 권리금을 주고 인수합니다. 초보 창업자들은 매출만 보고 가게를 사지만, 정작 그 높은 매출은 주변 가맹점들의 매출을 빼앗아온 결과입니다. 이들은 양도과정에서 급격한 건강악화를 이유로, 최근 매출이 오르고 있다는 이유로 매출을 높이기 위한 작업들과 들어간 비용들을 쏙 빼놓고, 매출전표 보여 주고 통상적으로 이정도 매출이면 얼마정도 순수익이 나온다는 합리적인 추론을 내세워 권리금을 요구합니다.

결국, 이 과정에서 작업을 통해 이뤄진 그 높은 매출은 동종가맹점들이 가져가야 할 매출분이 그 매장으로 들어간거라, 주변가맹점의 매출은 떨어지고 수익은 악화되고, 그들의 권리금 장사로 인해서 안그래도 어려운 시장에서 동업자정신이 무너진 일부로 인해 더 어려워지는 것입니다.

이제 창업 시장은 점점 너 죽고 나 살자로 변하고 있습니다. 서로 돕고 상생해야 하는데 나만 살아남으면 그만이고 나만 아니면 된다는 분위기가 만연하니 주의해야 합니다. 지금도 권리금 장사를 노리는 프랜차이즈가맹점들이 많고, 그 과정에서 많은 창업자들이 희생되고 있습니다. 창업을 준비하기에 앞서 양도양수시장을 혼탁하게 만드는 권리금 장사의 허점을 알아 두어야 합니다.

> 통찰 9

겸손 따윈 없는,
거만한 사업가의 특징

"얼마를 벌든 300만 원 받는 월급쟁이 사장이라고 생각하며 살았어요. 나머지는 전부 사업을 위한 돈이었죠. 망하는 게 두렵지 않았어요. 오히려 그 과정을 즐겼죠." 얼마 전 만난, 아직 작지만 전도유망한 초보 사업가의 말입니다. 그 말을 들으며 '쫄지 않는구나.' 그리고 '이 친구, 예전에는 망하는 게 그렇게도 두려웠던 청년이었겠구나….'라는 생각이 들었습니다.

저 역시 2010년에 사업을 시작했을 때, 제 월급을 100만 원으로 책정했습니다. 그리고 아무리 벌어도 제 생활비는 100만 원에서 고정시켰습니다. 돈이 없기도 했지만, 고정비를 낮추고 사업을 위한 시스템을 만들고 싶었기 때문입니다. 이후 150만 원, 300만 원으로 월급을 차츰 올렸습니다. 통장에 수십억이 오가도 그건 사업 자금일 뿐, 제 돈이 아니었습니다. 돈을 축적하기 위해서 개인사업자인지 법인인지를 따지는 것도 무의미했습니다. 어차피 다 내 돈이 아니니까요. 시간이 지나고 수백 개 가맹점을 운영하니, 사람들이 보기엔 '돈 잘 버는 사람' 같아 보였습니다. 하지만 사업가의 미소는 통장의 잔고에서 나오는 것이 아니라, '언제든 다시 시작할 수 있다'는 자신감과, '무엇이든 도전하고 싶다'는 열망에서 나오는 것입니다.

저는 궁핍하게 살았던 어린시절 기억이 강하게 남아 있었습니다. 그래서 망했을 때의 '비참함'이 너무 싫었습니다. 망하면 나만 힘든 것이 아니라, 가족 모두가 무너집니다. 그 비참함의 핵심 원인이 무엇일까 생각해 보니, 바로 '고정비'였습니다. 생활 수준이 올라가고 소비 습관이 바뀌면, 되돌리기 어렵습니다. 좋은 집, 고급 소비, 자녀 교육비, 외식, 옷차림, 인간관계까지 매달 수백만 원씩 쓰던 삶을 접기란 쉽지 않습니다. 그런 상태에서 망하면, 정말 곤란해집니다.

사업가로 살며 돈을 벌었다고 해서 그게 '내 실력'이라고 착각하고 소비를 늘리는 사람들 대부분은, 망하고 나면 다른 회사 들어가 팀장 월급도 못 받을 가능성이 높습니다. 초기에는 100만 원만 쓰며 살고, 실력이 쌓이면 그때 소비를 늘리는 게 맞습니다. 내 생활비를 고정해두면, 언제 망하더라도 "내가 이 정도도 못 벌겠어?"라는 자신감이 생깁니다. 최악의 상황에서도 대리기사든, 배달 대행이든 얼마든지 다시 일어설 수 있으니까요. 도전하지 않는 초보 사업가보다, 계속 도전하며 망하지 않는 시스템을 만든 사업가가 결국 승자가 됩니다. 자신의 소비 기준을 200~300만 원에 맞춰두세요. 그러면 어떤 실패가 와도 두렵지 않습니다.

사업은 남는 돈으로 이어가면 됩니다. 2,000만 원이 모이면

2,000만 원짜리 사업을. 5,000만 원이 모이면 그만큼의 사업을, 운이 좋으면 그게 1억짜리 가치로 돌아와 그 돈으로 2억짜리 사업에 도전할 수 있습니다. 사업가는 돈을 소비하는 사람이 아니라, '돈 쓸 줄 아는 사람'입니다. 개인을 위한 사치가 아니라, 미래를 위한 도전과 준비에 쓰는 사람입니다. 반대로, 꿈은 잊고 '예전에 잘 나갔던 시절' 이야기만 하는 사람은 점점 도태됩니다. 안타깝습니다. 하지만 반대로, 앞서 소개했던 청년사업가를 보면 희망이 생깁니다. 비록 아직은 작아 보여도, 그 태도와 시스템으로 인해 곧 진짜 사업가가 될 것이라는 직감이 듭니다.

  사업은 망할 수 있습니다. 하지만 '내 삶'은 절대 망하지 않도록 세팅해야 합니다. 망하더라도 나는 살아남고, 또다시 사업할 수 있는 그 구조를 만들어두는 것이 바로, 우리가 만들어야 할 '안 망하는 시스템'입니다. 매달 얼마 벌었는지가 중요한 것이 아니라, 언제든 다시 도전할 수 있는 '조건'을 만들어두는 것. 그게 진짜 사업가의 태도입니다.

6장

빠져나올 수 없는 계약 수렁

계약서가 당신의 목줄이다

[영상 함께 보기]

1. 계약서 확인은 기본 중 기본

2. 프랜차이즈 업계 줄소송 뉴스

그만두고 싶어도
그만두지 못하는 딜레마

어떤 경위로든 프랜차이즈 가맹점주가 되었다고 가정해 봅시다. 처음 선택이 옳았든 그르든, 운영을 잘못했든 프랜차이즈에 문제가 있었든 그 모든 이유를 떠나서 지금 아무리 장사를 해도 남지 않는 적자 매장이 되었다고 쳐보자고요.

가맹점주는 이 매장을 계약하기 위해 권리금 5,000만 원을 주고, 프랜차이즈 시설비로 2억 원을 썼습니다. 보증금까지 5,000만 원을 걸어서 도합 3억 원의 돈을 투자했는데, 지금 다달이 생활비도 나오지 않고 빚으로 월 300~400만 원씩 적자가 나는 상황입니다. 하루 종일 매장에서 일하지 말고 그냥 한 달 임대료 300~400만 원을 내는 게 낫겠다는 생각이 들 수도 있습니다. 그런데 그게 결코 쉽지 않습니다.

본전 생각에 사로잡힌 가맹점주

현실적으로 이미 생활할 돈이 하나도 없는 것을 떠나서, 거의 전 재산일 가능성이 높은 투자금이 들어갔습니다. 처음 들어간 권리금과 시설비를 하나도 건지지 못한 상황에서 이대로 접으면 2억 5,000만 원이 날아가는 것입니다. 본전 생각일 수도 있지만 어느 정도라도 회수하고 싶어서 가게를 인수할 사람을 찾게 됩니다. 하지만 아무리 매장을 내놔도 입질조차 오지 않고, 희망고문으로 버티면서 시간이 지나가게 되면 나중에는 완전히 피폐해져 권리금도 포기하고 그냥 나가고 싶은 상황이 옵니다. 그런데 그래도 그만두지 못합니다.

프랜차이즈 위약금의 함정

프랜차이즈 위약금이 걸려 있기 때문입니다. 계약 기간을 지키지 못하면 얼마를 내야 한다는 조항들이 있으며, 더 악랄한 곳은 초기 혜택이라 불렸던 것들까지 토해내야 합니다. 예를 들어 가맹비 무료, 교육비 무료, 인테리어비 30% 할인 등 처음에 아예 깎아준 곳도 있지만, 초기 가맹 계약 때 도중에 가맹 계약 해지를 하게 되면 토해내야 하는 도합 그들이 주장하는 4,000~5,000만 원의 혜택을 받았다고 가정해 봅시다. 그런 상태에서 그만두려고 하면, 계약서를 보면 그때 처음에 할인받았던 금액을 모두 반환해야 한다는 사실을 뒤늦게 알게 됩니다. 초보 창업자들은 안 그래도 망하는 마당에 무슨 위약금이냐는 순진한 반응을 보이지만, 이건 엄연한 현실입니다. 바로 내용증명이 날아옵니다.

계약 기간의 족쇄

계약 기간을 채워야만 그만둘 수 있는데, 문제는 프랜차이즈 계약 기간을 지키기 위해 적자를 감수하며 앞으로 7~8개월을 더 버텨야 한다는 것입니다. 그런데 문제가 하나 더 생기는 게 점포 계약 기간이 2개월밖에 남지 않았다면 점포 계약을 갱신해야 하므로, 또다시 운영을 지속할 수밖에 없는 상황이 됩니다. 뭔가 짜임새 있게 계획 잡아서 폐업을 하는 사람들이 많지 않습니다. 아무런 의욕도 없이 방치하다가 자신도 모르게 계약 기간이 지나서 자동으로 계약연장이 되어있기도 합니다. 결국 계약 기간 동안 모든 비용을 지출하고 빚을 더 떠안은 채 완전히 망해야 끝나는 구조입니다.

프랜차이즈 계약을 끝내도 남는 문제

계약을 적자를 감수하고 끝냈다고 칩시다. 그런 상태에서는 지금의 프랜차이즈로는 도저히 생계가 어렵다 보니, 자구책으로 본인이 스스로 장사를 할 생각도 할 수가 있습니다. 빚더미에 올라앉아서 먹고 살아야 하니, 가령 내가 고깃집으로 프랜차이즈 가맹점을 했다면 다시 내 가게를 해도 고깃집으로 방향을 잡는 경우가 많고, 내가 돈가스집으로 프랜차이즈 가맹점을 해 왔다면 배운 게 도둑질이라고 돈가스 장사로 새로운 시작을 계획할 수도 있습니다. 하지만 같은 업종을 선택하면 프랜차이즈 계약 위반이 되어 경업 금지 조항에 걸립니다. 파는 고기의 종류가 달라도 비슷한 업종으로 운영하면 또다시 법적 문제가 발생하고, 돈가스 전문이 아니라도 메뉴에 그런 메뉴들이 공통으로 들어가면 그것 또한 빌미가 될 수 있습니다.

그동안 해 온 일이 그 업종밖에 없는데, 갑자기 고깃집 하던 사람이 분식집을 할 수도 없고, 점포 구조상 가능한 다른 업종을 찾아야 하지만 그것조차 여의치 않습니다.

그만두고 싶어도 그만둘 수 없는 이유

누군가에게 매장을 넘겨야 하기 때문에 적자가 심해도 먹고살 만한 곳이라고 홍보해야 하고, 본사에도 찍히지 않아야 양도양수 협조를 받을 수 있기 때문에 울며 겨자 먹기로 버팁니다. 속은 썩어 문드러져도, 일말의 희망을 품으며 내 가게를 가져갈 사람을 찾는 것입니다. 초창기 혜택도 사실 초보 창업자들의 투자금이 부족하다 보니 깎아줘야 하는 것인데, 그냥 깎아주는 것이 아니라 혜택이라는 명목으로 할인율을 적용해서 계약서에 명시하고, 장사가 안되어서 그만둘 때 후불로 토해내야 하는 상황을 만든 것입니다. 그런 독소 조항이라도 제대로 확인하고 계약을 했어야 했는데 말입니다.

대안도 없고, 매장도 팔리지 않고, 그만두려고 하면 본사와 법적 다툼에 휘말려 수천만 원을 추가로 토해내야 하는 상황에서, 이러지도 저러지도 못한 채 남지도 않고 적자만 계속 심해지는 매장 안에서 미쳐가는 가맹점주들이 있습니다. 그렇게 적자에 신음하면서도 그만두지도 못하고 족쇄가 채워져 살아가고 있는 가맹점주들이 생각보다 우리 주위에 많습니다.

프랜차이즈 창업이
개인 창업보다 생명력이 길까?

창업 시장에서 가장 조심해야 하는 것이 통계의 허구입니다. 초보 창업자들은 그 통계들이 객관적인 사실이라고 생각하는 경우가 많습니다. 하지만 창업 시장에서 가장 조심해야 할 것은, 그 모든 통계나 객관적인 자료라는 것은 어느 각도에서 바라보느냐에 따른 관점일 뿐이며, 모든 면에 통용되는 것은 아니라는 점입니다.

프랜차이즈의 관점으로 생각하면 당연히 사업자 등록 데이터와 폐업 신고 데이터를 보면 개인 창업보다 오래가는 것처럼 보일 것입니다. 하지만 우리가 생명력이라고 하는 관점을 단순히 사업자를 내고 폐업하는 기간만으로 판단하는 것이 맞을까요? 과연 프랜차이즈가 생명력이 오래갈까요?

세상에는 다양한 프랜차이즈 점주들이 있습니다. 본사와 초기 가맹점들이 시행착오를 겪으며 점점 더 생존에 적합한 형태로 진화된 성숙된 프랜차이즈 모델은 초보 창업자들이 처음 자리 잡는 데 유리할 수 있습니다. 그런데 그 자리를 잡는다는 기준이 무엇일까요? 그냥 창업해서 다달이 생활비를 벌면 자리를 잡은 걸까요? 지금부터 세 가지 유형으로 분석해 보겠습니다.

첫 번째 유형은 성공적 피벗 사례로, 프랜차이즈 점주로 시작해서 자신의 브랜드를 만들고, 그 브랜드로 추가 출점한 뒤, 프랜차이즈 본사까지 운영하는 경우입니다. 대표적으로 맥주 브랜드를 만들어 1,000억 원에 매각한 대표가 있습니다. 그는 처음에는 스몰비어 브랜드인 '○○싸롱'의 프랜차이즈 점주였지만, 이후 자신의 브랜드 '역○○○○맥주'을 만들고 가족들에게 매장을 차려 주면서 추가 출점을 했습니다. 결국 프랜차이즈 사업을 본격적으로 확장하며 사모펀드에 매각하는 데 성공하며 대박 성공 스토리를 만들었습니다. 핵심 포인트는 프랜차이즈 가맹점주로 시작했지만 결국 자신의 브랜드를 만들고, 개인 매장으로 생존하며, 추가 출점을 통해 자신의 브랜드를 성장시켰다는 점입니다. 즉, 궁극적인 생존을 위해 가맹점주에서 개인 매장으로 '피벗(Pivot)'을 했다는 것입니다.

두 번째 유형은 적절한 시점의 전환을 아는 사람입니다. 프랜차이즈 점주로 시작했지만, 프랜차이즈로는 돈을 벌 수 없다는 것을 깨닫고, 한순간의 전투에서는 승리할 수 있어도 인생 전체의 전쟁에서는 이길 수 없다고 판단해 적당한 시점에 손해를 보지 않는 범위 내에서 매각하고, 자신의 매장을 만들어 생존하는 경우입니다. 창플에도 이런 사례가 많습니다. 치킨집 점주로 시작해 두 치킨 브랜드의 지사장을 거쳐 자신만의 브랜드를 만든 사례, '철○○○집' 브랜드를 창업했지만 손해 나지 않는 시점에 정리하고 개인 고깃집을 차린 사례, 프랜차이즈 키즈카페를 인수해 운영하다가 2년 후 자신의 브랜드 '키즈○○○○'를 브랜드를 만든 사례, 주스 프랜차이즈로 창업을 시작했지만 새롭게 개인 매장으로 창업한 사례 등이 있습니다. 이들은 프랜차이즈 점주로서 한계가 명확하다는 것을 알고, 궁극적인 생존을 위해 피벗한 것입니다.

세 번째 유형은 반복되는 실패의 굴레에 갇힌 사람입니다. 20년 전에도 프랜차이즈 가맹점주였고, 지금도 가맹점주이며, 스스로 아무것도 못 하기 때문에 빚을 내서 또 창업을 반복하는 경우입니다. 창업에 대해 아무것도 모른 채, 본사의 사업 모델에 맞춰 프랜차이즈를 선택하고 그냥 앞만 보고 열심히 생계를 이어가는 삶입니다. 대부분의 프랜차이즈 가맹점주가 여기에 해당한다고 생각됩니다. 이들은 자신의 삶을 온전히 녹여 장사에 올인하고 있음에도 돈을 벌고 투자금을 회수하는 것도 없이 시간이 지날수록 계속해서 다운그레이드하며 연명하고 있습니다. 20년 전에는 꽤 많은 창업 자금으로 폼 나게 장사했다가, 15년 전에는 좀 더 저렴한 브랜드로 다운그레이드하며 장사했고, 10년 전에는 대출까지 끌어모아 1억 원 정도로 프랜차이즈 창업을 했으며, 5년 전에는 그것마저 힘들어져 배달 창업으로 전환, 지금은 좀비 자영업자처럼 샵인샵 브랜드를 덕지덕지 붙여 하루 벌어 하루 사는 상황입니다.

QSC의 몰락과 현실

과거에는 프랜차이즈 회사에 QSC라는 개념이 있었습니다. 상품의 질이 좋고, 고객 서비스가 우수하며, 위생이 철저하면 기본 매출이 보장된다는 원칙이었습니다. 그래서 프랜차이즈 회사들은 슈퍼바이저를 배치해 가맹점을 방문 점검하며 QSC를 관리하는 것이 본사의 주요 업무였습니다. 이 세 가지 요소는 일반적으로 장사의 기본이라고 불리는 개념인데, 이를 제대로 갖추고 열심히 장사하면 기본적인 매출이 보장된다고 여겨졌습니다.

그런데 그게 지금 무너진 상태입니다. 처음 브랜드가 탄생하고 초창기에는 브랜딩이 된 브랜드라 여길지 모르지만, 그 브랜드가 수십 개, 수백 개로 늘어나면서 내가 차지해야 할 상권은 좁아지고, 어디서나 똑같이 느껴지는 식상함이 생기며, 고객 입장에서 굳이 그곳을 찾아가야 할 이유를 느끼지 못하게 됩니다. 아무리 퀄리티 신경 쓰고, 서비스 신경 쓰고 위생에 신경 써도 사람들은 안 온다는 말입니다.

결국 프랜차이즈 본사도 이제는 QSC는 기본이고, 그 매장 하나하나 다르게 느끼게 하는 브랜딩적인 요소를 연구해서 장착하고, 각 상권에 맞는 전략을 개별적으로 짜서 장착을 하는 역할을 해야 하는데 그런 부분은 결코 쉽지 않습니다. 그래서 이제는 장기적인 브랜드 발전에 신경 쓰기보다, 언제든지 브랜드가 망할 수 있다는 생각으로 다브랜드 전략으로 1~2년 잘 해 먹으면 또 다른 브랜드 만들어서 출점하고, 또 적당한 때 출점 속도가 더뎌지고 한계가 명확해지면 기존 가맹점주를 폐점으로 이끌고 새로운 점주를 구하는 전략으로 생존을 모색하는 중입니다.

그렇게 인스턴트식 프랜차이즈 브랜드들이 창조가 되고, 매해 초보들은 또 그렇게 반짝 뜨는 브랜드로 프랜차이즈 가맹점주가 또 창업을 시작하게 되는데 시작할 때 첫 몇 개월 길어야 1년~1년 반 반짝 남는지 안 남는지도 모르는 매출 행진을 벌이다가, 결국 그 끝이 좋은 경우가 희박하다는 말입니다. 내 장사를 해야 궁극적인 생존이 가능하고, 그 과정에서 프랜차이즈를 이용해야 그게 의미가 있게 된다는 얘기입니다.

그러면 이번에는 그럼에도 불구하고 데이터 통계상 프랜차이즈 매장이 개인 매장보다 오래갈 수밖에 없는 이유를 이야기해 보고자 합니다.

첫 번째: 높은 창업 자금과 올인 창업

지금 창업을 하는데 3억을 투자한 가게와 3,000만 원을 투자한 가게와 창업자의 마음가짐이 어떻게 다를까요? 지금 전 재산 플러스 대출까지 올인한 프랜차이즈 매장과 자신이 가진 돈이 3,000만 원밖에 없어서 그 돈에 맞춰서 3,000만 원 권리금 주고 인수해서 장사를 시작한 개인 가게와 그 창업에 임하는 마음이 어떻게 다를까요?

전 재산 올인은 배수의 진을 치고 할 가능성이 많습니다. 그런데 3,000만 원 주고 인수한 사람은 앞서 얘기한 사람보다는 훨씬 여유가 있습니다. 열심히 안 한다는 뜻은 아니지만, 절박함은 다를 수밖에 없습니다.

왜 프랜차이즈는 창업 자금이 높은 걸까요? 그것은 항상 처음에 예상한 창업 비용 예산보다 많이 들어가기 때문입니다. 처음 생각할 때 1억 5,000만 원을 예상하고 창업 문의를 하고 점포 계약을 진행한 후 오픈까지 가는 그 두 달 동안, 어떤 이유에서든 최소 30% 이상의 추가 금액이 들어갑니다. 처음 체크하지 못한 본사 견적은 계속해서 올라가게 됩니다. 그러니까 아무래도 개인 집보다 실제 마음가짐이 다릅니다.

가장 문제가 되는 포인트가 여기 있습니다. 그렇게 몰빵해서 첫 창업을 한 사람들이 한번 폭망하면 재기가 안 된다는 것입니다.

최선을 다하지 않아서 가맹점주들이 망하는 것이 아니고, 최선을 다했음에도 여러 환경 변화로 인해서 투자금 회수하기 전에 도태되는 가맹점주들이 많은데 그 가맹점주들이 지금 되돌릴 수 없는 상황을 맞닥뜨리게 된 것입니다. 3,000만 원 투자한 사람도 물론 1년 만에 망할 수 있습니다. 그런데 그 3,000만 원 투자한 사람은 그래도 그동안의 시행착오를 겪고 다음번 기회가 또 있습니다. 근데 프랜차이즈 몰빵 창업자는 자칫 미끄러지면, 아예 재기가 안 됩니다. 바로 일용직 노동자 되는 것입니다.

두 번째: 계약 기간의 족쇄

내가 지금 장사가 안되어서 죽어가고 있어도 계약 기간 못 지키면 위약금 카운터가 날아옵니다. 내가 투자한 돈이 있는데 그래도 내가 1억 5,000만 원을 썼는데 내 입장에선 절반이라도 건지고 싶어서 가게를 내놨는데 권리금을 7천에도 안 가져가고 6천에도 안 나가는 상황입니다. 그런데 그 상황에서 점포 계약 기간이 만료가 되는 상황이라고 쳐봅시다. 그러면 점포 계약 만료가 되면 원상복구 비용 내고 내 가게가 사라지다 보니 권리금을 5,000만 원이라도 받으려면, 점포를 재계약을 할 수밖에 없는 상황이 되는 경우도 있고, 그렇게 되면 본사 가맹 계약도 연장이 안 됩니다. 뒤

늦게 다 날리고 포기하고 싶어도, 프랜차이즈 계약위반이기 때문에 위약금이 발생합니다. 그렇게 버티려고 노력해도, 내가 투자한 원금이라도 좀 건지고 싶어서 계약이 연장되고, 포기하고 싶어도 그 타이밍상 위약금으로 토해내야 하는 금액까지 있게 되면, 다른 대안이 있는 것도 아니다 보니 차일피일 계속 적자가 나면서 엿가락 늘리듯이 운영 기간도 늘어나게 됩니다.

세 번째: 현금 흐름이 만드는 착각

참 신기한 것이 초보들은 이해가 안 되겠지만, 지금 프랜차이즈 가맹점이 망하는 이유가 매출이 안 나와서가 아닙니다. 장사가 안 되어서 가게가 텅텅 비어서 망하는 것이 아니고, 5,000만 원 팔아야 할 가맹점이 3천 팔다 보니 적자가 나서 망하는 거고, 3,000만 원 팔아야 유지가 되는 가맹점이 2,000만 원을 팔다 보니 적자가 나면서 망하는 상황인 건데 스스로 곪아 터져서 적자가 눈덩이처럼 늘어나고 있어도, 일단 지금 장사로 인해서 들어오는 현금 흐름마저 없어지게 되면, 돈을 돌리지도 못하기 때문에 멈출 수 없게 됩니다.

작더라도 명확히 내가 수익을 얼마를 가져가는지, 수익은 아니어도 인건비 정도는 가져가는지 확인할 여유조차 없이, 그냥 매장에 묶여 끌려다니는 삶입니다. 최악의 상황에서도 살아야 하다 보니 여기저기 돈 빌리러 다니게 되고, 생계는 유지해야 하니 있는 현금 흐름으로 살면서 계속해서 어딘가에서 끌어와서 메꾸는 삶입니다. 그래서 데이터 통계상 프랜차이즈 창업 기간이 개인 매장 창업 기간보다 긴 것입니다.

프랜차이즈 가맹점주의 현실

10년 동안 햄버거 브랜드 점장으로 일했다고 가정해 봅시다. 그는 알바 관리, 업체 관리, 발주 관리, 위생, 서비스 등 매장 운영에 필요한 모든 것을 컨트롤하는 훌륭한 점장이라고 칩시다. 그렇다면 이 사람이 나와서 장사를 하면 잘할까요?

그 매장은 점장이 만든 것이 아닙니다. 브랜드 창업을 위해 돈을 투자한 것도 점장이 아닙니다. 매장에 일하러 오는 직원도 점장 때문이 아니라 브랜드 때문에 오는 것입니다. 물건을 공급하는 업체도 점장이 아닌 본사를 보고 거래하는 것입니다. 매장을 찾는 고객도 브랜드를 믿고 오는 것입니다. 결국 점장은 브랜드와 자본이 만들어 놓은 환경 속에서 운영만 하는 관리자일 뿐입니다.

프랜차이즈의 가장 큰 함정은 허상의 성공을 경험하게 된다는 것입니다. 시작부터 매출이 나오지만 실제 수익 구조를 모른 채

거액의 현금 흐름을 경험하게 됩니다. 이 돈이 진짜 수익인지, 업체에 줄 돈인지, 세금 낼 돈인지, 인건비인지 구분하지 못하면서도 '사장'이라는 직함과 명함으로 사회적 지위를 착각하게 됩니다. 하지만 실질적인 경영 결정권은 전혀 없고 본사 방침대로만 운영할 뿐입니다.

그런데 만일 그 정해진 환경과 본사의 방침이 변한다면? 그 짜인 각본대로, 본사에서 정해진 대로 최선을 다했음에도, 환경이 변해서 지금 생계가 유지가 안 된다면 어떻게 될까요? 여기서부터 재앙이 시작되는 것입니다.

일단 자기 자신 자체가 없어집니다. 버○○ 점주라는 타이틀이 없어지고 나라고 하는 자연인만 남게 되는데, 장사를 했지만 사업에 대해 아는 것은 없습니다. 하라는 대로만 살았기 때문입니다. 그럼에도 외적으로는 뭔가 아는 사람이어야 하는 상황이 되어 누구에게도 털어놓지 못하게 됩니다.

이 현금 흐름 속에서 살아왔다는 건 위험한 일입니다. 차라리 월급처럼 정해진 금액으로 생활하면 그에 맞춰 살 수 있지만, 현금 흐름이 있으니 써서는 안 되는 돈을 당겨쓰는 악순환이 벌어지기 때문입니다. 사장이라는 허울과 가장으로서의 책임감 때문에 일단 쓰고 나중에 융통할 생각을 하게 되고, 과거에는 조심스럽게 받던 대출도 이제는 급한 불 끄기 위해 아무 대출이나 거리낌 없이 받으며 돌려막기를 시작합니다.

장사와 창업에 대해 아는 것이 하나도 없으면, 브랜드와 자본이 주어진 환경에서 점장처럼 열심히 일하다가 환경이 변했을 때 도태됩니다. 모든 것을 투자한 가게지만 더 이상 나의 생계를 책임져 주지 않게 됩니다. 스스로 변화하지도 못한 채 몰락하지만 쉽게 폐업하지도 못하고 처분조차 어려워집니다. 설사 모든 것을 정리하더라도 다시 다른 장사를 할 수 없을 만큼 금융적 타격을 입습니다. 적어도 점장은 가게를 차리기 위해 투자는 안 했습니다. 그러나 가맹점주는 자신의 전부를 걸었기 때문에 다 날리고 자연인이 되는 것입니다.

그나마 생계라도 유지하는 가맹점주들이면 다행이지만 지금 본인이 가지고 있던 투자금 다 날리고 매장 운영하면서 새롭게 빚진 사람들은 따로 급여가 낮은 직장이나 플랫폼노동자로 일해서 그 빚을 갚으려고 한다면 언제 다 갚을까요?

이 환경의 변화가 너무나도 급변하는 요즘 이러한 가맹점주들이 참 많아지고 있습니다. 환경이 변하면 가맹점주는 도태됩니다. 이걸 반드시 유념해서 그러지 않도록 예방하고 더 조심하고 조심해야만 합니다.

가맹점이 본사와 싸울 때 일어나는 일

가맹점이 본사와 갈등을 빚게 되면, 어떤 이유에서든 우선 문을 닫아야 합니다. 귀책 사유가 누구에게 있든 분쟁이 생기면 본사가 계약 위반을 이유로 물류 공급을 중단하기 때문입니다. 가맹점이 잘했든, 옳은 일을 했든, 잘못이 없든 전혀 관계없습니다. 물류 공급이 중단되면 영업이 불가능해지고, 이 문제는 결국 민사 소송으로 가게 됩니다.

민사 소송은 승패를 떠나서 언제 끝날지 알 수 없습니다. 본사는 회사이므로 법무팀이 있거나 변호사를 고용할 수 있는 자금력이 있습니다. 감정적인 대응 없이 철저히 이성적으로 움직이며 강력한 법적 대응을 합니다. 오히려 다른 가맹점들에게 보여 주기 위해 본보기로 강하게 대응할 가능성이 높습니다. 언론 보도는 잠깐뿐입니다. 제가 이 업계에서 20년 가까이 일하면서 경험한 바로는, 아무리 초특급 갑질 사태가 벌어져도 1년도 안 돼서 본사는 원상 복구되고, 가맹점주는 더 큰 보복과 경제적 파탄을 맞았습니다.

본사와 싸우면 가맹점은
생존 자체가 어려운 이유

분쟁이 일어나면 가맹점은 장사를 할 수 없고, 그로 인해 심각한 경제적 타격을 입게 됩니다. 가맹점주는 점주라는 사람 자체가 양질의 인력인데 양질의 인력이 일터를 잃게 됩니다. 내 매장 하나가 가족생계의 전부를 책임지는 곳이라면 당장 수입이 끊기는 것입니다. 일을 해도 이미 적자였는데, 매출 자체가 사라지면서 적자 폭이 몇 배로 증가합니다.

현금 흐름이 완전히 끊기는 것이 두 번째 문제입니다. 창업 때 빌린 대출금을 갚아야 하고, 장사는 못하는데 가게계약은 남아있기 때문에 임대료, 관리비, 각종 고정 비용을 계속 내야 합니다. 생활비도 계속 필요하지만, 매출이 없으니 지출만 계속 발생합니다. 현금 절벽이 되는 것입니다.

세 번째는 개인 매장 전환이 불가능하다는 점입니다. 가령 칼국수 프랜차이즈를 운영했다면, 그 매장은 칼국수집하기에 적합하게 꾸며져 있을 것입니다. 그러면 차선책으로 개인 매장으로 칼국수를 다시 시작할 수도 있을 것입니다. 그러나 프랜차이즈 계약에는 '경업 금지 조항'이 있기 때문에, 같은 업종으로 개인 매장을 열 경우 본사가 추가 소송을 걸어올 가능성이 큽니다.

네 번째는 가게가 팔리지 않는다는 점입니다. 대부분의 분쟁은 장사가 어려운 상태에서 발생합니다. 즉, 장사가 안되니까 가맹점과 본사가 싸우는 것인데, 누가 그런 매장을 인수하려 할까요? 프랜차이즈 특성상 해당 브랜드의 시설과 인테리어가 들어가 있기 때문에 그 브랜드가 아닌 다른 업종으로 변경하려면 추가 비용이 들어갑니다. 매장 시설, 권리금 모두 전혀 인정받지 못하는 상황이 됩니다. 결국 시설비 포기, 권리금 포기, 철거비까지 부담해야 하는 최악의 시나리오가 될 가능성이 큽니다.

종합해 보면 본사와의 싸움 이후 가맹점주의 현실은 다음과 같습니다. 일터를 잃고 현금 흐름은 완전히 중단됩니다. 투자한 자산은 0원이 될 가능성이 있고, 법적 대응으로 소송을 시작하면 변호사 비용에 나의 시간을 써야 하고 그 과정에서 심신은 피폐해집니다. 아무것도 가지지 못한 상태에서 의지까지 꺾여서 사업 재기도 불가능합니다.

점포 계약이 끝나고 철거까지 끝내면 이제 가맹점주는 자연인으로서 소송을 진행해야 합니다. 하지만 소송은 한 번으로 끝나지 않습니다. 이기면 본사가 항소하고 소송이 끝나기도 전에 또 다른 소송이 들어오는 경우도 비일비재합니다. 과거에 별것 아니었던 본사와의 헤프닝과 같은 사건들이 계속해서 엿가락 늘리듯이 소송으로 들어오는 것입니다. 대응하려면 변호사를 써야 하고, 법정 출석과 대응에 시간과 돈은 물론 지쳐가면서 경제적으로도 빈곤층으로 떨어집니다. 가맹점만 해봤기 때문에 스스로 뭔가 하는 것은 꿈도 못 꾸고 다시 프랜차이즈를 하지도 못합니다. 이미 모든 돈을 다 써버렸기 때문입니다.

 본사와 분쟁이 있었던 전 가맹점주들이 이런 길을 걷는 것을 수없이 보았습니다. 그러므로 섣불리 본사와 싸우지 마십시오. 금전적인 준비나 법률적인 준비, 사업적인 대안을 마련하고 절대적으로 가맹점이 불리하다는 사실을 인지해야 합니다. 아무런 준비 없이, 단순히 "억울하다"는 감정만으로 싸운다면, 결국 더 큰 경제적 파탄과 극심한 스트레스를 경험하게 될 것입니다.

2000년대에 머물러 있는 가맹 계약서

1990년대 개인용 컴퓨터가 처음 보급되었지만, 당시 삼보 486 컴퓨터 하나를 사려면 200만 원이 넘는 가격이어서 쉽게 구매할 수 없었습니다. 그래서 피시방에 가서 게임을 하거나 인터넷을 이용하는 경우가 많았고, 2000년대에 들어서야 조립형 PC와 보급형 PC가 등장하면서 본격적으로 보급되었습니다.

이로 인해 네이버, 다음, 야후, 엠파스 등 다양한 검색 서비스가 활성화되었습니다. 당시에는 상권에서 어디에서 만날지를 결정할 때 집에서 검색을 하고 해당 장소로 이동했습니다. 하지만 그 장소에 가서는 검색하지 않았습니다. 그래서 도착했을 때 간판이 가장 잘 보이는 가게, 즉 목이 좋은 가게가 장사 잘되는 가게였습니다. 요즘처럼 모바일을 통해 실시간으로 검색하고 정보를 확인하는 시대가 아니었습니다.

검색은 집에서만 이루어졌으며, 현장에서는 직접 눈으로 찾는 시대였습니다. 그렇기 때문에 과거 프랜차이즈 가맹 계약서에서는 상권 보장 거리를 500m로 설정했던 것입니다.

시대는 변했지만 계약서는 그대로

공정위에서 제공하는 표준 가맹 계약서는 기본적인 틀을 유지하기 때문에 특별히 변경하지 않는 한 계속 동일한 조건이 유지됩니다. 하지만 스마트폰이 보급된 2000년대 후반 이후 본격적으로 상용화된 것은 2010년대 초중반입니다. 이후 유튜브, SNS, 네비게이션, 배달 앱 등 다양한 서비스가 등장하면서 정보 공유와 소통 방식이 급격히 변화했습니다.

특히 코로나19 이후 소비 패턴이 더욱 분산되었고, 번화가 중심의 소비 문화에서 온라인 검색을 기반으로 특정 매장을 직접 찾아가는 문화로 변화했습니다. 과거에는 500m 반경 내 고객을 대상으로 장사를 했다면, 이제는 1~2km 밖에 있는 고객도 모바일 검색을 통해 방문하는 시대입니다.

그렇다면 왜 프랜차이즈 계약서는 아직도 500m 상권 보장 기준을 유지하는 걸까요? 일부 프랜차이즈 본사는 계약서 마지막

페이지에 상권 보호 범위를 명확히 기재해 가맹점주의 피해를 최소화하려고 합니다. 하지만 대다수의 프랜차이즈 본사는 초기 상담 시에는 계약서와 현실이 다르니 걱정하지 말라며 가맹 계약을 유도하고, 이후 가까운 거리에 추가 가맹점을 출점할 때는 계약서를 근거로 강경한 입장을 취하는 경우가 많습니다.

결국 열심히 일해서 장사 잘하고, 홍보 잘해서 한 일이 500m 바로 코앞에 다른 가맹점이 들어와서 내 목을 조여오는 부메랑이 됩니다. 매출 떨어져서 더 열심히 내 돈 들여서 마케팅 돈 쓰면, 또 그 뒷동네에 또 똑같은 매장이 생기고, 열심히 하면 열심히 할수록 내 상권 보장은 적어져서 가난해지는 마법과도 같은 현상이 생기게 됩니다.

더군다나 전문점 프랜차이즈라고 불리는 프랜차이즈들, 전문성 있게 한 가지 메뉴에 집중하는 프랜차이즈는 최소 구 단위 상권을 줘야 합니다. 그런데 마치 김밥천국 상권 보장해 주듯이 똑같이 500m를 주면, 단일 품목으로 브랜딩해 놓고 그렇게 촘촘하게 줘버리면 결국 가맹점들끼리 싸우고, 그렇게 하나둘씩 망하게 됩니다. 결국 본사는 물류만 많이 나가면 된다는 생각으로 과거에 머물러 있는 표준 가맹 계약서를 토대로 신규 출점을 계속해 나갑니다.

국밥 프랜차이즈의 잘못된 해법

지금 경기가 어려워지면서 서민들이 부담 없이 먹을 수 있다고 홍보하는 국밥집 프랜차이즈들의 만행이 아무렇지 않게 자행되고 있습니다. 채선당과 같은 샤브샤브 브랜드의 출점 조건은 가맹점 간 거리 최소 1.5km 반경, 주차대수 최소 6대로, 이는 사실상 고객들이 차 끌고 와서 먹는 곳이라는 말입니다.

과거 10년 전 장사가 잘되던 순댓국 프랜차이즈는 구리시(인구 17만 명)에 인창동 하나만 입점시키는 것이 원칙이었고, 매출이 안정적으로 확보되기 전까지는 그 1개 지점 출점이 끝이었습니다. 땅덩이가 작아서 차로 가면 금방 가기 때문에 두 개를 넣기가 애매했던 것이죠. 성남 태평동에 같은 브랜드 매장이 있었지만, 10분 거리인 문정동에는 들여보내지 않았습니다. 순댓국이라는 아이템은 사실상 도보 상권뿐 아니라 차로 이동하는 고객까지 잡아야 하는 업종이고, 따라서 서울 기준으로 구 단위 상권을 주었던 것입니다.

우리가 이야기하는 가성비를 느낄 수 있는 서민의 음식인 순댓국, 탕집들이 지금 원재룟값 인건비가 올라서 사실상 서민의 가격이 아니게 되었습니다. 그럼에도 불구하고 대박을 찍는 집들은 맛있는 집들인데, 좋은 재료 쓰고 정성껏 재료 다듬고 정성껏 끓이며 김치든 깍두기든 직접 담궈서 손님에게 대접합니다. 그 국밥

집에서 일하는 직원들이 공장 인원들처럼 다 같이 대량 생산해서 멀리서도 찾아오는 서민들과 기사님들이 꾸준하게 아침부터 밤까지 들어오니까 그게 타산이 나오는 것입니다.

그런데 이 국밥 프랜차이즈들이 문제가 뭐냐면, 자신들의 본점이든 초기 가맹점이든 그 장사 잘되는 이유가 자신들의 노하우나 맛 때문이라고 홍보하지만 결정적인 이유를 하나 뺍니다. 본인들과 초기 가맹점들은 상권을 거의 무한정으로 늘려놓고 장사를 했기 때문인 건데 예비 가맹점주들에게는 그런 이유를 빼는 것입니다.

가령 내가 송파 잠실에서 국밥집을 열어서 하루 300만 원을 파는 집이 되었다면, 잠실 주민들에게만 팔아서 된 것이 아니라 그 잠실을 기점으로 강남에서도 오고, 한강 넘어 구의동 자양동에서도 오고, 강동에서도 오고, 밑으로는 성남 분당에서도 와서 상권을 엄청나게 넓게 장사를 했기 때문입니다. 그래서 과거에는 감○○ 같은 노포 설렁탕집이나 오래된 기사식당 같은 곳들은 주차 공간도 꽤 신경을 썼습니다.

상권을 엄청나게 넓게 해야 타산이 나오는 사업이 바로 국밥 사업인데, 일부 몰지각한 최근 프랜차이즈들이 이 국밥의 장점을 이용해서 가맹점을 미친 듯이 오픈시켜 놓고, 자기네가 상권을 무지하게 넓게 했던 사실은 쏙 빼놓고 가맹점들은 상권을 아주 조각조각 내서 오픈시키니까 차 타고 5분 가면 또 가맹점이 있고 또 조금만 가면 또 같은 가맹점이 있는 상황이 된 것입니다. 얼마 전에도 부산의 모 국밥 프랜차이즈는 그 부산의 한 지역에만 거의 30개에 육박하게 가맹점을 내주더군요.

매장 수는 많아져서 희소성이 떨어지고 가맹점별 유효 상권이 작아지고 굳이 가야 할 이유가 없어지면서 가맹점의 생존이 위협받게 되면 본사는 매출을 늘리기 위한 해법을 찾게 됩니다. 그런데 그 모든 해법이 가맹점을 살리는 방향이 아니라 본사가 돈을 버는 방향으로 전환됩니다.

결국 메뉴를 늘립니다. 메인 간판에 걸린 메뉴들은 직접 제조를 하기 때문에 원가율이 30%~35% 정도로 낮은 편입니다. 그런데 메뉴를 늘리게 되면 그 주방에서 그 많은 메뉴들을 직접 하지 못하니 결국 원팩으로 가게 됩니다. 갈비탕 밀키트, 소고기 국밥 밀키트, 추어탕 밀키트 등 소비자들이 쿠팡에 시켜서 집에서 해먹는 것처럼 쉽게 조리할 수 있는 상태로 가맹점으로 공급되는 것입니다. 이러면 소비자가도 비싼데 원가율이 급등합니다.

그다음 매출 높이는 방식은 결국 또 배달입니다. 원가율이 40%가 넘는 걸 배달을 시키면 배달 비용 30%가 합쳐져서 결국 본사에 뜯기고 배달앱에 뜯기고 매출은 높은데 남은 찌꺼기를 가져가는 하나마나한 매출을 내는 것입니다. 상권을 넓게 주는 상황도 아니라서 어차피 동네 장사인데, 찾아와서 먹는 사람이나 배달로 시켜 먹는 사람이나 다 똑같은 동네 사람이라 원래 매장에 와서 먹어야 할 손님들이 나가기 귀찮아서 배달 손님으로 전환되어서 배달 비율이 높아지게 되면 홀 판매도 애매해집니다.

그렇게 더 마진이 줄어들게 되면 더 매출을 늘려야 하는데 가맹점은 또 살기 위해서 영업시간까지 늘리게 됩니다. 점심에 오는 사람이든 저녁에 오는 사람이든 밤에 오는 사람이든 어차피 다 그 동네 사람인데 밤에 가게문이 열려있어서 그 손님이 한번 오면, 그 손님은 다음날 점심때 안 오는 거고, 점심때 왔으면 저녁에는 안 오게 되고, 손님을 끌어 쓰는 행위일 뿐 궁극적인 매출 증가가 일어나지 않습니다. 그다음은 또 본사에서 광고를 하라고 합니다. 안 그래도 좁은 상권인데 어떤 행사를 하든지 노출을 시키면 반짝 손님들이 또 들어오겠지만, 그렇게 온 사람들은 또 한동안 안 옵니다. 마찬가지로 손님을 끌어 쓴 거죠.

올바른 상권 구분의 필요성

이렇게 정의를 내리겠습니다. 몰지각한 일부 국밥 프랜차이즈 본사들은 결국 물류를 먹으려고 그 아이템을 선정하게 됩니다. 물류 수익을 볼 수 없는 아이템은 프랜차이즈를 안 해요. 그리고 만만하게 먹는 아이템을 선택합니다. 자주 먹을 수 있고 부담 없는 성격의 아이템들입니다.

예를 들어 오마카세집이나 요리주점이나 bar 이런 건 프랜차이즈 안 해요. 본사가 공급할 물품 자체가 별로 없기 때문이죠 평소에 자주 먹는 평식을 주제로 합니다. 그 주제 중에서도 공급 물품이 깔끔한 걸 선호합니다. 국밥은 육수 농축액을 공급합니다. 깔끔하죠. 국밥은 머릿고기와 순대를 공급합니다. 깔끔하죠. 국밥은 깍두기와 김치 소스를 공급합니다. 깔끔하죠. 아주 깔끔하게 공급할 게 명확해서 또 국밥 브랜드들이 줄지어 나왔고, 맛있고 부담 없고 남녀노소 유행 안 탄다는 이야길 듣고 또 아무것도 모르는 또 초보들이 당하겠죠.

이마트가 있습니다. 이마트는 전국에 100개 정도 있습니다. 그래서 구 단위 상권에 들어간다고 이야기를 해요. 최소 5만 세대 이상을 잡고 들어가면 대한민국에 100개 정도 들어가는 것입니다. 이마트 에브리데이가 있습니다. 옛날 동네마트 공판장 같은 느낌이죠. 이곳은 동 단위 상권으로 들어갑니다. 그래서 최소 5,000세대 이상을 잡고 들어가면 대한민국에 1,000개 이상 들어갑니다. 이마트24 편의점이 있습니다. 이건 전국에 10,000개도 들어갈 것입니다.

프랜차이즈는 현재 가맹 계약서상 이마트 에브리데이처럼 동 단위 상권에 들어가도록 기획됩니다. 그렇게 들어가는 브랜드로는 김가네나 메가커피나 파리바게트나 올리브영이나 이삭토스트 등 여러 가지가 있습니다. 그렇게 자주 가는 아이템으로 동 단위 상권에 사람들이 동네 장사하는 컨셉들은 그래도 버틸 수가 있습니다. 하지만 이 국밥 같은 경우는 동 단위로 들어가는 업종이 아닙니다. 이마트처럼 구 단위 5만 세대 이상 잡고 들어가는 업종입니다. 그래서 국밥집 프랜차이즈를 하려면 정교하게 상권을 나눠서 시간이 지나도 안정적으로 가게 만들어야 됩니다.

힘들어도 국밥집을 여는 이유가 무엇일까요? 시간이 지나도 유행 안 타고 꾸준하게 사람들이 오니까 안정적인 창업 아이템인 것은 확실합니다. 하지만 그 생각으로 상권을 좁게 챙기면, 시간이 지날수록 생존을 위협받습니다. 국밥 프랜차이즈는 이마트 상권 정도는 최소 부여받아야 생존할 수 있기 때문입니다. 맛과 가성비가 아니라 안정적으로 확보한 유효 상권, 유효 수요가 없으면 언제든 무너질 수 있습니다. 창업을 고려하는 예비 가맹점주들은 프랜차이즈 본사가 제공하는 상권 보장 거리를 꼼꼼히 따져보고, 단순히 물류를 팔아 이익을 내는 프랜차이즈 브랜드인지, 가맹점주의 생존을 고려하는 브랜드인지 신중하게 판단해야 합니다.

이틀 교육 후 오픈하는
가맹점의 실체

한 뉴스 기사에서 각 프랜차이즈의 교육 기간에 대한 통계를 발표했습니다. 연○ 사태 당시 고작 이틀 교육을 받고 실전에 투입되어 어려움을 호소하던 가맹점주의 이야기가 화제가 되기도 했습니다. 국내 대표 프랜차이즈들의 교육 기간을 살펴보면 ○○ 커피 3일, ○○○치킨 6일 등 대부분의 국내 프랜차이즈 브랜드는 창업 교육 기간이 10일 이내입니다. 창업 소요 기간도 45일 정도에 불과합니다. 반면, 해외 브랜드의 경우는 완전히 다릅니다. 맥○○○는 35~45주, 타○○이나 칙○○ 같은 브랜드도 하루 6시간씩 66일을 교육을 진행합니다

문화적 차이에서 비롯된 프랜차이즈 철학

이러한 차이를 이야기하려면 각 나라가 가지고 있는 문화에 대해 먼저 짚어봐야 합니다. 프랜차이즈 선진국이라 볼 수 있는 미국은 모든 산업에서 무형 자산을 중시합니다. 브랜드라는 것도 결국 무형 자산입니다. 예를 들어, 코카콜라는 브랜드로 먹고사는 것이지, 단순히 설탕물 공급으로 먹고사는 것이 아닙니다. 즉, 지적재산권을 보호하고 브랜드 가치를 키우는 방향으로 프랜차이즈를 운영합니다.

그러나 한국은 다릅니다. 유형 자산을 중시하며 지금 당장 성과가 나야 합니다. 브랜드를 장기적으로 성장시키는 것이 아니라, 해당 브랜드를 운영하면서 얻는 수익을 가장 중요하게 생각합니다. 쉽게 말해, 건물주처럼 땅과 건물의 가치를 높이려는 것이 아니라, 지금 임대료 내고 바로 장사해서 돈 벌어가는 임차인의 마인드입니다. 이렇다 보니 프랜차이즈 사업의 형태가 브랜드를 키우고 시간이 지날수록 가치가 높아지는 구조가 아니라, 한그릇 한 마리 팔았을 때 본사 수익이 얼마가 되냐가 관건인 것입니다.

미국의 햄버거 브랜드 중 맥도날드와 칙필레를 비교해 보면 차이가 확연히 드러납니다. 맥도날드는 매출 극대화를 위해 매장 확장의 자유를 보장하며, 다양한 메뉴를 구성해 선택의 폭을 넓힙니다. 그러나 어느 정도 맛의 타협을 합니다. 또한, 본사는 프랜차이즈 사업뿐만 아니라 부동산 사업까지 병행합니다. 반면에 칙필레는 음식과 서비스의 본질을 중시합니다. 한 명의 가맹점주가 단 한 개의 매장만 운영할 수 있으며, 맛과 품질에 타협하지 않습니다. 이를 통해 평생 가맹점주로 살아갈 수 있는 환경을 제공합니다.

미국에서는 구글 입사 경쟁률보다 칙필레 입사 경쟁률이 더 높다고 합니다. 기업은 해고가 자유롭지만 칙필레는 가맹점주가 되면 본사와 함께 평생 먹고 살 수 있다는 믿음이 있기 때문입니다. 그런 이유로 브랜드 가치는 더 높아지고 있습니다. 이는 단순한 패스트푸드점이 아니라 가맹점과 본사가 함께 성장하는 구조라는 것입니다.

그렇다면 한국은 어떨까요? 고기 프랜차이즈는 고기 납품이 목적이고, 찜·볶음 요리 프랜차이즈는 소스 공급이 목적이며, 햄버거 프랜차이즈는 빵, 패티, 소스 공급이 목적입니다. 즉, 대부분의 프랜차이즈가 자체 물류 시스템을 통한 납품 사업을 주 목적으로 운영됩니다.

이틀 만에 교육을 받고 오픈할 수 있다는 것은 결국 주방에서 난이도 있는 조리할 필요 없이, 공장에서 만들어진 제품을 뜯어서 튀기기만 하면 된다는 의미입니다. 가맹점주는 마치 기계처럼 음식만 만들어서 포장으로 주던, 배달로 보내던, 아무튼 그 원팩을 빨리 뜯어서 더 많이 더 멀리 빨리빨리 보내는 물류소진머신이 됩니다. 공장에서 다 만들어져 포장된 원팩을 빠르게 뜯고, 튀기고, 데우고, 배달로 보내는 시스템입니다.

원래 매장 교육이라는 것은 시간이 오래 걸릴 수밖에 없습니다. 음식 조리법뿐만 아니라 고객 응대 및 서비스 대응, 고객을 유치하기 위한 마케팅 기법, 응대 요령, 매장 운영 전략 등 모든 과정을 충분히 익히고 숙달해야 제대로 운영할 수 있기 때문입니다. 그러나 한국 프랜차이즈의 교육 시스템은 공급받은 제품을 조합해서 팔면 된다는 식으로 진행됩니다. 결국 본사는 브랜드의 가치가 아닌, 단순한 물류 유통망을 구축하는 것에 집중하는 셈입니다.

그렇다면, 제대로 된 프랜차이즈 교육을 받은 사람들은 어떻게 변화했을까요? 과거 TGI 프라이데이스에서 일했던 사람들이 만든 브랜드가 피쉬앤그릴입니다. 치르치르, 뉴욕야시장, 크레이지페퍼, 온더그릴 등 그 뒤로 엄청 많은 브랜드를 탄생시킨 프랜차이즈 본사가 되었습니다. 신세계에 입사해 스타벅스를 배우고 와서 스타벅스 코리아를 맡았던 강○ 대표와 김○균 대표는 할리스커피와 탐앤탐스를 창업했습니다. 그 뒤에 망고식스를 만들고 탐앤탐스의 창업 이후, 김도균 대표의 가족은 커핀그루나루를 창업했습니다. 이처럼 선진 프랜차이즈 교육을 받은 사람들은 퇴사 후에도 배운 것을 기반으로 자신의 사업을 운영할 수 있습니다.

그러나 한국 프랜차이즈에서 기계처럼 교육받고 창업한 사람들은, 장사를 접는 순간 다시 초보 창업자가 되어버립니다.

짧은 교육은 매장 수명도 단축시킨다

현재 한국 프랜차이즈 시스템은 초보 창업자들이 장기적으로 생존할 수 있도록 설계되지 않았습니다. 기계처럼 교육받고 운영하다가 일정 시간이 지나면 환경이 변화하거나 본사의 방침이 바뀌면 재계약 시기에 퇴출되거나, 보장된 상권이 쪼개지거나 가맹점주의 미래와는 관계없이 가맹점이 교체되는 구조입니다. 이러한 구조적인 문제로 인해 창업자들은 경험과 노하우를 쌓기 어렵습니다.

그래서 초보 창업자들에게 첫 창업만큼은 작더라도 직접 배워가면서 시작하는 것을 추천합니다. 음식 조리법을 배우는 데만 최소 2주가 걸립니다. 숙달하려면 남들이 잘 때 연습해야 합니다. 매장을 오픈하자마자 손님이 몰려드는 방식이 아니라, 하나하나 고객을 모으고 단골을 늘려가는 방식으로 성장해야 합니다. 또한 아직 완벽하지 않은 상태에서 마케팅을 하면 역효과가 날 수 있습니다. 준비가 덜 된 상태에서 홍보를 하게 되면 오히려 독이 될 수도 있습니다. 외국 브랜드들이 교육을 철저히 한 후 오픈하는 이유도 바로 여기에 있습니다.

하지만 우리나라 프랜차이즈는 어떤가요? "오픈 1주일 만에 수천만 원 대박 매출!", "오픈 3개월 만에 억대 매출 달성!" 이런 문구들을 어디서나 쉽게 찾아볼 수 있습니다. 초보 창업자가 이제

막 오픈해서 그런 매출을 감당해 내는 것이 과연 정상일까요?

　현재 국내 프랜차이즈 시스템은 창업자들의 생존을 돕는 것이 아니라 정밀한 기계 부품처럼 가맹점주를 교체해 가며 운영하는 방식으로 변질되었습니다. 이러한 구조를 이해하고, 초보 창업자들은 프랜차이즈를 선택하더라도 책임감 있게 교육기간 및 노하우와 시스템을 꾸준하게 본사와 성장하면서 배울 수 있는 그런 본사를 선택해야 합니다. 그것이 아니라면 시작은 미약할지라도 직접 배우면서 창업하는 방법도 고민해야 합니다. 그렇게 해야만 시간이 지날수록 성장할 수 있는 토대를 마련할 수 있습니다. 프랜차이즈 가맹점주로 10년을 장사를 했음에도 아무것도 모른 채 도태되어 퇴출되는 비극을 막아야 합니다.

괜찮은 프랜차이즈 고르는 법

프랜차이즈 가맹점주와 상담하다 보면 처음에는 본사를 욕하는 가맹점주들의 이야기에 동조하게 되지만, 깊이 들여다보면 본사 대표들이 생각보다 나쁜 사람이 아닐 수도 있다는 생각을 하게 되기도 합니다. 특히 프랜차이즈 사업을 처음하는 대표들을 보면 장사를 꽤 잘했어도 사업은 처음이라 그런지 미숙한 부분들이 많습니다.

우선 업종 이해가 부족합니다. 초보 프랜차이즈 대표들은 업종의 특성과 상권의 중요성을 제대로 파악하지 못하는 경우가 많습니다. 본인 또한 자기가게를 운영해 본 경험밖에 없기 때문입니다. 이 업종과 아이템을 왜 이런 곳에 넣었을까, 그곳에 넣으려면 최소한 평수는 더 커야 할 텐데 왜 그 평수로 넣었을까, 업태의 성격상 상권 자체가 넓어야 하는데 왜 중복되게 그곳에 굳이 가맹점을 추가로 내는 걸까 하는 의문이 듭니다. 이런 기본적인 부분들을 간과한 채, 단순히 다른 프랜차이즈들이 하는 방식 그대로 따라가는 경우가 많습니다.

또한 사업이 시작되면 효율성과 별개로 고정비가 발생합니다. 만약 월급 300만 원을 주고 배달원을 쓰려면 하루에 그래도 30개 이상 배달을 하는 데 쓰겠다는 계산을 하고 시작해야 합니다. 그 주문 건수가 보장이 안 되는데 월급을 주게 된다면 그것은 그 매장의 순수익에서 없어지는 돈이 됩니다.

프랜차이즈 본사 입장에서도 마찬가지입니다. 처음엔 새롭게 프랜차이즈 브랜드로 나와서 우리 브랜드가 대박이니까 당신들도 대박이 될 수 있다고 홍보하면서 가맹점을 출점했다고 칩시다. 사업이 시작되면 효율 비효율을 떠나서 사무실도 구해야 하고, 사무실 관리와 돈 관리하는 직원도 필요하고, 매장 관리하는 직원도 필요하고, 가맹 영업을 해야 하는 인력이 필요합니다. 아무리 작은 조직이라도 매월 최소 1,500~3,000만 원의 운영 비용이 들어갑니다. 프랜차이즈 본사는 가맹점주들에게 신뢰를 얻어야 하고 관리 인력과 각종 경비도 필요하기에 혼자 운영할 수도 없습니다.

사업을 처음 시작하는 초보 대표들은 자신의 짧은 계산법으로 5개를 출점하면 얼마가 수익이 되고 10개가 출점되면 얼마를 번다고 예상할지 모르지만, 현실은 그리 간단하지 않습니다. 프랜차이즈 사업은 하청받아서 정해진 목표를 생산해내는 제조업이 아닙니다. 가맹점 출점도 무에서 유를 창조해야 하는 작업이고, 출점 문의가 들어오게 하는 것도 언제 어떻게 들어올지 전혀 모르는 미지의 영역입니다. 그러다 보면 가맹점 출점 현장마다 좀 수익이 남는 곳이 있는가 하면, 거의 염가로 그냥 쳐내는 경우도 있고, 본전치기도 있지만 뜻하지 않은 구간에서 적자가 나기도 합니다. 하지만 그 출점을 위해서 쓴 고정비는 그대로 나가기 때문에 흑자 전환이 녹록치 않습니다.

신규 가맹점 문의는 언제, 얼마나 들어올지 예측할 수 없고, 계약이 성사되더라도 오픈 과정에서 다양한 변수들이 발생합니다. 고정비는 계속 나가지만 수익은 일정하지 않습니다. 그러다 보면 어느 순간 "이번 달 계약이 안 나오면 망하겠다"는 압박이 생기게 되고, 가맹 사업이 점점 무리수를 두는 방향으로 흘러갑니다.

무리한 확장의 악순환

초기에는 가맹 사업을 건전하게 운영하려는 의도가 있었지만, 고정비 압박에 시달리다 보면 무리하게 출점하는 경우가 생깁니다. 원래는 투자금 1억이 필요한데 가맹점주가 8,000만 원밖에 없으면 할인해서 계약을 진행한다든지, 출점 후 예상 매출이 나오지 않으면 가맹점 지원 비용이 추가로 들어가지만 본사는 이미 적자 상태로 전환되기도 합니다. 급한 불을 끄기 위해 대표 본인의 개인 돈을 넣기도 하지만, 고정비는 그전에 장사할 때 고정비와는 차원이 다르기 때문에 얼마 버티지 못합니다. 결국 본사 수익을 맞추기 위해 기존 가맹점들에게 물류 단가를 올리고 가맹점에서 뽑아낼 수 있는 다른 루트들을 계속해서 찾아갑니다. 이 과정이 반복되면서 처음에는 양심적인 사업가였던 사람이 점점 무리수를 두는 프랜차이즈 본사 대표로 변해갑니다. 이런 과정을 거치면서 프랜차이즈 본사 운영 방식이 변질됩니다.

초반에는 출점비를 낮춰 가맹점 모집을 쉽게 하다가, 계약 후 각종 추가 비용을 청구해 수익을 보전합니다. 이미 출점된 가맹점들의 물류 단가를 올려 기존 가맹점주들에게 부담을 전가하고, 신규 출점이 줄어들자 영업 컨설팅 회사나 선수들에게 맡겨 무리하게 계약을 진행합니다. 기존 가맹점들의 불만이 쌓이지만 본사는 관리 비용을 줄이고 신규 출점에 집중하며, 결국 본사는 불만 많은 기존 가맹점의 폐점을 유도하고 새로운 가맹점 유치에만 몰두하게 됩니다. 이런 과정을 거치면서 결국 가맹점주는 생계가 걸린 사업이지만, 본사는 자기도 망하지 않기 위해 어쩔 수 없이 무리한 계약을 진행하는 구조가 만들어집니다.

문제는 그 가맹점은 본인의 생계를 위해 선택하고 하는 것인데, 프랜차이즈 본사가 아무리 수익을 안 보고 창업을 시켜도 최소 1억 이상은 들어갑니다. 본사 수익을 안 잡아도 요즘은 그 정도 투자 안 하고는 창업 자체가 안 되는데, 그 돈이 본사의 이윤을 안 잡아도 그 가맹점주에게는 자신의 전부일 텐데 말입니다.

그 전부를 걸고 하는 사람과 프랜차이즈 본사도 지금 망하냐 안 망하냐의 기로에서 줄다리기를 하는 모습을 보는 것이 참 안타깝습니다. 본사도 이윤이 있어야 회사 유지가 되는 것인데, 일정 궤도에 오르지 못하고 모든 것이 불확실하고 편차가 있는 출점 그리고 본인들의 위기 상황을 감추기 위해서 지금 몇 개가 출점되고 대박 매출이라고 무리한 홍보를 하면서 가맹점 유치를 하는 곳들이 많은데 정말 위험합니다.

매장을 하나 차리더라도 100만 원 매출 났다가 어떤 날은 30만 원 매출 나오고, 150만 원 매출 나왔다가 어떤 날은 50만 원도 안 나오는 것처럼 편차가 심하면 너무 힘든 건데, 이런 식으로 이 영세 프랜차이즈 본사들도 지금 다들 멘붕에 빠져 있습니다.

아파트를 살아도 3천 세대는 되는 단지에 살아야 관리비가 적게 나오는 것인데, 나 홀로 아파트나 적은 세대 수의 오피스텔은 그 적은 인원들이 그 건물을 지탱해야 하니 관리비가 많이 나오는 것처럼 궤도에 오르지 않는 본사를 선택하고 지금 코너에 몰린 본사를 선택하면 가맹점주는 힘들어질 수밖에 없습니다. 마음 씨가 못돼서 그렇게 폭리를 취하는 것이 아닙니다. 그분들도 좀 이해해 줘야 합니다.

프랜차이즈 본사 선택 시 고려 사항

프랜차이즈 본사도 가맹점주와 마찬가지로 사활을 걸고 운영 중이라는 것을 기억해야 합니다. 프랜차이즈 본사의 재무 상태와 경영 방식을 면밀히 살펴보고, 급하게 출점을 늘리는 본사는 피하는 것이 좋습니다. 본사가 가맹점 관리보다는 신규 가맹 모집에만 집중한다면 위험 신호일 수 있습니다.

프랜차이즈 대표가 고급 외제차를 타고 다닌다고 해서 무조건 성공한 사업가는 아닙니다. 프랜차이즈를 선택할 때 본사의 운영 방식과 가맹점 관리 방식이 합리적인지를 꼭 따져보세요. 겉보기에는 성공한 것처럼 보이는 프랜차이즈 본사도 알고 보면 무너져 가는 곳이 많습니다.

이제는 프랜차이즈 본사를 단순히 욕하는 것보다, 더 나은 선택을 하기 위해 깊이 고민해야 할 때입니다.

조심해야 할 프랜차이즈 가맹점 구조조정

최근 몇 년 동안 유명한 커피 브랜드들이 수천억 원이 넘는 금액에 매각되었습니다. 지금도 수익성 높은 프랜차이즈 본사의 양도양수는 활발하게 이루어지고 있습니다. 업종은 대개 평소에 부담 없이 소비하는 아이템들로, 커피 외에 치킨 같은 매출이 높은 품목에서 일어납니다.

어떤 브랜드든 창업주가 신화를 창조하고 대단한 기업이라고 칭송받을지 모르지만, 중요한 건 프랜차이즈 본사는 영광을 누릴지 몰라도 가맹점주는 그렇지 않다는 점입니다. 프랜차이즈를 키우고 그 프랜차이즈를 인수한 누군가가 하는 행위들이 대부분 비슷합니다. 대한민국에서 가장 똑똑하고 돈 많은 집단들을 잘 알고 있는 법무법인이나 회계법인에서 이런 거래를 주도합니다. 서류

상으로 예쁘게 포장된 그 프랜차이즈 본사들은 지금도 매물로 나와 있습니다.

투자금 회수의 메커니즘

매각 금액이 얼마든 상관없이 규모에 따라 기간은 다르겠지만, 몇 년이 걸리지 않아 그 매입 비용을 회수할 수 있습니다. 100프로 배당이 바로 그 방식입니다. 1,000억 원을 썼어도 매년 배당을 300억 원씩 3년간 받으면 투자금을 회수하는 것입니다. 예를 들어 메가커피를 1,000억 원에 인수해서 초창기 돈을 썼어도 3년 뒤에 1,000억 원 그대로 팔아도 배당으로 회수를 한셈이니 1,000억 원을 번 셈입니다. 1,000억 원을 빌려서 사도 3년이면 원금까지 갚을 수 있습니다.

창업주는 여태껏 브랜드를 키우기 위해 해 온 것들이 있고, 그래도 미래를 보고 가맹점주들과의 의리도 있어서 재투자도 할 수 있지만, 새롭게 인수해서 운영하는 사람들은 자본을 등에 업은 전문경영인들입니다. 일단 투자금을 빠르게 회수하는 것이 목적입니다. 그래야 능력 있는 사모펀드이고, 그렇게 수익을 내니까 거액의 자금들이 투자금으로 유입됩니다. 그렇게 사모펀드들의 현금 동원력은 점점 더 강해집니다.

물류 시스템도 바뀝니다. 본사가 많이 남는 구조로 바뀌는 것입니다. 커피 프랜차이즈 같은 경우 수천 개 점이 넘는 가맹점에 들어가는 원두, 액기스, 소스 등 매일매일 들어갈 것들이 얼마나 많겠습니까? 삼성의 이건희회장이 업의 본질을 이야기할 때 호텔사업을 비품사업이라고 부르듯, 프랜차이즈사업은 마르지 않는 소모품을 납품하는 비품사업입니다. 유통회사를 거치지 않고 아예 유통을 하는 회사가 수천 개 점이 넘는 곳에 직거래로 납품을 하는 셈이니 마진율 자체가 달라집니다. 본사의 마진은 급증하지만 그렇다고 점주들에게 싸게 공급하는 것은 아닙니다.

프랜차이즈 본사를 인수한 투자자의 목표는 내가 산 것보다 더 비싼 가격으로 되파는 것입니다. 투자금을 회수하고 운영수익이 늘어나면 기업가치는 늘어납니다. 배당을 늘려서 투자금을 회수하고, 본사 대출을 통해서 더 빠르게 투자금을 회수할 수도 있습니다.

MBK 사모펀드가 인수해서 일어난 홈플러스 사태도 바로 이런 경우입니다. 투자금을 회수하기 위해서 부실부동산을 정리하는 것이 아니라 우량부동산을 매각하고 대출을 일으켜 홈플러스를 살리는 게 아닌, 사모펀드의 투자이익을 위한 극단적인 방법도 택할 수 있습니다. 공급해서 남길 수 있는 품목별 마진율을 높이면서 영업이익이 대폭 늘게 되면, 돈 잘 버는 회사가 되다 보니 본사 기업가치가 엄청 늘어나게 됩니다.

본사와 가맹점의 이익구조 차이

매출을 높이기 위해 마케팅 비용을 올립니다. 메가커피는 손흥민을, 컴포즈커피는 BTS 뷔를 광고모델로 기용합니다. 글로벌 스타들을 기용하는 것입니다. 그렇게 또 매출은 증가합니다. 그런데 일반기업들은 그 마케팅비를 기업의 비용으로 광고를 하지만, 프랜차이즈 본사는 다릅니다. 그 마케팅비의 비용을 점주들과 함께 부담합니다. 매출을 증진하기 위해서 행사와 프로모션을 감행하지만, 그 프로모션으로 인한 마케팅 상품은 언제나 가맹점주의 희생을 강요합니다.

이제 가맹점주는 광고와 행사의 늪에 빠지게 됩니다. 많이 팔리는 만큼 일하는 사람들은 힘들어지고 그것 때문에 또 사람을 더 써야 합니다. 매출은 엄청 높아지는데 매출은 높아도 수익은 그대로이거나, 오히려 더 줄어드는 마법을 경험할 수도 있습니다. 10년 전에는 한 달 매출 4,000만 원 중 1,000만 원으로 가져갔다면 이제는 8,000만 원을 팔아야 1,000만 원을 가져가는 것입니다. 치킨 프랜차이즈든, 고기 프랜차이즈든, 국밥 프랜차이즈든, 호프 프랜차이즈든 똑같습니다. 그만큼 가맹점주들의 노동강도는 더욱 힘들어졌습니다.

영업이익이라는 게 예전보다 훨씬 더 많이 팔아야 그만큼 가져가는 것이고, 매출을 더 높이기 위해 결국 인건비나 초기투자금이나 세금이나 기타 다른 비용적인 것들을 가맹점이 감당해야 합니다.

본사는 사실 매출이 높으면 높을수록 돈이 됩니다. 물류 수익도 늘어나고, 로열티도 늘어납니다. 매출에 따라 정비례해서 올라가는 것입니다. 그런데 가맹점은 아닙니다. 매출이 높으면 점점 고정비는 늘어납니다. 손해가 나도 본사가 나서서 지원도 해 주고 살려주러 오지 않습니다. 지금 매출이 잘 안 나오는 가맹점은 본사 입장에서는 아픈 손가락이 아니라, 그냥 본사 수익에 도움이 안 되는 가맹점일 뿐입니다. 가맹점당 평균 수익을 까먹는 악성 가맹점인 것입니다.

재계약과 가맹점주 교체

그러면 지금 30평짜리로 5년 동안 해왔던 가게로는 매출에 한계가 있으니, 차라리 새로운 점주가 50평짜리, 새로운 인테리어 컨셉으로 조금 더 경쟁업체보다 더 좋은 자리로 입점시키고 싶을 것입니다.

가맹 계약서라는 게 있고, 그 가맹 계약서가 만료되면 재계약이라는 걸 해야 하는데 재계약 조건이 변합니다. 다시 재계약하려면 평수를 크게 해야 한다든지, 인테리어를 새로 해야 한다든지 하는 조건들이 붙습니다.

그러면 기존에 그동안 그 지역에 할당된 상권에서 죽도록 일했는데 지금은 먹고살기 힘든 기존 가맹점주는 재계약이 불발될 수도 있고, 상권을 쪼개서 재계약을 제안받을 수도 있고, 아예 투자금을 더 들여서 재오픈을 권장받게 됩니다. 이미 수익은커녕 돈이 없는 가맹점주는 그럴 여력이 없습니다.

그제서야 본인이 여태껏 키워온 가맹점을 양도양수할 계획을 세우거나 탈출 계획을 마련해 보지만, 그렇게 타이밍 좋게 인수자가 나타나지 않습니다. 단돈 권리금 몇 푼이라도 건지려고 남지도 않는 장사지만 임대차계약을 연장하는 상황도 벌어지고, 그러면 또 어쩔 수 없이 해야 하고, 그러면 나중에는 헐값에 넘기고 사라집니다.

대신에 사라진 그 상권에는 또다시 새롭게 투자금을 가지고 온 새로운 가맹점주가 옵니다. 본사는 오히려 좋습니다. 새로운 시설, 최신 시설로 중무장한 가맹점으로 교체되었으니 가맹점당 수익은 높아진 것이고, 기존 가맹점주만 교체가 되는 것입니다.

브랜드 파워를 열심히 일해서 키워놓은 기존 가맹점주가 없어지고, 기존 점주가 쌓은 매출 데이터를 보고 신규 가맹점주가 오픈하는 현실입니다. 새로 교체된 가맹점주들은 수억 원을 들여서 오픈을 하고 한 달 한 달 수익을 가져가지만, 그 점주들 중 과연 몇이나 처음 투자한 투자금을 회수했을까요? 상위 몇 퍼센트를 제외하고는 끝나지 않는 굴레에 빠져 시간과 생활비를 바꿔치기하며 사는 삶이 됩니다.

사모펀드는 결코 가맹점이 돈을 벌게 놔두지 않습니다. 브랜드가 아닌 자신의 펀드에 투자한 투자자들을 위해서 일합니다. 딱 죽지 않을 만큼 그 정도로 시스템을 짭니다. 창업주들은 그래도 애정이라는 것도 있을 수 있지만, 사모펀드는 그저 숫자로 이야기할 뿐입니다. 뛰어난 경영 능력을 바탕으로 돈 많이 버는 기업이고, 그 회사는 당연히 자신들의 업무를 할 뿐입니다. 모든 것들이 다 사업이고, 다 계약인데 그 상황에서 인간성에 항변하고, 비정함을 탓하고 살려내라고 해봐야 무슨 소용이 있겠습니까. 그러니까 그들과 함께 윈윈으로 협업할 수 있는 수준이 되어야 프랜차이즈 가맹점주로 성공할 수 있게 되는 것입니다.

상장 브랜드일수록
당신의 미래는 더 빨리 정리된다

지금 우리는 어려움에 허덕이고 있지만 사실 프랜차이즈 M&A 시장은 그 어느 때보다도 호황입니다. 대형 프랜차이즈들과 사모펀드들은 너도나도 몸집을 불리고, 매각하고 양도하며, 최근에는 주식에 상장하는 일도 많아졌죠. 얼마 전 백 대표가 수장으로 있는 기업 역시 주식에 상장되어 또 다른 목표로 향해 나아가고 있습니다. 남의 이야기라고 생각할 수도 있지만, 왜 프랜차이즈 시장에 자금이 몰리고 결국 그 피해는 초보 창업자들이 떠안게 되는지를 짚어볼 필요가 있습니다. 정리가 완벽하지 않을 수도 있지만, 머릿속에 그려지는 대로 이야기해 보겠습니다.

티몬 사태와 그림자 금융

2024년 티○○ 사태가 터졌습니다. 정부는 피해 금액을 대신 상환해 주기로 했습니다. 좋은 나라죠. 기업이 사고 치면 정부가 구제해 줍니다. 개인은 상상도 못할 일입니다. 한번 생각해 봅시다. 우리가 헬스장을 운영한다고 가정해 보겠습니다. 1년 이용권을 싸게 판매한다고 해 봅시다. 원래 월 10만 원인데, 1년 치를 한꺼번에 결제하면 7만 원으로 할인해 준다고 합시다. 이러면 7만 원 × 12개월 = 84만 원이 됩니다. 원래 120만 원인데 84만 원이면 이득이니까 고객들은 기꺼이 연간 이용권을 구매하겠죠. 그런데 갑자기 헬스장이 문을 닫아버렸습니다. 회원들은 돈을 돌려받기 위해 시위를 합니다. 하지만 이미 돈은 사라진 상황. 결국 정부가 나서서 피해 보상을 해 주는 것입니다.

이렇게 돈을 미리 받아쓰는 것을 그림자 금융이라고 합니다. 금융기관이 아닌데 돈을 끌어 씁니다. 티몬도 마찬가지였습니다. 회사가 적자인데, 문어발 확장을 하던 모기업이 새로운 기업을 사들이거나 주식 시장에 상장하기 위해 자금이 필요했습니다. 그래서 티몬 고객들의 티몬 캐시와 판매업체들의 어음을 이용해 돈을 땡겨 쓰고 돌려막기를 하다가 사태가 터진 것입니다. 결국 레버리지를 너무 과하게 해서 남의 돈을 내 돈처럼 쓰다가 파산한 것입니다. 그리고 그 피해는 고스란히 국민 세금으로 보전됩니다. 회사는 기업 회생 신청을 하면서 '나는 모르겠다'며 배째라는 태도를 보이는 것입니다.

프랜차이즈와 그림자 금융의 연결고리

기업이 돈을 벌든 못 벌든 현금 흐름(유동성)은 필수적입니다. 하지만 티몬처럼 고객을 직접 상대하는 B2C 시장은 경쟁이 너무 치열합니다. 이에 비해 프랜차이즈 가맹 사업처럼 자신의 생계를 걸고 본사의 제품을 충성스럽게 구매하는 B2B 시장은 훨씬 매력적입니다.

프랜차이즈를 인수하는 순간, 회사의 현금 흐름이 폭발적으로 증가합니다. 그 돈으로 투자금을 회수하기도 쉽습니다. 이후에는 배당을 올리고, 가맹점 매출을 증가시키기 위해 홍보 비용을 늘리고, 공급가액을 올리고, 새로운 사업 모델을 발표하는 등 다양한 방식으로 기업의 몸집을 불립니다. 그렇게 덩치를 키우고 기대감을 부풀린 후 주식 시장에 상장하는 것입니다.

이러면 투자금 회수는 더욱 용이해집니다. 1) 배당을 늘려서 투자금을 회수하고, 2) 공급가액을 올려서 영업이익률을 높이고, 3) 기업 가치를 상승시켜 대출을 더 받아 추가 투자금을 회수하고, 4) 더 큰 이익을 위해서, 그다음 새로운 기업의 모멘텀을 발표하고 새로운 브랜드를 내겠다! 새로운 사업 영역으로 진출하겠다는 포부를 선포하면서 기업 가치를 늘려갑니다.

이런 방식으로 처음 들어간 돈을 몇년 되지도 않아서 투자금을 뽑아냅니다. 이후에는 처음에 투자한 금액으로 되팔아도 이익이 남게 됩니다. 또한, 업체 대금 결제를 지연시키고, 가맹점 보증금을 받아 쌓아두면서 막대한 자금을 손에 쥘 수 있습니다. 스타벅스가 고객들에게 미리 충전시킨 금액이 수천억 원에 달하는 것도 같은 논리입니다. 그림자 금융입니다.

하지만 결국, 이 모든 과정에서의 부작용은 현재의 가맹점주들에게 전가됩니다. 예를 들어봅시다. 지금 이곳에 갈비 하나만을 집중해서 십수 년 동안 사랑받던 갈비 프랜차이즈가 있다고 칩시다 그런데…. 그 갈비 프랜차이즈는 오랫동안 공을 들여서 사랑받았는데, 새로운 메뉴개발을 해서 찜닭을 출시했다고 칩시다. 그래서 찜닭으로 브랜드를 만들어서 내놓고 가맹 사업을 한다고 쳐보자고요. 그 찜닭 브랜드가 성공할 확률은 얼마나 될까요?

갈비 하나만으로 고객 인식과 브랜딩을 확립하기까지 수많은 시행착오를 겪었는데, 고작 몇 개월 만에 찜닭 브랜드를 만들어서 곧바로 갈비집과 같은 성공을 거둘 수는 없습니다. 찜닭 브랜드가 잘되려면 직영점 운영은 물론이고, 그 브랜드로 생계를 유지할 수 있도록 가맹점이 잘 운영되고 수익을 내야 합니다. 그러나 갑자기 찜닭이 맛있다고 소비자 평가를 받고 고객 만족도가 높아지는 것과, 찜닭 브랜드의 가맹점주가 살아남는 것은 완전히 다른 영역입니다. 현재 주식 상장한 회사들을 보면, 겉만 번지르르하게 새로운 성장 동력이라며 발표하는 대형 내지는 사모펀드 소유의 프랜차이즈가 많습니다. 계속해서 새로운 브랜드를 출시하고, 해외 진출을 운운하면서도 정작 돈은 되지 않는 몇 개의 지점을 출점하며 홍보에만 열을 올리는 모습을 보이고 있습니다.

그러다 보니 기대감을 줬지만 실적은 떨어지다 보니 역시 기존에 현금 흐름을 주는 브랜드와 가맹점들에게 더 뽑아내야 한다고 물류금액 올리고, 가맹점 추가 출점을 위해서 상권을 쪼갭니다. 게다가 인수하기 위해서 레버리지를 너무 많이 이용해서 이미 대출은 대출대로 다 땡겨써서 원금 갚고, 이자 갚는 금융 비용마저 급증하게 됩니다. 더 큰 문제는 주식 시장이나 투자 회사라는 곳은 수익금을 투자자들에게 나눠줘야 합니다. 새로운 성장동력을 내세우면서 투자 비용을 쓰고 금융 비용까지 증가했으니 그 돈도 갚아야 하고, 먹을 파이는 그대로지만 나가야 할 곳은 엄청 많아지게 됩니다. 여기서 한발 더 나아가서 또 레버리지를 이용해서 덩치를 키우게 되는데, 또 다른 브랜드를 인수하면서 매출 볼륨을 더 키우게 됩니다. 하지만 성장모멘텀은 많아 보이지만 무엇 하나 제대로 되는 거 없이, 그저 다시 원래 돈이 제일 많이 들어오던 브랜드 가맹점을 더 짜내기 시작하는데….

여기서 그렇게 짜냄 당하는 주체가 누구인지 생각해야 합니다.

다름 아닌 현재 본인들의 생계를 위해 매장을 운영하고 있는 가맹점주들이고 엄밀히 따지면, 지금 이 대한민국에서 사는 가장 약한고리의 가맹점주라고 불리는 자영업자들입니다.

결국엔, 본사가 그 주식 시장에 상장되었다는 것은, 그 회사에서 수익을 더 가져가야 하는 상황이 된 것이고, 그 수익을 가져가는 곳은 그 초보 창업자들 주머니라는 거죠. 브랜드는 존속하더라도, 그 브랜드를 운영하는 점주들은 계속해서 교체가 됩니다. 그 브랜드의 명성을 이용해서 신규브랜드가 나옵니다. 그러면 그 권위를 믿고 선택한 현재의 가맹점주들은 마루타 실험처럼 속절없이 망해갑니다. 그리고 새로운 전략으로 무장시킨 신규가맹점주가 그 자리를 대체합니다.

주식 상장 프랜차이즈의 패턴

주식 시장에 상장된 프랜차이즈 회사들을 예로 들어봅시다. 디○푸드는 마○○○○ 이후 성공적인 브랜드가 있었나요? 연○○○이 한때 인기를 끌었지만 결국 오래가지 못했고 결국은 자본잠식회사가 되었습니다. 해○○푸드에서 만든 브랜드 중 맘○○○ 말고 성공한 브랜드가 있을까요? 화덕 피자 브랜드 등은 처음에만 반짝하고 자진 상장폐지가 되었습니다. 미○○피자는 미○○

피자 외에 잘된 브랜드가 있나요? 맨날 신제품을 출시하지만, 브랜드 오픈 특수가 잠깐 유지되다가 급전직하 하는 패턴이 반복됩니다.

결국 그 과정 속에서 죽어가는 것은, 가맹점주 즉 창업자들입니다. 사실상 본사 입장에서 보는 프랜차이즈 사업은 커다란 현금 흐름 창구인 셈입니다. 그 가맹점주들이 사실상 그들의 그림자 금융 역할을 하는 것이고, 가맹점주와의 상생을 통해 브랜드가 존재하는 것이 아니라, 그들의 도구로서 브랜드가 존재하는 상황이라는 것입니다. 주식 시장에 상장된 순간, 회사는 점점 더 많은 수익을 가져가야 하고, 그 부담은 가맹점주들에게 전가됩니다. 브랜드는 존속하더라도, 점주들은 계속 교체되면서 피해를 보는 구조가 되는 것입니다.

그렇다면 프랜차이즈 창업에서는 무엇을 고려해야 할까요? 처음 브랜드를 만들고 시작한 창업주는 브랜드를 성공시키기 위해 수많은 시행착오를 겪고, 자기 인건비도 아껴가며 사업을 운영했을 것입니다. 브랜드는 그 과정에서 고객의 경험을 통해 자연스럽게 성장해 갑니다. 단순히 어떤 똑똑한 사람이 그 공식대로 만들어서 브랜드가 잘되는 것이 아니라, 오히려 안 똑똑하고 미련한 사람이 공식이 없는 미지의 세계를 자신의 모든 것을 걸고, 가맹점의 생존과 본사와의 상생을 통해서 성장하려는 노력을 시간이 걸리더라도 뚜벅뚜벅 걸어가며 그렇게 완성시키는 게 정상적인 프랜차이즈라는 이야기입니다. 그렇게 브랜드를 직접 만들고 키운 사람이 운영하는 회사와 그것을 인수해서 그 성장 공식대로 회사의 이익을 위해 운영할 때와는 본질적으로 다르죠 오로지 성장위주 수익을 극대화할 방법만을 고민할 뿐입니다.

물론, 초보 창업자에서 벗어난 고수창업자들은, 그런 브랜드를 이용해서 돈을 법니다. 그들은 상부상조하는 거예요 자신의 이익을 위해서 잘 만들어 놓은 브랜드를 이용해서 돈을 법니다. 한 개 가맹점이 아니라 몇 개씩 하기도 하고, 한 회사의 브랜드만이 아닌 다른 회사의 브랜드까지 포트폴리오를 짜서 효율적으로 운영하고 수익을 창출합니다.

제가 걱정하는 것은 항상 초보 창업자입니다. 자신과 가족의 생계를 걸고 매장을 운영하려는 초보 창업자들은 프랜차이즈를 도구삼아 돈을 벌지 못하고 오히려 대기업 프랜차이즈의 현금 흐름의 도구로 전락할 위험이 큽니다. 겉으로 보이는 화려함에 현혹되지 말고 상장된 프랜차이즈를 선택할 때는 한 번 더 신중하게 고민해야 합니다.

> 통찰 10

초보 창업자의 첫 번째 목표는
중산층 되기

    중산층의 사전적의미는 '상류층과 하류층의 그 중간'입니다. 너무나 모호해서 구체적인 중산층의 개념을 찾아보니 사람들이 이런 사람들을 중산층이라고 부른다고 합니다. "30평대 부채없는 아파트소유 / 월급여 500만 원 이상 / 중형차 2,000cc급 이상 / 예금액 잔고 1억 원 이상 / 1년에 한차례이상 해외여행 가능자" 직장인중에서는 아마도 대기업을 오래 다니고 성과급도 좀 많이 받으시는 분들이 중산층에 해당될 듯합니다. 그러나 저 중산층공식은 굉장히 취약한 구조입니다. 아니, 사실 중산층이라고 부를 수도 없습니다. 언제든 무너질 수 있기 때문입니다.

    아파트는 내가 사는 곳이기 때문에, 아파트 자체가 돈을 생산하지는 못합니다. 물론 역모기지로 주택연금으로 돌릴 순 있어서 까먹는 걸로는 돈 공급이 가능합니다. 급여는 내 몸뚱이가 퇴직한다면 사실상 부채로 전환이 됩니다. 갚아야 하는 명목이 됩니다. 자동차도 사실상 퇴직하고 나면 소비의 영역으로 들어갑니다. 세금, 보험료, 수리비, 연료비 같은 모든 비용이 부채가 됩니다. 은행 잔고가 1억 원 이상 있어도 퇴직하는 순간부터 초시계 줄어들듯이

까지기 시작합니다. 생활비로 1년 남짓이면 바닥이 나죠. 해외여행도 몸뚱이 자산이 일을 쉬게 되면, 바로 부채의 영역으로 들어갑니다.

결국, 지속불가능한 구조입니다. 내 몸뚱이 자산이 쉬면 언제든 중산층이 아니게 됩니다. 그렇다면 진짜 중산층은 무엇일까요? 중산층을 구성하는 한자를 살펴보면 '중간 중', '스스로 생산할 산', '계층 층'입니다. 즉 스스로 생산할 수 있는 능력이 중간이라는 뜻입니다. 그러면 그 위아래는 누가 있을까요? 노예와 부자입니다.

노예, 중산층, 부자. 우리 사회는 딱 이 세 가지 부류로 나닙니다. 누구든지 이 세 부류를 벗어나지 못합니다. 내가 한 달 벌어서 한 달동안 먹고 살면 노예입니다. 여기서 월급 차이는 의미가 없습니다. 200만 원이든 500만 원이든 상관없이 그냥 이번 달 번 돈으로 한 달 동안 가족들 먹고 살면 노예입니다. 그러므로 500만 원 버는 사람이 200만 원 버는 사람 깔보는 것도 코미디입니다. 능력이 좋고 학벌이 좋고 스펙이 좋고 어쩌고 저쩌고 우리 회사가 알아주고 하는 것은 전혀 의미가 없습니다. 그냥 거기서 나오면 끝이니까요.

내가 오늘부터 일을 안 해도, 밥 먹이고 생활비 쓰고 살수 있는 상태면 중산층입니다. 여기서 포인트는 한 달에 생활하는 돈이 300만 원이든 1,000만 원이든 상관없습니다. 내가 한 달 일하지 않아도 가족이 먹고 살 수 있으면 그 사람은 중산층입니다. 이 중산층들은 생활비라는 고정비가 나오는 구석이 있어서 내가 일을 하게 되면 플러스가 되고 저축이 가능하게 됩니다.

부자는 내가 일을 안하고 생활비도 넉넉하게 쓰는데 돈이 쌓입니다. 돈 쓰는 속도보다 돈 쌓는 속도가 더 빠르면 부자입니다. 내가 돈을 하나도 안 써서 쌓이는 것인지 큰 사치를 부려도 쌓이는 것인지는 모르지만, 일을 하지 않고 생활비도 다 썼음에도 돈이 쌓이는 구간이 부자입니다.

초보 창업자로 장사에 뛰어드는 것 또한 노예 단계부터 시작됩니다. 내가 그 가게에 안 나가면 안 되니까요. 직장 다닐 때는 내 몸뚱이 자산으로 남의 일을 하면서 급여를 받고 그 급여로 생활했다면, 자영업자부터는 내 몸뚱이 자산으로 내 일을 하면서 셀프로 급여를 받아 생활하게 됩니다.

그래서, 처음 자영업자로 생활하는 사람은 직장 다닐 때보다, 고정비를 줄여서 생활을 해야 합니다. 달에 1,000만 원 번다고 생활비도 매달 1,000만 원 쓰는 사람은 유사시 환경이 변하거나, 경쟁자가 나오거나, 소비 트렌드가 바뀌든 그 어떤 변수에 혹여 무너지면 누구보다 드라마틱하게 망합니다.

그다음 단계는 중산층입니다. 자영업자로 고정된 생활비를 사용하다가 수입이 늘면 잉여 자금이 생깁니다. 그 잉여를 차곡차곡 저축을 하는 사람이 있지만 그 700만 원의 잉여를 토대로 시스템화 시키는 사람들이 있습니다. 중산층에 도전하는 것입니다.

  내가 취할 잉여를 나의 새로운 사업을 위해서든, 나의 시간을 더 귀하게 쓰기 위해서, 내가 그 매장에서 일하지 않는 시도를 하는 것입니다. 전문용어로 오토 운영이라고 부르는데, 인건비나 기타 비용으로 인해 잉여 자금이 0이 될 수도 있습니다. 그래서 내가 일 안 해도 돌아가는 중산층으로 도전하기 위해 오토운영을 시도했다가, 다시 노예로 복귀하는 사람들이 많습니다. 중산층이 되는 게 여간 어려운 게 아닙니다. 그렇게 노예와 중산층을 왔다 갔다 하다가 어느 순간 중산층이 됩니다. 그러면서 부자로 향해가는 준비를 할 시간을 확보를 합니다.

  그다음 단계는 부자 영역입니다. 중산층이 되려면 자기실력, 그러니까 일종의 인사이트가 필요합니다. 이 인사이트는 나의 업에 진심을 다한 경험치가 쌓여 만들어집니다. 그런데 부자가 되려면 오버뷰가 필요합니다. 높은 곳에서 바라보아야 합니다. 저 너머에 있는 것을 어렴풋이 인지하고 이를 토대로 아직 다 보이진 않지만 미리 뭔가를 준비하는 것입니다. 당연히 시행착오를 많이 하게 되므로 기반이 단단해야 합니다. 그래서 부자가 되려면 첫째로 먹고사는 것이 알아서 돌아가야만 가능한 것입니다.

  오버뷰는 인사이트를 기반으로 나의 매장은 물론 나의 업에서 완전히 벗어나서, 그 이상 바라봄을 연속적으로 하는 작업이라서, 그 오버뷰로 현재상태와 미래상태를 어렴풋이 연결하는 능력이 필요합니다. 그래야 미리 준비하고 때가 되었을 때 퀀텀점프같은 성장이 가능해집니다.

사실 부자가 되려는 '시도'라고 표현하는 것은 적절치 않습니다. 인사이트를 가지고 오버뷰를 보게 되면, 가슴떨리는 일들을 하게 될 수밖에 없기 때문입니다. 뭐 하나 보장된 것은 하나도 없지만, 스스로 노예에서 중산층을 반복하며 단계를 올라섰던 경험이 있기 때문에 불안함은 없습니다. 안 되면 다시 하면 되니까요. 부자로 가는 사람들의 마인드가 대개 그렇습니다. 이제부터는 업도 열심히의 영역이 아니라, 즐거움의 영역입니다. 일과 즐거움이 따로 되어있는 것이 아니라, 일과 생활이 일체화되고, 일이 놀이고 일이 취미이고 그것을 성취하면서 후속으로 돈이 쌓이게 되는 순환이 있어야 합니다.

단계를 올라서려면 생각보다 오래 걸리기도 하고 많은 좌절과 시련이 닥쳐옵니다. 그러나 우리는 적어도 중산층까지는 되겠다는 목표를 세울 필요가 있습니다. 나이가 들수록 먹고사는 게 문제가 없어야 하니까요. 나의 퇴직이 바로 가족 전체의 위기로 번지는 상황은 만들지 말아야 하지 않겠어요?

원래부터 돈이 많은 사람들은, 상속도 받고, 부동산에서 임대료도 나오고, 주식배당금도 나오고, 실제 자산이 있는 사람들이라 걱정이 없지만, 우리는 지금 몸뚱이자산밖에 없어서, 이런 방식으로 중산층이 되어갈 수밖에 없습니다. 한번 해 보자고요.

7장

그럼에도 살아남는 가게의 조건

창업 생존자들

[영상 함께 보기]

1. 살아남는 가게의 조건

2. 첫 술부터 배부른 창업은 없다

뜨는 브랜드에는
성공 조건이 있다

뉴스 기사에서 성○○이라는 빵집이 파○○○○의 영업이익을 넘어섰다는 소식을 봤습니다. 물론 직접적인 비교는 어렵지만, 전국에 단 6개 지점밖에 없는 성○○이 거대한 프랜차이즈 브랜드를 이겼다는 건 의미심장합니다. 이제 소비자들은 그 곳에서만 느낄 수 있는 '희소성' 있는 브랜드를 더 선호합니다. 흔한 브랜드는 도태될 수밖에 없는 시대가 온 것입니다.

한국 빵값이 비싼 이유

한국에서 빵값이 비싼 이유부터 살펴보겠습니다. 외국인이 한국에서 놀라는 것 중 하나가 빵 값입니다. 유독 대한민국에서만 빵 값이 비쌉니다. 농업을 보호해야 한다는 국가적 이유도 있지만, 또 다른 이유 중 하나는 독과점 구조입니다. 밀가루는 우리나라가 경제적으로 어려웠던 시절에 원조 식량으로 들어왔기 때문에 국수, 칼국수, 짜장면, 떡볶이 같은 혼분식 문화로 발전했습니다. 곧 빵은 주식이 아니라 별식이었기 때문에 시장 규모가 크지 않았고, 자연스럽게 몇몇 대기업이 시장을 차지하게 되었습니다. 이렇게 경쟁자가 없는 독과점 구조가 고착되면서 혁신이 점점 사라졌습니다. 전국의 마트, 편의점에서 판매되는 빵의 대부분이 S○○ 그룹 제품이며, 한국에서는 두 대기업이 사실상 시장을 장악하고 있습니다.

과거 신○○○는 '점바점' 문제가 심각했지만, 파○○○○가 균일한 품질과 서비스를 제공하며 시장을 점령했습니다. 하지만 시간이 지나면서 파○○○○는 공장에서 제품을 대량 생산해 유통하는 구조로 변화했고, 물류비, 제빵사 급여, 인건비 등이 증가하면서 빵값은 계속 상승할 수밖에 없었습니다. 중간 유통 과정에서 나가는 비용이 급증하고, 가맹점주의 수익 보장과 본사의 수익 유지를 위해 소비자가격을 올려야 하는데, 그렇게 가격이 올라가면 똑똑해진 소비자들에게 점점 외면 받게 됩니다. 게다가 그 빵집 프랜차이즈를 차리는 비용은 최소 3~4억이 들어갑니다.

프랜차이즈도 소품종 대량생산에서 다품종 소량생산 시대로

과거에는 특정 프랜차이즈가 뜨면 너도나도 따라가는 '소품종 대량생산 시대'였지만, 지금은 소비자들이 취향에 맞는 브랜드를 선택하는 '다품종 소량생산 시대'로 변화했습니다. 특별함을 제공하지 못한다면 메가커피나 빽다방처럼 저가 전략으로 바꾸어야 하지만, 현재의 유통 구조로는 가격을 더 낮출 수가 없습니다. 결국 살아남기 위해 빵뿐만 아니라 밀키트, 샌드위치, 커피 등 식사와 음료까지 함께 판매하여 동네 고객들이 한 번이라도 더 방문하도록 유도하는 것입니다. 그러나 가맹점은 다양한 제품을 판매하는 만큼 매출이 증가하더라도 원가상승 인건비 상승으로 인해 수익이 크게 늘어나지 않는 상황에 직면하게 됩니다.

노○○도넛은 원래 핵심 상권에만 직영점을 두고 특정한 장소에서만 경험할 수 있는 브랜드로 키웠는데, 갑자기 프랜차이즈 사업을 시작하고 메가커피나 교촌치킨 같은 대중적인 브랜드들과 협업까지 진행하며 브랜드 아이덴티티를 완전히 무너뜨렸습니다. 이○토스트는 가성비 좋은 서민 창업 아이템이었지만, 저렴한 미국형 햄버거 브랜드들과 샐러드 전문점들이 늘어나면서 토스트만으로는 고객을 끌어들이기 어려워졌습니다. 결국 메뉴 확장에 나섰고, 전처리 과정을 거친 제품들을 유통하는 방식으로 운영되면서 원가가 상승하게 되었습니다. 과거에는 한 사람이 모든 과정을 담당할 수 있었지만, 메뉴가 많아지면서 최소 두세 명의 직원이 필요해졌고, 인건비가 늘어나고 원가 부담이 커지면서 더 많은 판매량이 요구되었습니다.

성공하는 브랜드의 세 가지 원칙

반면에 대전에서 시작한 성○○은 유통 구조가 단순합니다. 매장에서 직접 만들어서 그 자리에서 판매하죠. 매장이 빵을 생산하는 공장이자 직접 판매하는 매장 역할을 동시에 수행하는 단순한 구조입니다. 따라서 중간 유통 과정이 없으니 빵 가격이 자연스럽게 낮아지고, 매장에서 직접 만든 제품을 즉시 판매하기 때문에 품질 또한 더 좋을 수밖에 없습니다. 이는 과거 프리미엄 김밥 시장과 비슷한 흐름입니다.

처음엔 매장에서 직접 모든 재료를 손질하고 다듬어서 미리 만들어 놓고 팔던 김○천국이 있었지만, 위생 문제와 식자재 퀄리티 문제로 사라지면서 공장에서 위생적으로 팩킹된 식재료를 공급받아 고객이 주문하는 즉시 조리하는 3,000원대 프리미엄 김밥 브랜드들이 그 자리를 대신했습니다. 그러나 이마저도 결국 공장에서 받아 주문 즉시 만드는 것이기 때문에 인건비 급증으로 이어져 운영이 어려워지자 식사 메뉴를 추가하고 배달까지 도입하면서 지속이 어렵게 되었습니다.

결국 소비자들은 퀄리티 높은 제품을 원하면서도, 어디서나 쉽게 접할 수 있는 브랜드보다 희소성이 있는 브랜드를 선호하게 되었습니다. 앞으로는 높은 품질을 가진 브랜드가 공장 역할과 판매 역할을 동시에 수행하며, 유통 구조를 줄이고 가격을 낮추는 형태로 변화할 것입니다. 이제는 품질 좋은 개인 빵집이라면 파○○○○ 근처에 있어도 충분히 승산이 있는 시대가 되었습니다. 결국 소비자들은 개인 빵집에서 품질 좋은 제품을 구매하고, 개인 빵집에서 찾을 수 없는 특정 제품만 파○○○○에서 선택적으로 구매하는 형태로 변할 것입니다.

우리가 기억해야 할 세 가지 원칙을 정리해 보겠습니다. 첫째, 브랜드가 되어야 합니다. 둘째, 공장과 판매점을 통합하여 유통 비용을 줄여야 합니다. 셋째, 소비자가 직접 홍보하게 만들어야 합니다. 가격은 낮고, 품질은 높으며, SNS에 올릴 만한 브랜드만이 살아남는 시대입니다. 주문을 받고 만드는 것이 아니라, 미리 만들어 판매하는 방식으로 가야 합니다. 이렇게 하면 인건비 부담을 줄이고, 품질을 유지하면서도 가격을 낮출 수 있습니다. 가격은 낮고, 품질은 높으며, 희소성이 있는 브랜드가 살아남는 시대입니다.

최악의 자영업 시장에서도
생존하는 법

요즘은 1분 이상인 영상을 보는 것도 길다는 사람이 많습니다. 그래서 틱톡이 유행하고, 유튜브도 숏츠라는 형태로 콘텐츠를 무한히 내놓죠. 그것이 요즘 트렌드라고 합니다. 그런데 제가 새벽에 일어나서 틀어놓고 보는 영상은 적어도 20분 정도 됩니다. 그리고 그런 긴 영상도 조회수는 수십만 이상 나옵니다. 트렌드와 상관없어도 말이죠. 곧 한쪽이 유행을 타게 되면, 다른 쪽도 반드시 유행을 타는 영역이 있다는 말입니다.

유행에 순응할 것인가, 역행할 것인가

자, 이렇게 생각해 봅시다. 여기저기서 900원짜리 일본풍 닭날개와, 1,900원짜리 맥주를 파는, 가볍게 즐기는 숏츠식 맥줏집이 인기라고 칩시다. 그리고 또, 건강과 다이어트를 생각해서 점심은 무조건 샐러드나 포케를 먹거나, 간단하고 편하게 때우는 간편 식사 문화가 있다고도 칩시다. 그런데 한쪽에서는 19,000원에 뽀대지게 많이 먹는 문화, 돼지갈비 무한리필집이나 다양한 형태의 뷔페집이 생깁니다.

여기서 1,900원짜리 숏츠식 맥줏집의 본질은 무엇일까요? 1,900원일까요, 일본풍일까요, 싼 안주일까요? 커피와 디저트를 앞에 두고 대화를 즐기는 것처럼, 맥주와 가벼운 안주를 앞에 두고 대화를 즐기는 게 본질이 됩니다. 이 본질을 생각하고 장사하면 됩니다. 그런데 사람들은 1,900원과 900원이라는 가격, 닭날개와 일본풍이 트렌드인 줄 알고 유행을 따라가려 합니다. 본질은 잊고 눈에 보이는 것만 따라 하다가, 결국 동반 몰락합니다.

가벼운 안주를 앞에 두고 맥주 한 잔 놓고 이야기하는 곳, 밤에 가는 커피숍이라는 본질을 생각하면 얼마든지 차별화된 매장을 만들 수 있습니다. 왜 꼭 일본풍이어야 하죠? 한국풍일 수도 있고, 미국풍일 수도 있고, 멕시칸풍일 수도 있잖아요. 예를 들면, 가볍다는 콘셉트를 더해 샐러드 맥줏집을 만들 수도 있습니다. 샐러드에 닭가슴살을 얹고, 5,000원짜리 안주를 만들 수도 있죠. 닭가슴살 대신 제육볶음, 연어, 돼지목살을 얹어줘도 되고요. 원가 높게 치킨집처럼 닭 한 마리를 통째로 줄 필요 없고, 백반집처럼 배를 불려주기 위해서 제육볶음 200g을 채워줄 필요도 없습니다. 그냥 고기 100g에 소스를 더해 술 안주용으로 제공하면 되는 것입니다. 밥도 한 그릇 줄 필요 없습니다. 한 스쿱만 떠서 줘도 됩니다.

토핑만 달라지면 되니까, 얹는 재료만 바꾸면 달라집니다. 멕시코 타코식으로도 만들 수 있고, 남미풍으로 만들어도 되는 것입니다. 동남아식도 가능합니다. 태국 분위기가 나도록 공간을 만들고, 필리핀식 닭조림, 태국식 모닝글로리 볶음, 베트남식 볶음안주도 줄 수 있고요. 그렇게 다양한 방식으로 개인화된 가게들은 살아남습니다. 방향은 따라가되, 각자의 특성이 드러난 가게들은 생존합니다.

이번에는 반대되는 유행을 따라가 봅시다. '가볍게 한 잔, 가벼운 한 끼'가 유행이면, 기왕 외식하는 거 배부르게, 맛있게, 분위기 있게 먹고 싶은 사람들을 위한 뷔페도 유행합니다. 명륜진사갈비와 샤브올데이가 예시가 될 수 있겠습니다. 그런데 배부르게 먹는 방식도 사람마다 다를 수 있습니다. 다이어트는 안 해도 건강하게 먹고 싶은 고객을 위해서는 저속노화 음식 콘셉트가 나올 수 있습니다. 고기는 콜레스테롤이 낮은 부위를 제공하고, 요거트 소스 등 발효 음식이 중심이 되는 뷔페는 어떨까요? 저렴하게 먹는 게 최우선인 고객을 위해서는 소고기 대신 닭, 오리, 수입 앞다리살로 만든 불고기 뷔페를 만들면 어떨까요?

굳이 고깃집이 아니어도 됩니다. 중식도 됩니다. 짜장, 탕수육, 볶음밥, 유린기, 게살스프를 한 판에 미리 만들어놓고 주면 인건비도 절감되죠. 이 모든 것을 10,000원대에 제공하고 추가로 5,000원짜리 짬뽕까지 먹고 나올 수 있게 메뉴를 구성하면 플렉스한 외식이 되는 것입니다. 반대로 고기를 완전히 배제한 비건 뷔페도 가능할 것입니다.

그저 누군가의 성공을 보고 고대로 따라만 하게 되면 급속한 콘텐츠 소진으로 고객은 오히려 지치고 질리게 됩니다. 결국 외면받게 되는 것이죠. 가장 최악의 경우는, 이 사람 저 사람 남녀노소 누구나 즐길 수 있게 만들어서 상권을 초토화시켜서 수익을 가져가려는 일부 대형 프랜차이즈나 대기업이나 할 장사 스타일을 어정쩡한 투자금과 어정쩡한 평수와 실속 없는 신념을 가지고 창업하는 것입니다. 이러면 1순위로 망합니다. 영화판에서도 블록버스터 영화를 어설프게 따라서 만들면 그냥 '폭망'합니다. 그러나 관객들은 제대로 투자된 블록버스터 영화만 보지 않습니다. 자기 취향에 맞는 독립영화를 보러 가기도 하죠. 따라서 우리는 고객층을 세분화해서 명확한 타겟팅을 할 필요가 있습니다. 대신 방향성은 가져가자는 것이죠.

앞으로는 본질이 중요해질 것입니다. 세상은 그 본질이 가는 방향에 따라 진화해 나갑니다. 마차에서 자동차로, 자동차의 성능이 올라가고 비행기가 나오고 전기차가 나오고 드론이 나오고…. 이 모든 것들은 단순히 기술발전의 결과가 아닙니다. 그저, 인간이 더욱 **빠르고 안전하고 저렴하게** 탈 것을 이용하고 싶은 본질적인 욕구에 지속적인 혁신을 더했기 때문에 진화한 것입니다.

창업 시장의 진화도 비슷합니다. 그리고 그 창업 시장이 진화되면서 방향성이 나오게 되면, 그 방향성에 맞춰서 옷을 갈아입고 세상에 나와야 하는 것이죠. 급속도로 개인화되는 시점일수록 더더욱 이 창업 시장의 본질을 기억하길 바랍니다.

통찰 11

업의 본질을 이해하는 것이
창업의 시작

간혹 이런 말을 듣습니다. "창플지기, 당신은 어떻게 그렇게 다양한 분야를 다 아는 것처럼 떠들 수 있는 거냐? 설마 그걸 다 해본 거냐?"라고요. 저는 이렇게 이야기합니다. "업의 본질을 알기 때문에 아는 것입니다. 본질을 이해하면 크게 어려운 게 아닙니다."라고요.

한의원과 미용실이 있다고 칩시다. 언뜻 보면 완전히 다른 업처럼 보이죠? 그런데 이 두 개가 자영업이라는 사실조차 모르는 사람도 있습니다. "병원이랑 미용실이 어떻게 같을 수 있느냐"는 것입니다. 이때부터 문제가 생깁니다.

예전에 이비인후과 원장이 찾아와 본인의 자영업에 대해 진지하게 상담한 적이 있습니다. 점잖급 아내(아내도 의사)와 따로 하나씩 분점으로 출점해서 2개를 운영하는 게 좋을지, 아니면 두 명의 부부의사가 한곳에 있으면서 투톱으로 갈 것이냐, 그다음 마케팅은 어떻게 해야 할지를 궁금해했습니다. 아주 본질을 정확히 파악한 병의원 자영업자였죠. 법무법인 변호사들이 찾아온 적도 있습니다. 그 회사 대표 변호사가 그러더군요. 본인은 자영업자라고 생각한다고요. 신규 변호사들이 쏟아져 나오면 그들의 로펌 사무실 창업을 돕는 일을 하고 싶다며, 법률 쪽은 본인이 맡고 브랜딩은 창플이 맡으면 어떻겠냐고 제안받았던 적도 있습니다. 역시 본질을 꿰뚫은 자영업자였죠.

다시 한의원과 미용실 이야기로 돌아가겠습니다. 이 둘의 공통점은 모두 자신의 손으로 자신의 시간을 써서 서비스하는 수제서비스 자영업이라는 것입니다. 실력이 좋으면 먼 곳에서 찾아오는 형태의 자영업이기도 하죠. 이런 자영업에서 돈을 벌려면 어떻게 해야 할까요? 간단합니다. 내 시간당 페이가 높아야 합니다. 미용실에서도 원장님 컷트 가격과 일반 미용사 컷트 가격은 다릅니다. 수제 서비스이기 때문에, 내가 직접 쓰는 시간의 값어치를 높이는 게 핵심입니다.

그럼 어떻게 하면 페이가 높아질까요? 내 서비스 품질을 높이고, 내 이름값(브랜딩)을 올리면 됩니다. 곧 퍼스널 브랜딩과 마케팅이 따라붙어야 합니다. 그리고 그곳까지 찾아가서 서비스 받을 가치를 만들어 내야 합니다. 멀리서도 찾아가서 돈을 쓸만큼 너무 좋았다는 리뷰들이 쌓여야 할 것입니다.

학원은 어떨까요? 학원자영업의 본질은 교육서비스 매뉴얼 포장업과 엄마 마케팅 사업입니다. '내 자식을 믿고 맡길 수 있다'는 이미지를 만드는 것, 그리고 그 이미지에 신뢰를 실어주는 게 학원의 성공 요인입니다. 대치동 출신이라는 타이틀을 내세우고, 교육학습법을 체계화해 이름 붙이고 목차화하고 그걸 포장하면, 학부모들은 '역시 대치동 스타일은 뭔가 체계가 있어'라고 느끼게 됩니다. 엄마들 사이에서 신뢰브랜딩이 쌓인 학원은, 강사의 실력보다 간판의 힘으로 장사하게 됩니다.

운동 시설은 어떨까요? 테니스장, 헬스장, 필라테스장 모두 마케팅과 용역공급사업입니다. 마케팅이 핵심입니다. 실력 있는 강사를 데려오고, 좋은 수익 구조를 만들어 제공하면 그 강사는 스스로 오고 싶어 합니다. 실력 있고 인기있는 강사를 섭외하고, 그 강사가 있는 그 운동시설을 홍보해야 합니다. 결국, 내가 직접 수업해서 돈을 버는 게 아닌 용역과 마케팅시스템을 통해 수익이 발생하는 구조를 만들어야 하는 업종입니다. 그 외에 스터디카페, 만화카페, 피시방, 키즈카페 같은 업종은 전형적인 공간제공업입니다. 경쟁자가 없거나, 기존 공간보다 크고 깔끔하면 승산이 있습니다.

같은 제품을 팔아도 그 가게가 파는 떡볶이가 단순한 식사인지, 외식인지, 안주인지, 분위기인지에 따라 업의 본질이 다릅니다. 눈에 보이는 제품은 같아도, 그 안에 담긴 '본질'은 완전히 달라질 수 있다는 걸 아셔야 합니다. 업의 본질을 이해해야 진짜 창업이 시작됩니다. 같은 커피를 팔아도, 카페인을 충전하는 커피 자체가 목적인지 커피를 빙자한 그 공간의 제공이 본질인지를 구분해서 적용하면 결과도 다릅니다.

지금 창업을 준비하고 있다면, 중요한 건 당장 눈앞의 매출이 아닙니다. 창업해서 쉽게 통장에 돈 꽂히는 것은 그렇게 단순하지 않습니다. 그렇게 눈앞의 돈만 목적으로 좇으면 10년이 지나도 초보에서 벗어날 수가 없습니다.

초보라면 '보는 눈'부터 길러야 합니다. 자신의 시간, 에너지, 정성을 진짜로 투자해서 업의 본질을 꿰뚫는 눈을 기르는 것. 그게 시작입니다. 그렇게 하는 방법은 쉽게 창업해서 사람 써서 곧바로 돈을 버는 것을 목적으로 삼지 말아야 합니다. '정말 0부터 내가 직접 다 경험하고 직원 없이 스스로 그 모든 과정을 다 겪겠다'라는 결심부터가 시작입니다.

그 과정이 지나고, 진짜 돈 버는 시점은, 그다음에 찾아옵니다. 요행을 바라지 말고, 쉽게 갈 수 있는 길을 경계하고 스스로 바닥부터 시작할 마음으로 창업을 준비하세요. 무엇보다 '자신의 인생은 자신이 주체적으로 살아가야 한다는 것'을 알고 창업을 준비하길 바랍니다.

프랜차이즈
카피 시대가 온다

'레퍼런스(Reference)'는 음악, 영화, 디자인 등 창작물을 만들 때 참고하거나 전체적인 윤곽을 잡는 데 힌트를 얻는 작품들의 나열을 의미합니다. 레퍼런스를 활용하면 내 창작물을 더 탄탄하게 만들 수 있습니다. 하지만 특정 레퍼런스에 너무 꽂힌 나머지 나도 모르게 베끼면, 그건 표절입니다.

창업 시장은 표절이 난무하는 곳

사실 창업 시장만큼 레퍼런스 수준이 아니라, 대놓고 표절이 통용되는 시장도 없습니다. 법적 제재가 없습니다. 누군가 잘 나가면, 그대로 베껴서 이름만 살짝 바꿔도 문제없습니다. 심지어 이름까지 비슷하게 표절해도 상관이 없습니다. 예를 들어, '이차돌'이 있으면, '일차돌'을 만들 수 있고, '차돌풍'도 가능합니다. 똑같이 차돌박이를 싸게 파는 컨셉이라도, 비슷한 이름으로 만들어도 됩니다. 사업하는 사람 입장에서야 이해는 갑니다. 비슷한 이름과 컨셉이면 예비 창업자들에게 선택받을 가능성이 높아지니까요.

사실 창업을 하려면, 내가 하려는 업종과 업태를 연구하고 그에 맞는 레퍼런스를 수집해야 합니다. 내가 생각하는 아이템을 이미 성공시킨 사람이 있을 것이고, 그들도 시행착오를 줄이기 위해 레퍼런스를 참고했을 것입니다. 그렇다면 나는 그 브랜드가 시장에서 어떤 평가를 받고 있는지를 확인해야 합니다.

이런 생각이 어찌 보면 당연한 생각들인데, 사실 그동안 이런 생각과 행위들은 프랜차이즈 사업가들만 했어요. 그동안 초보 창업자들은 이런 생각을 했습니다. "내가 감히 브랜드를 만든다고?" 그래서 그냥 프랜차이즈 본사가 만든 브랜드를 그대로 하게 되는 가맹 계약을 맺었습니다. 하지만 프랜차이즈 본사는 한 번 그렇게 브랜드를 만들어본 경험이 있기 때문에, 브랜드를 만드는 데 점점 더 익숙해지게 되고 레퍼런스를 넘어 대놓고 베끼는 '카피 브랜드'를 만들기도 합니다. 막 뜨는 신규 브랜드가 나오면, 바로 카피해서 새로운 미투 브랜드를 런칭하고, 일부 프랜차이즈 본사에서는 아예 이번에는 무슨 브랜드를 카피할까요? 어떤 게 뜰 것 같아? 이런 부분을 고민하는 단계에 이르렀습니다.

그리고 그 미투 브랜드는 순식간에 수백 개가 생깁니다. 분명히 베낄 만한 가치가 있는 아이템이고, 사람들에게 인기가 있고 트렌드를 대표하는 미투 브랜드가 왜 정작 생명력은 짧을까요?

온리 원의 힘

가령, 1,900원 생맥주가 유행한다고 칩시다. 그러면 그 브랜드는 히트합니다. 하지만 경쟁 브랜드가 우후죽순 생기면서 고객들은 순식간에 질려버립니다. 처음에는 "와, 여기 1,900원 생맥주래!" 하지만, "어디를 가도 다 1,900원이네?" "여기도 1,900원, 저기도 1,900원…. 이제 지겹다." 짧은 시간 안에 브랜딩의 중요 요소 중 하나인 희소성이 사라지면서 브랜드가 식상해지면서 도태됩니다. 그러면 프랜차이즈 본사는 피벗합니다. "이제 1,900원 생맥주는 끝났어. 요거트가 뜬다!" 그러면 바로 디저트 프랜차이즈 본사로 옷을 갈아입을 수 있습니다. 본사의 성장동력을 갈아끼우면 되는 거에요. 그러면 그 브랜드를 한 가맹점주는 어떻게 될까요? 피벗이 불가능합니다. 본사처럼 새로운 브랜드로 만들 수가 없어요. 그동안 자신이 해 온 장사는 처음 세팅해준 그 가게 자체이기 때문에 스스로 다음 플랜을 짤 수가 없습니다. 그리고 결정적으로 모든 재산을 다 썼기 때문에 투자여력이 없어요.

그런데 재밌는 것은 같은 아이템으로 장사를 했던 개인이 만든 매장은 오히려 살아남을 가능성이 높습니다. 왜? "온리 원(Only One)"이니까요. 예를 들어봅시다. 지금 일본철판요리전문점 프랜차이즈들이 몇 개의 브랜드가 수백 개의 가맹점으로 전국을 휩쓸었다고 칩시다. 프랜차이즈 가맹점은 이 동네 저 동네 다 있습니다. 원오브템이죠. 그러면 내가 송파문정동에 살고 있어도 송파잠실에 있을 때 다녀왔으면 문정동에 생겨도 안 갑니다. 콘텐츠소비가 끝났으니 말입니다. 하지만 문정동에 그동안 보지 못한 새로운 철판요리집이 생기고 다른 곳에 없는 곳이라면 한 번 가볼 가능성이 생기는 거죠.

게다가 철판요리를 좋아하는 사람이라면, 100개 가맹점이 있는 브랜드에 100개 매장을 다 가지 않습니다. 그중에서 내가 있는 곳에서 가까운 곳 한 곳을 다녀오죠. 그리고 온리 원으로 존재하는 매장은 찾아갈 가치가 있기 때문에 거리가 멀더라도 찾아갑니다. 원오브템으로 존재하는 한 번 콘텐츠소비를 한 프랜차이즈 가맹점은 안 가죠. 짬뽕에 빠진 사람이라면, 프랜차이즈 가맹점 200개가 있어도 그곳을 다 가지 않지만, 온리 원으로 존재하는 매장은 찾아갈 수 있는 것입니다.

카피가 오리지널을 이긴 이야기

과거 이런 일이 있었어요. 당시에 600g 먹으면 600g 더 주는 그 ○○○이라는 소갈비살집 열풍이 불었을 때, 한순간에 수백 개 매장이 뜨고 불소식당 같은 카피 브랜드가 마구 생기다가 몇 년 안 지나서 져버리는 상황이 있었죠.

그런데 당시 후쿠시마원전사태가 터져서 본인이 하고 있는 조개집이 박살난 사장님이 있었단 말입니다. 그런데 조개집이 장사가 아예 안 되었기 때문에 자구책은 세워야 했고, 그때 잘 나가던 그○○○을 카피해서 400g 먹으면 400g 더 주는 소갈비살집을 연 자영업자가 있었어요. 사실 그○○○으로 하고 싶었지만 가맹점으로 바꿀 돈이 없었어요. 그래서 어쩔 수 없이 그만의 방식으로 최대한 비슷하게 만든 거죠.

그런데 이 매장은 오히려 그○○○이 다 망하고 더 떴죠. 왜냐면, 그○○○을 카피를 했지만, 본인의 인테리어가 그○○○보다 안 이쁘다는 걸 알았기 때문에 약간의 변화를 준 게, 아예 손님들이 들어오면 가장 먼저 보이는 곳에서 소갈비살을 직접 정형하는 모습을 보여줬죠. 손님들은 이 인테리어가 그전에 조개찜집이었던 걸 생각도 못할 정도로 이목을 집중시켜서 소고기를 걸어놓고 일부러 손님들 들어오는 시간에 그걸 손질하는 모습을 보여 주다 보니, 왠지 고기 질에 대한 신뢰가 더 가고, 왠지 주인장이 직접 저렇게 작업을 하니까 더 싸구나를 인식하게 된 거죠.

무엇보다, 그 매장은 그○○○보다 매출은 작았을지언정 직원 안 쓰고 아내와 둘이서 운영하고, 겉으로는 대박처럼 보였던 가맹점처럼 본사이윤이 들어간 높은 원가율이 아니라, 본인이 직접 가져와서 썰어서 주다 보니 원가를 낮추게 되니 실제 남는 마진은 컸죠. 직접 소갈비살을 썰어버리면서 브랜딩이 되고, 원가 낮고, 인건비가 안 들어가다 보니, 버틸 수 있었던 것이고, 그렇게 소갈비살 열풍이 끝나고 그○○○ 가맹점들이 다 망하고 나니까 소갈비살 파는 집이 오로지 우리 집만 있다 보니 시간이 지나서 대박집이 된 것입니다.

이젠 개인도 프랜차이즈를 카피할 수 있는 시대

이젠, 과거처럼 뭔가 특별한 사업가들이 프랜차이즈 사업을 하는 시대가 지났어요. 물류시스템은 얼마든지 대신해 주는 곳들 많고, 운영시스템은 얼마든지 타 업체가 하는 방식을 배워서 하거나, 유튜브만 봐도 전문가들의 협업을 통해서 얼마든지 구축할 수 있죠. 공간기획이나 마케팅, 레시피 등등 요즘처럼 정보들이 넘쳐나고 플랫폼들이 발달해서 마음만 먹으면 할 수 있습니다.

무엇보다 내가 벤치마킹할 브랜드가 명확하다면 그에 맞춰서 꾸미는 것은 더 어렵지 않죠. 맘에 드는 프랜차이즈 브랜드들이 있으면, 그 브랜드를 가맹을 하는 것이 아니라, 카피를 하는 게 더 효율적인 시대가 되었단 말입니다.

카피도 쉬운 것이 아니지만, 그 높은 창업 비용과 그 높은 원가율을 감당하면서 사는 것보다는 쉬울 것입니다. 단순히 카피하는 게 수익이 좋다라는 것보다 제가 주목하는 부분은 벤치마킹과 카피를 통해서 창업에 대해서 알게 됩니다. 그렇게 만드는 과정을 알게 되고, 카피를 한 다음에는 스스로 진화도 가능해요.

이게 대한민국에서만 가능한 창업표절문화입니다. 이건 법적으로 문제가 없어요. 대한민국에서만 유일하게 본사가 폭리를 취해도 아무런 제재가 없는 창업 시장, 그리고 그 폭리를 감당하고 그 인건비 감당하고 도저히 살 수 없는 가맹점들.

물론 제대로 브랜딩된 프랜차이즈는 언감생심 따라할 수 없고 쌓이고 쌓여온 노하우를 어떻게 바로 따라할 수 있겠습니까? 하지만 요즘은 프랜차이즈 기술자들의 알량한 조합기술로 조잡하게 뚝딱 만들어낸 프랜차이즈들이 너무 많죠? 그런 브랜드를 하려거든 그냥 보고 베껴서 창업을 하시고 그들에게 뜯기지 마시란 얘깁니다. 허접한 프랜차이즈 하려거든, 그냥 그 프랜차이즈를 카피해서 만들길 바랍니다.

자영업 생태계가 한순간에
무너지지 않으려면

이세돌이 은퇴할 때, 깔끔하게 바둑계를 떠나는 모습을 보고 충격을 받았습니다. 알파고에게 졌지만, 여전히 인간계 최고 실력의 바둑 기사였던 그가 갑자기 은퇴를 선언했습니다. 지금도 그는 인공지능을 상대로 유일하게 승리를 거둔 인간이라는 타이틀을 가지고 있습니다. 그런데 그의 말은 달랐습니다. "그동안 바둑은 인간의 예(禮)와 도(道), 예술이라고 배워왔고, 돌과 돌이 만나서 완성되는 하나의 작품이라 생각했는데…. 인공지능에게 바둑은 그저 이기고 지는 게임일 뿐, 그 이상도 이하도 아닌 상황이 되어버렸습니다." 그는 말 그대로 판이 바뀌었다고 판단하고, 스스로 구시대의 마지막이라고 규정하며 떠났습니다. 그리고 그 길로 조용히 은퇴했습니다. 세상 살면서, 본인이 평생 몸담아온 무언가를 훌훌 털어버리고 떠날 수 있는 사람은 많지 않습니다. 이런 멋진 모습은 바라지도 않지만, 반대로 끝까지 판을 뒤집어 보겠다고 노욕을 부리는 광경도 종종 보게 됩니다.

프랜차이즈 업계의 회장님들

프랜차이즈업계에는 젊은 시절 누구보다 최선을 다해서 살아온 과거가 있지만 지금은 노욕의 화신이 된 고인물들이 있습니다. 수십 년 전부터 자기들끼리 대통령상, 국무총리상, 장관상 등 각종 명예로운 상들을 받아가며 대한민국 프랜차이즈를 대표하는 듯한 모양새를 갖춰왔습니다. 하지만 실제로는 아무런 혁신 없이 작은 세계의 왕처럼 군림하며, 프랜차이즈 갑질이라는 단어를 탄생시킨 주범들이죠. 그들의 갑질과 횡포로 인해 프랜차이즈 시장 자체에 대한 불신을 만든 것입니다. 우리나라에는 이렇게 '회장님'이 많습니다.

이들은 여전히 국가 표창을 받고, 자랑스러운 프랜차이즈 기업인 공로패를 받습니다. 그런데 그 회장님들은 이제 프랜차이즈 차액가맹금 문제와 점주교섭권 국회 통과에 본인들의 밥줄을 위해 거리로 나오게 됩니다. 이들을 보면 자동차가 등장했을 때, 마차를 끌던 마부들이 자동차를 부수던 퍼포먼스가 떠오릅니다. 변화를 거부하고, 기득권을 지키려는 현대판 러다이트 운동입니다.

지금은 이 프랜차이즈 창업 시장의 판이 완전히 바뀌었습니다. 인공지능이나 4차 산업혁명이 시장을 바꾼 것이 아닙니다. 지금 상태에서는 점주들이 살아남을 수 없기 때문에 판이 바뀌고 있는 것입니다. 그래서 요즘 대단히 시끄럽습니다. 프랜차이즈 본사와 가맹점이 극한 대결 중입니다. 같은 브랜드임에도 갑과 을이 서로 각 진영에서 으르렁거리면서 싸우고 있는 형국입니다. 함께 합심해도 살아남을지 모르는 이 상황에서 서로 소송으로 얽히고 있고, 그 소송은 브랜드마다 줄소송으로 이어집니다.

갑질과 을질의 대결

프랜차이즈의 기본 구조는 이렇습니다. 본사는 자신들이 쌓아온 브랜드 파워를 기반으로 시스템과 노하우를 제공하고 가맹비와 로열티를 받습니다. 가맹점주는 장사에 대한 시스템과 노하우가 없어서 혼자 하면 망할 리스크를 줄이고자 가맹비와 로열티를 리스크 상쇄 대가로 지불하고 안정적인 생활을 영위합니다.

하지만 대한민국 프랜차이즈는 이 기본 구조를 완전히 무시하고 강제 물류 유통 회사로 그동안 운영되었습니다. B2C 소비재기업이라면, 소비자들의 엄격한 판단과 비교분석을 통해서 품질이 낮고 가격이 높거나 불합리하면 그때그때 조정 받으면서 경쟁을 하거나 혁신도 이뤄질 수가 있습니다. 지금 백 대표 사태에서 보는 것처럼 B2B 프랜차이즈 사업으로 연○ 사태 이슈는 넘어가도, 빽○ 사태는 그냥 넘어가지 못합니다. 소비자들에게 직접 판매하는 B2C 시장에 넘어오면서 본격적인 냉정한 평가를 받고 있는 것입니다.

프랜차이즈 기업은 가맹점주라는 B2B 형태의 사업이 되고, 그 모든 비품과 상품과 재료들을 아무런 비교분석 과정도 없이 그저 강제로 공급하는 구조다 보니, 한번 계약하면 가맹점주는 잡아놓은 물고기가 되어 옴짝달싹도 못하게 됩니다. 불합리한 본사와 싸우려면 자신의 생존도구인 가게 장사를 포기하고 싸워야 하는 상황이다 보니, 그 모든 불합리한 상황에서도 울며겨자먹기로 이어갈 수밖에 없는 상황이 된 것이죠. 결국, 프랜차이즈 기업이 취하고 있는 차액가맹금과 그 차액가맹금을 발생시키기 위한 유통비용의 중간마진과 유통비용이 없어져야 가맹점이 살 수 있는 상황이 된 것입니다.

갑질도 있지만 악독한 을질을 하는 가맹점주들도
생각보다 많이 존재합니다.

본사의 노력에도 불구하고 계약사항을 지키지 않고 무작정 본사 탓을 해가면서 사회적 약자 코스프레를 하면서 자신들의 이익만 챙기려는 불량 가맹점주들도 요즘 들어 많이 보입니다. 하지만 대부분의 가맹점주라고 불리는 사람들은 사실 많은 것을 바라는 것이 아니죠. 프랜차이즈 본사가 아무리 폭리를 취한다 해도 가맹점주는 자기가 먹고 살면 넘어갈 수 있습니다. 우리 프랜차이즈 본사 대표가 부도덕하고 뉴스에 나와 물의를 일으켜도 마음은 안 좋겠지만 그래도 넘어갈 수 있어요. 단, 자기가 먹고 살만하면 말이죠.

승리 없는 전쟁

지금 가맹점주는 먹고살기가 빠듯합니다. 우리 가족 생계를 위한 생활비와 창업 비용으로 사용한 이자 원금이라도 갚으려면 한 달 성실하게 일한 몫으로 최소 500~600만 원이 필요한데 그게 무너지는 상황이기 때문입니다. 알바를 덜 쓸 수도 없고 시급을 내릴 수도 없습니다. 임대료를 내릴 수도 없고, 물가상승을 끌어내릴 수 있는 것도 아니며 세금을 낮출 수도 없습니다.

낮출 수 있는 것은 오직 납품가밖에 없습니다. 납품가가 비싼 건 본사가 취하는 이윤과 유통거품인 것이고, 그걸 줄여야 한다고 지금 이 사단이 난 것입니다. 그러나 유통 거품을 줄이기 위한 혁신은 일어날 수 없습니다. 뿌리 깊이 박힌 저 구조가 바뀌긴 힘들 것입니다. 그래서, 이젠 민사소송이 아닌 점주교섭권이 생기게 되면, 아마도 그중에서도 그동안 너무 많이 수익을 취한 본사부터 도태가 되겠죠.

그런데 사필귀정에 따라 본사는 혼이 나고 가맹점은 살 수 있을까요? 아닙니다. 본사가 도태되면 그 브랜드를 하는 가맹점은 같이 죽을 것입니다. 피○○ 본사가 소송 중 모든 걸 다 준비해 놓고 가맹점주에게 차액가맹금 소송에 패소하고, 바로 기업회생 신청한 것처럼 가맹점은 본사와 싸워서 이기면 본사가 앞으로 잘해 주겠지라는 생각을 하겠지만, 본사는 놔 버릴 거예요. 돈 없어서 못 준다고 할 것입니다. 법대로 하라고 할 것이고, 가맹점주는 이제 본사에 이야기할 것도 없어요. 법원과 이야기해야 할 것입니다.

그런 것들을 보면서, 새롭게 프랜차이즈 사업을 하려는 예비 프랜차이즈 본사와 새롭게 프랜차이즈 가맹점주를 하려는 예비 창업자에게 경종을 울리는 효과는 있겠지만, 결국 저 프랜차이즈 본사 대표 및 회장님들은 챙길 거 다 챙기고, 본사를 해체하는 것 아니면, 나보다 더 독한 사업가들에게 헐값에라도 넘기는 방식을 택하겠죠. 사모펀드에 브랜드를 넘기는 일들도 많이 일어나겠죠.

저 프랜차이즈 대표들 입장에선, 그래도 본인들은 피와 눈물은 있는 사람인데 가맹점주들이 왜 이렇게까지 하냐며 분노를 할 것입니다. 피도 눈물도 없이 눈 하나 깜빡 없이 가차없이 해치워버리는 사모펀드 프랜차이즈들에 비하면 또 착한 편이거든요. 그렇게 싸워서 승리를 해도, 결국 본사에게 보상을 받으라는 채권만 획득하고 실제 보상은 받지 못하고 같이 도태될 가능성이 많습니다.

먹고사는 데 같이 힘을 써도 시원찮을 판에 그 귀한 시간을 같은 브랜드를 붙이고 사는 사람들끼리 그렇게 시간을 쓰고 그렇게 법의 판결이 나면 같이 나가리 되는 상황입니다. 도박판에서 서로 이기겠다고 치열하게 싸웠지만, 누구도 이긴 것이 아닌 상처뿐인 나가리판이 되는 것입니다. 이런 상황이 참 답답한 것입니다.

하지만, 이런 비정상적인 시기가 지나면, 결국 제자리를 찾아갈 것입니다. 새로운 희망이 있는 프랜차이즈 시장으로 가기 위한 과도기일 뿐이죠. 실력 있는 사업가들이 서로 자신의 브랜드를 키우기 위한 경쟁을 하고, 물류 수익보다는 브랜드 파워를 기반으로 운영 노하우와 시스템을 제공하면서 정당하게 대가를 받는 로열티 시대가 되고, 매출이 높아지면 높아질수록 가맹점과 본사가 함께 성장하는 시대가 올 것입니다.

과제만 주면 누구보다 열심히 일할 예비 프랜차이즈 가맹점주들이 정말 많은 곳이 이 대한민국입니다. 건강한 본사와 성실한 가맹점주들이 서로 합심해서 브랜드를 키워서 본사도 발전하고 가맹점도 같이 돈을 버는 시대가 올 것입니다. 그리고 그들이 쌓아온 브랜드 파워를 기반으로 세계로 진출하는 그림도 그려봅니다. 분명 초보 창업자들에게 프랜차이즈는 희망이 될 것입니다.

> 통찰 12

인생이 질리지 않게
사업하는 법

직장이든 사업이든, 처음엔 용기 백배하다가 꼭 어느 순간 삼천포로 빠지는 사람들이 있습니다. 처음엔 목표도 있고, 목적도 있고, 하나하나 클리어하는 그런 재미로 살아갑니다. 그 목표 달성에 집착해서 미친 듯이 자신의 삶을 갈아 넣지요. 그러다가 어느 순간 질립니다. 삶이 질려지는 것입니다. 번아웃이 오고 공황장애가 오기도 합니다. 대부분 이렇게 질리게 사는 사람들은, 남들에게 보여지는 것에 집중하고 수치화하는 걸 좋아합니다. "1억 모으는 게 목표다.", "내 가게를 차리는 게 목표다.", "월 1,000만 원을 버는 게 목표다."와 같이 말입니다.

그러면, 그 목표를 달성하면 어찌겠다는 걸까요? "그러면 1억 모았으니 3억이 목표다.", "내 가게를 차렸으니 2개 더 차리는 게 목표다.", "월 2,000만 원을 버는 게 목표다." 이런 목표를 또 세울 것입니다. 몇 번 해 보면 알겠지만, 이런 목표는 달성하고 나서 허탈해지는 경우가 많습니다. 체감통계상 그렇습니다. 물론 죽기 전까지 그런 목표 안에서 앞만 보고 사는 사람들도 있긴 합니다만, 그 충실했던 사람들조차 나이 먹고 갈 때가 되면 살아온 날을 후회하는 경우가 많습니다.

　저 또한, 사업 시작 전후로는 1차원적인 보여지는 목표에 집중했습니다. '사업을 하고 싶다', '건물/아파트/땅을 사고 싶다'였지요. 그러나 저는 그 이면에 또 다른 목표가 숨어 있었습니다. 돈이 없고 건물도 없고 아파트도 없고 번듯한 삶이 없으면, 아무리 내가 좋은 걸 얘기해도, 아무리 나의 선한 의지를 이야기해도 아무도 내 말에 귀 기울이지 않습니다. 뭐 이런 개 뼈다귀 같은 말이 있나 할지 모르겠지만, 말에 힘이 있는 사람이 되기란 진짜 어렵습니다. 엄마가 아무리 옳은 소리 하면 뭐 합니까? 엄마 말 잘 안 듣습니다. 안 통하는 것입니다. 아무도 듣지 않는 스피커를 가지고, 아무리 옳은 소리로 공자왈 맹자왈 떠들어도 공염불인 것입니다. 그러니까 저는 제 말의 영향력을 키우겠다는 목적을 위한 수단으로 돈을 벌고 싶었던 것입니다.

　사업이든 부동산이든 돈이든 그것들은 진짜 나의 삶의 목표를 위한 수단이 되어야 합니다. 그래야 인생이 질리지 않습니다. 돈 그 자체가 목적이 되면 언젠가는 허탈해집니다. 1억을 모아도 옆에 10억 있는 놈 있으면 허탈해지는 거고, 건물을 하나 사도 옆에 수백억짜리 건물 가진 사람들이 수두룩하며, 아파트를 사더라도 TV만 켜면 나보다 좋은 아파트 사는 사람들이 너무나도 많습니다. 진짜 내가 행복해지는 방법조차 모르고, 그저 알량한 나의 시야에서 만들어낸 목표를 이뤄내기 위해 무한 경쟁으로 내몰리고 있지는 않나요?

옛날 얘기 한번 해 보려 합니다 제가 한체대라는 학교를 나왔는데 이 학교는 이상한 전통이 있었습니다. 여름이면 수영장에서 안전요원으로 근무하는 것입니다. 인명구조원 급여는 일반 알바 급여보다 훨씬 좋아서 등록금 걱정을 하지 않아도 됐습니다. 단, 우리는 인명구조원 10명이 필요한 수영장에서 40명이 일했습니다. 선배들은 인명구조원 한 명 급여인 300만 원을 나눠서 한 명당 80만 원 정도씩 나눠 가졌습니다. 게다가 저녁에는 돌아가면서 후배들이 안전요원 자격증을 딸 수 있도록 훈련시켰습니다.

재밌죠? 자기 돈을 떼어서 주면서까지 자격증을 딸 수 있게 가르치고, 후배들도 "내년에 꼭 자격증 따서 나도 후배들에게 기여하고 싶다."는 선한 영향력을 품게 됩니다. 선후배 사이도 엄청 끈끈해집니다. '우리'라고 하는 이 소속감이 엄청 단단해지고, 돈과 스펙이라는 단순한 목표를 넘어 '내가 남에게 받은 것을 기억하고, 나도 남을 위해서 기여하고 싶다'라는 내면의 목표가 인생을 풍요롭게 만들었습니다. 무엇보다 나의 행위도 당당해지더군요. 이것이 바로 제가 알게 된, 인생을 질리지 않게 사는 방법입니다.

그럼 질리지 않게 사업하는 방법은 무엇일까요? 내가 열심히 한 행위의 결과물로, 다른 사람에게 도움이 되는 일, 그러면서 돈도 벌 수 있는 일이 바로 사업의 목표가 되어야 합니다. '몇십 억, 몇백 억 매출! 영업이익 몇 % 달성!'이 아니라, '나의 행위로 인해 누군가에게 이익이 되고 있는가, 기여를 하고 있는가'를 찾아야 합니다. 내가 살아있는 이유가 단지 돈이 되면 제로섬 게임에 빠지게 됩니다. 내가 돈을 벌려면 쟤한테 갈 돈이 나에게 와야 하고, 내가 더 먹으려면 경쟁해야 하고, 이겨내야 하고, 쟁취해야 합니다.

투자라는 말이 있습니다. 말 그대로 돈을 '던진다'는 것이지요. 돈을 주는데, 지금 당장 수익이 없어도 돈을 넣는 게 투자입니다. 사업가들은 당장 수익이 없어도 투자를 합니다. 10개 투자해서 2개만 성공해도 대박이라고 하더군요. 우리도 사업가입니다. 우리는 자본가의 투자 말고, 우리만의 투자를 해야 합니다. 내 정성, 내 노하우, 내 노력의 결과, 내가 여태껏 누군가에게 받아서 형성된 나의 그 모든 것들을 남에게 주는 연습을 해야 합니다. 그렇게 투자한 것들이 다 돌아오진 않더라도 쓰리쿠션 맞고 몇 개라도 돌아오는 걸 목격하는 것, 내가 누군가에게 기여해서 그 사람 인생이 조금은 더 나아지게 되는 것이 무엇인지 생각해 봐야 합니다. 그런 것들을 목표로 삼고 나의 사업하는 행위를 수단으로 삼아 진짜 목표를 하나씩 이루어 나가는 삶을 살아야 합니다. 그러면 인생이든 사업이든, 질리지 않습니다.

Outro.
전례 없는 자영업자 구조조정 속 초보들의 생존 전략

　원래 조선은 자영농으로 시작된 나라였습니다. 고려 시대, 일부 권문세족들은 화려하고 부유한 삶을 살았지만, 일반 민초들은 암울하고 혹독한 삶을 살고 있을 때, 역성혁명을 통해 백성이 근본이 되는 민본을 기치로 탄생한 나라, 그렇게 민초들에게 땅을 나눠주고 세금 10%만 내는 나라로 시작한 것이 조선이었습니다. 그래서 고려처럼 화려하지는 않았지만, 민초들의 삶은 유지되었습니다. 조선 말기에 한·중·일을 방문한 외국인들도 "조선 사람이 가장 크다"고 했다고 합니다. 잘 먹은 유전자가 계속 이어져 온 것이고 나라 전체가 부강하지는 않았어도, 백성들은 최소한 배불리 먹고 살았다는 증거입니다.

　그러나 전쟁과 수난을 지속적으로 겪게 되고, 세금 수탈이 가혹해지면서 몰락의 길을 걷게 됩니다. 영화 〈자산어보〉를 보면 이제 막 태어난 아기에게 군포를 걷고 자식 많은 것이 죄인 아버지가 자신의 그곳을 스스로 자르고 죽는 장면이 나옵니다. 백성들은 절망했고, 동학농민운동으로 번지게 됩니다. 이 포인트가 중요합니다. 일반 백성이 살 수 없는 나라가 되면, 결국 망합니다.

이후 남북이 분단된 후, 남한이 발전할 수 있었던 이유도 이와 유사합니다. 생존을 위해 미친 듯이 일하는 DNA를 가진 상태에서, 토지개혁을 통해 다시 자영농의 시대가 열립니다. 직접 노동하는 농민이 자기 땅에서 경작을 하다 보니 중간 비용이 사라지고 쌀값이 낮아지고 남의 땅이 아닌 내 땅에서 노력한 만큼 수익을 가져갈 수 있으니 생산 효율도 더 높아졌죠.

쌀값이 낮아지면? 월급이 낮아도 살 수 있습니다. 월급을 적게 주면 상품 가격을 낮출 수 있고, 상품 가격이 낮아지면 국제 무역에서 유리해집니다. 이렇게 경공업 중심의 수출기업 시대가 열립니다. 넉넉하진 않고 밥 굶지 않을 정도의 낮은 임금에도 어쨌든 먹고 살 수가 있으니, 열심히만 살면 광명이 있다는 믿음으로 온 국민이 수출 역군이 되어 뼈가 부서져라 일했고, 우리나라 기업들은, 기업가들의 노력도 있었지만 그 노력의 동력이라 할 수 있는 그 노동자들의 희생 속에서 성장하게 됩니다.

연공서열이라는 용어에서 볼 수 있듯이 시간이 지날수록 더 높은 보상과 지위를 얻는 기업 환경에서는 숙련공의 기술이 좋아질수록 숙련도에 따라서 월급은 올라갑니다. 힘든 일이지만 회사가 우리의 삶을 책임져준다는 믿음을 바탕으로 사람들은 희망을 갖습니다. 이렇게 제조업 마인드까지 갖추게 됩니다. 힘들어도 근면성실과 부지런함을 가지고 열심히 할 과제만 주면 끝내 해내고 만다는 마인드까지 장착된 것입니다.

그렇게 수출 중심 대기업 중심으로 발전하는 가운데 중소기업들도 나름 힘을 내면서 살게 되다가, 갑자기 IMF 사태가 터지며 기업과 국민이 모두 힘들어지게 되었습니다. 그때부터 회사는 나의 미래를 책임져주지 않고, 고용을 통해서 먹고 살 수 있는 산업은 사양 사업이 됩니다. 점점 사람 많이 안 쓰는 제조업으로 사업이 전환되고, 사람을 쓸 수밖에 없는 분야는 인건비가 저렴한 중국 베트남으로 나가면서 회사는 부강해지지만 그 부가 국민 삶에 기여하지 못하는 상황이 됩니다. 국민은 누가 나를 고용해 주지 않으니, 스스로 나를 고용해서 살아야겠다는 삶의 방식이 생기게 되는데 그게 바로 자영업입니다

실제로 IMF가 끝나고, 구조조정으로 잘린 넥타이부대 아저씨들이 자신의 퇴직금과 저축했던 자금으로 BBQ치킨 창업을 시작으로 쪼끼쪼끼, 하이트광장, 비어캐빈 등 프랜차이즈 창업의 대열에 들어섰고, 그렇게 2000년대에 본격적으로 프랜차이즈 창업 시장이 태동하게 됩니다. 그러다 2009년 리먼브러더스 사태로 한 번 더 고용시장이 얼어붙으면서 전례 없는 창업 시장 호황이 열리게 됩니다. 너도나도 창업하면 큰 수익을 볼 수 있다는 희망을 가지게 되었습니다. 그리고 프랜차이즈는 그 자영업의 시작을 굉

장히 쉽게 접근할 수 있게 해 주었습니다. 그렇게 자영업자들의 숫자는 기하급수적으로 늘었습니다. 심지어 코로나 사태가 터지면서 대략 3년 동안 프랜차이즈 브랜드 수는 3,000개에서 무려 1만 3,000개로 늘어났습니다. 그 무렵 배달 플랫폼이라는 것이 생겨나면서 새로운 배달 전문 자영업자들도 양산되기 시작합니다.

그러나 기형적으로 이 짧은 기간에 발전하면 부작용이 생깁니다. 초보 창업자들은 스스로 독자적인 것을 개발하지 못하고, 남이 잘되는 걸 그대로 따라 하고, 프랜차이즈를 믿고 그저 열심히만 하면 된다고 생각하는 무늬만 자영업자들로 변모합니다. 저는 지금 그 구조가 마치 조선 말기의 소작농 구조와 같아 보입니다.

'지주 - 마름 - 소작농'의 관계가 '제조 - 프랜차이즈 - 유통 - 가맹점'으로 치환됩니다. 제조사 마진을 붙여 프랜차이즈로 유통하면 프랜차이즈 본사의 마진을 붙여서 물류 회사에 넘기고 유통 회사의 이윤과 비용이 더해집니다. 최근에는 프랜차이즈 본사 M&A 시장이 활발해지면서 주주들의 이익과 인수 기업의 이익도 추가되었습니다. 이 비용이 가맹점에서 나옵니다. 가맹점은 그렇게 물건을 받아서 팔아 건물주에게 임대료를 내고, 프랜차이즈 본사에 마진을 내고, 플랫폼에 수수료를 내고 국가에 세금 내는 것입니다. 결국 남는 건 얼마 되지 않습니다.

지금 창업시장은 치열한 제로섬 게임입니다. 한때 매출이 몰리는 반짝 브랜드에 창업자들이 몰리고, 나만큼은 성공할 수 있다는 희망을 품은 채 일합니다. 그러나 그 행운은 정말 소수의 사람에게만 돌아갑니다. 지금 부의 이동은 극히 일부 사람과 기업들에 몰릴 것이고 그들이 사라진 자리의 상권은 초토화될 것입니다. 그리고 대한민국에 더 이상의 고용이 사라지고 그렇게 국민이 살 수가 없는 상황이 되면 대한민국에서 생존하기가 불가능해집니다. 줄이고 줄이다 보면 소비할 돈이 없어지기 때문입니다.

지금 이 구조에서는 자영업자가 자연스럽게 구조조정 될 수밖에 없습니다. 시장을 키울 수도 없고, 파이가 더 커질 수도 없고, 매출을 더 늘릴 수 없는 상황에서 생존하려면, 결국 좋은 물건을 유통 단계를 거치지 않고 직접 공급받고, 적은 매출이라도 스스로 고용하여 내 인건비를 가져가는 방식을 구축해야 합니다. 작더라도, 이 작은 땅뙈기라도, 내 인건비 들여서, 좋은 물건을 유통 단계 없이 좋은 가격으로 받아서, 적은 매출이지만, 내가 나를 고용해서 내 인건비를 내가 받아 가는 구조로 시작해야 합니다. 그렇게 스스로 일군 작은 땅뙈기는, 환경에 맞춰서 농사꾼이 발전시킬 수 있습니다. 차근차근 빌드업하는 자영업자가 되는 것만이 우리 같은 일반 자영업자가 살고, 대한민국이 살 수 있는 유일한 길이라고 생각합니다.

가맹점 창업을 하더라도 내가 감당할 수 있는 선에서의 투자금, 내가 감당할 수 있는 선의 인건비, 프랜차이즈 본사를 분석하는 능력을 갖추고, 창업자 본인의 책임감 있는 자세로 자신에게 맞는 브랜드를 선택할 수 있는 안목이 필요합니다. 사실 프랜차이즈는 초보 창업자들이 첫 창업으로 나가는 데 있어서 가이드가 되므로, 앞으로도 꼭 필요한 창업 모델입니다. 본연의 모습이 아닌 비정상적인 형태로 존재하고 있었다는 게 문제일 뿐입니다.

절망적으로 보여도 우리는 앞으로 나아가야 합니다. 지금은 절망의 시대가 아니라 새로운 희망으로 나가는 과도기일 뿐이며, 이 혼란의 시기가 지나면 다시 서로 희망을 앞세워 경쟁하는 시대가 열릴 것이라 확신합니다. 이 책을 통해서, 프랜차이즈를 고르는 안목과 본인 생존에 필요한 그 모든 힌트를 얻으셨기를 진심으로 바랍니다.

창업 함정 체크리스트

① 창업 자금으로 퇴직금을 먼저 사용하려고 한다. ☐

② 이건 무조건 된다는 말에 설득된 적이 있다. ☐

③ SNS나 유튜브에서 말하는 성공 사례에 영향을 받고 있다. ☐

④ 상가 권리금을 스스로의 분석하기보다 전문가들의 시세라는 설명을 듣고 판단했다. ☐

⑤ 아이템과 본질만 확실하면 된다고 믿는다. ☐

⑥ 프랜차이즈 본사의 설명을 그대로 믿고 있다. ☐

⑦ 상권 분석 없이 유동 인구가 많다는 이유로 매장을 고르려 했다. ☐

⑧ 브랜드 인지도만 보고 계약했다. ☐

⑨ 내가 없어도 직원을 고용해 오토로 돌아가는 창업을 구상 중이다. ☐

⑩ 처음부터 직원 쓰는 걸 당연하게 여긴다. ☐

⑪ 매출 목표만 정하고 수익 구조는 제대로 계산 안 해봤다. ☐

⑫ 지인과 동업하면 서로 의지할 수 있어 혼자보다 더 낫다고 생각한다. ☐

⑬ 외식업이니까 맛만 좋으면 시간이 걸리더라도 결국 된다고 믿고 있다. ☐

⑭ 임대계약서나 가맹 계약서 같은 계약서 내용 제대로 안 읽은 기억이 없다. ☐

⑮ 언젠가는 어떻게든 될 것이라는 막연한 희망이 있다. ☐

⑯ 지금까지 실패한 사례보다 성공한 사례만 주로 봐왔다. ☐

⑰ 창업 전 시뮬레이션(임대료, 인건비, 재료비, 공과금 정산 등)을 해본 적 없다. ☐

⑱ 망하면 다시 직장 가면 된다고 생각한 적이 있다. ☐

⑲ 본사에서 이야기하는 창업 비용을 그대로 믿고 있다 ☐

⑳ 창업 비용 외에 들어가는 운영 자금이 무엇인지 모른다. ☐

평가 기준

5점 이하 (준비도 90~100점)
창업 전 충분히 고민하고 분석한 상태입니다. 시작해도 될 준비가 된 상태입니다.
다만 현실적으로 검증된 계획인지 마지막으로 점검하세요.

10점 이하 (준비도 70~80점)
기본적인 준비는 되어 있지만 아직 감정이나 희망이 섞인 판단이 남아 있습니다.
시장 검증과 구조 점검을 조금 더 준비하길 권합니다.

10점 이상 (준비도 40~60점)
창업이 아닌 위험 감수에 가까운 상황입니다.
지금 창업하면 실패할 가능성이 높습니다.
구조부터 다시 점검하고, 전문가나 경험자의 조언을 받아야 합니다.

15점 이상 (준비도 0~30점)
지금은 절대 창업하면 안 됩니다.
모든 조건이 외부의 말이나 충동, 불확실한 정보에 기초해 있습니다.
냉정하게 창업을 미뤄야 할 때입니다.

해설

① 생계형 창업은 대부분 창업 시장을 알지 못한 상태에서 투자금을 쓰게 됩니다. 미지에 세계에 자신의 모든 것을 걸고 내외부적인 이유로 급하게 창업하는 것입니다. 평생 모은 돈을 순간에 날리는 퇴직 창업자들은 한 해 수천 명씩 발생하고 대부분은 재기할 자금은커녕 빚쟁이로 전락합니다. 첫 창업은 퇴직금을 모두 쏟아붓는 것이 아니라 최소한의 자금으로 시작해야 합니다.

② 창업에서 무조건 되는 것은 없습니다. 창업 시장은 정글이고 확신은 대부분 그 이야기를 하는 사람의 이익을 위해 존재합니다. 잘 모르기 때문에 가시적인 성과를 내고 살아가는 전문가들의 이야기를 듣지만 그것을 스스로 판단할 능력이 없으면 결코 좋은 결과를 낼 수가 없습니다.

③ 고객이 북적이는 모습 활기찬 직원들의 모습과 억대 매출표를 보면 성공한 것처럼 보여도, 숨겨진 내부 구는 다를 수 있습니다. 섣불리 아이템을 선택했다가 순식간에 폐업하는 사람들은 줄을 잇고 내년에는 또 새로운 유튜브 대박 아이템이 계속해서 생겨날 것입니다.

④ 상권과 입지는 누군가의 말로 결정되지 않습니다. 적정 권리금을 모른다면 보증금과 권리금의 합을 볼 것이 아니라 회수 가능성으로 판단해야 합니다. 권리금은 회수 불가능한 돈이고 나중에 권리금 받고 넘기는 것도 불투명합니다. 적자 매장으로 돌아서면 무권리로 나와야 하는 경우도 부지기수입니다.

⑤ 아이템보다 중요한 건 운영력입니다. 창업 능력은 너무나도 많은 변수에 노출되기 때문에 아이템이 확실하고 본질이 확실해도 망하는 자영업자가 너무 많습니다. 아이템과 본질이 확실한 20년 된 자영업자도 무너지는 것이 현재 대한민국 창

업 시장입니다.

⑥ 프랜차이즈 본사는 당신 사업의 책임자가 아니고 계약서는 '보장서'가 아닙니다. 본사도 사업이고 당신도 사업이고 그 누구도 책임져주지 않습니다. 프랜차이즈를 이용해서 돈을 버는 가맹점주들도 분명히 있지만, 프랜차이즈의 돈벌이 수단으로 전락해서 다 뜯기고 돈도 못 버는 채로 연명하는 가맹점주들이 대부분입니다. 본사와 대등하게 협상하고 이익을 계산할 줄 모른다면 후자 가맹점주가 될 뿐입니다.

⑦ 유동 인구가 매출로 이어지는 경우는 이미 10여 년 전에 끝났습니다. 요즘 고객은 손님 많은 가게 앞에서도 모바일로 평판이나 리뷰를 확인하고 별로면 바로 발걸음을 돌립니다. 콘텐츠만 확실하다면 숨어 있어도 고객들은 찾아오고 단순히 손님 수가 많이 보인다고 매장을 고른다면 큰코다칠 수 있습니다.

⑧ 브랜드가 크면 리스크도 크고 어떤 브랜드든지 똑같은 브랜드 가맹점주라도 1등과 꼴등이 존재합니다. 브랜드 인지도가 매출에 도움이 되는 것은 맞지만 그 매출을 내는 것은 다른 문제입니다. 내가 감당할 수 있는 운영 시스템인지 따져 봐야 합니다. 아무리 좋은 브랜드라도 내가 감당할 수 있는 브랜드 인지 파악을 하지 못한다면 그것 또한 굉장한 리스크가 됩니다.

⑨ 장사는 '내가 해야 성과 나는 구조'고, 그것부터 먼저 숙달이 되고 몸에 배야 그때야 비로소 직원들을 쓰고 컨트롤할 수 있습니다. 내가 안 해 본 것을 시킬 수도 없고, 내가 모르는데 그 직원에게 의지하는 것은 더더욱 재앙일 수 있습니다. 그렇게 초보임에도 빨리빨리 성공하고 싶은 마음이 가장 빠르게 망하는 길일 수 있습니다.

⑩ 초보일수록 '직원 없이도' 버틸 수 있는 구조가 기본이 되어야 합니다. 초보 창업자는 내가 감당할 수 있는 투자금으로 내가 감당할 수 있는 수준으로 창업을 해야 합니다. 매출은 작더라도 내가 모두 경험하고 관장하듯 있어야 그 뒤에 고용하는 직원들을 효율적으로 컨트롤할 수 있어요 첫 창업은 직원보다는 알바 정도만 고용해서 시작한다는 생각을 해야만 합니다.

⑪ 중요한 건 매출이 아니라 순이익입니다. 지금 창업 시장에서 망하고 있는 자영업자들의 원인 대부분은 절대적인 매출 감소가 아닙니다. 5,000만 원 팔아야 사는 매장이 3,000만 원 팔면 망하는 것이고 최소 3,000만 원은 팔아야 유지되는 매장 매출이 2,000만 원 밑으로 내려가면서 적자가 나고 망하고 있습니다. 초보들은 그저 수천만 원이 적힌 매출표를 보면 어디서 남아도 남겠지라는 생각을 하지만 그 생각으로 시작한 사람들은 누구보다 빨리 망합니다.

⑫ '신뢰'만으로 하는 동업은 대부분 무너집니다. 처음 계획을 세울 때는 든든하고 힘이 되고 서로서로 응원하면서 사기 진작하면서 좋아 보이지만, 명확한 역할 분담과 그 뒤에 일어날 수 있는 그 모든 과정에 대한 고려와 안전장치가 없다면, 동업은 장사가 잘되든 안 되든 반드시 파국으로 갑니다. 아주 드물게 성공한 동업도 시간이 지나면서 결국 깨지게 되는 경우가 많다는 것을 기억해야 합니다.

⑬ 요즘 외식 업장들의 맛은 기본일 뿐입니다. 시스템, 회전율, 원가율, 인건비, 관리의 싸움이고 그 모든 요소를 통할하는 사장의 역량이 중요합니다. 그게 아니면 매 순간 하나하나의 요소들이 어긋나면서 전체가 무너지게 됩니다.

⑭ 사업 시작과 동시에 모든 것들은 문서로 얘기해야 합니다. 그동안 어떤 계약서를 쓰든지 제대로 안 보고 계약하셨던 분들은 실제 창업 과정에서도 계약서 내용에 대해 제대로 따지지도 못하고 그저 궁금한 것들 뭉뚱그려서 물어보고 결정하는

경우들이 많습니다. 그런 사장들의 미래는 언제나 억울하고 피해가 가득한 일뿐입니다.

⑮ 창업은 기도와 긍정이 아니라 냉정한 구조 설계입니다. 처음부터 생존 구조를 짜 놓고 열심히 하는 것과 열심히 해도 성과가 안 나오는 구조를 해 놓는 것은 다릅니다. 아무리 열심히 해 봐야 소용없습니다.

⑯ '창업뽕'에 맞게 되면 실패 사례는 내 일이 아니라는 생각을 합니다. 성공한 사람들의 이야기를 내 상황에 맞추고 감정 이입합니다. 그러나 실패 사례를 모르고 창업하는 순간 망하게 됩니다.

⑰ '적정 임대료인가?', '적정 재료비인가?', '정말 이 인건비를 들여 이 매출을 커버할 수 있는가?', '내가 앞으로 내야 할 세금은 얼마인가?' 이런 시뮬레이션을 해볼 생각조차 하지 않고 무작정 시작하는 초보들이 많습니다. 그분들은 실제 창업을 하게 되었을 때 그 모든 항목이 나에게 어떤 존재였는지 확인하고 좌절하게 될 것입니다.

⑱ 창업은 단순히 매장을 차려서 돈 버는 일이 아닙니다. 일반인에서 자영업자로 신분을 전환하는 일입니다. 다라서 내 모든 에너지를 다 쓰고 벼랑 끝이라는 생각으로 절박하게 해도 될까 말까 한 일입니다. 망하면 다시 직장 가면 된다고 생각하는 사람은 처음부터 시작하지 않는 편이 더 낫습니다.

⑲ 대부분은 본사에서 말하는 비용 부분을 절대적으로 믿습니다. 의지할 곳이 본사이고 본사는 나를 보호해 주는 무언가라고 생각하죠. 직장인들이 회사를 생각하는 마인드로 가맹점주가 본사를 생각합니다. 하지만 창업 비용에는 드러난 것과 드러나지 않은 것이 있습니다. 거의 100%에 달하는 가맹점주들이 처음 계획한

투자금의 최소 30%부터 최대 50%까지 더 들어갔다고 하는 수많은 사례가 넘쳐 납니다.

⑳ 창업하고 바로 대박이 나는 경우도 있지만 매출이 나오더라도 실제 들어가는 초도물품이나 추가 구매할 목록과 수선 비용들이 들어가고 이 외에 들어가는 고정비용이 발생합니다. 실제로 그런 비용 때문에 조급함이 들어 시작부터 망치는 경우들을 많이 봅니다. 장사는 긴 호흡을 가지고 가야 합니다. 아직 익숙해지지 않은 상황에서 자금에 대한 압박이 심해지면 고객과 만나는 접점 기간 첫 골든타임을 망칠 수 있습니다.

책을 끝까지 읽어 주신 독자분들께 감사드립니다. 처음 책을 열었을 때의 마음을 기억할지 모르겠지만, 이 책을 닫을 때는 설렘과 기대, 그리고 두려움들이라는 감정들이 달라졌으리라 생각합니다.

저는 창업자들이 멋진 꿈을 꾸길 바라지만, 세상은 생각하는 것보다 훨씬 차갑고 창업은 그 차가운 곳에서 살아남는 싸움입니다. 당신은 창업을 꿈꾸며 수많은 성공 사례, 월 매출 수억의 신화, 이 아이템이면 된다는 달콤한 말을 들었을 것입니다. 그러나 이제는 알게 되었을 겁니다. 그 이면에는 수많은 실패자들이 있고, 현실을 알지 못하고 뛰어들면 그 실패자 중 한 명이 될 뿐입니다.

이제는 선택해야 합니다. 여전히 창업하고 싶다면, 더는 감정과 열정만으로 움직여서는 안 됩니다. 냉정하게 계산하고 분석하고 구조를 만들고 질문해야 합니다. 제가 책을 쓴 이유도 창업을 꿈꾸는 이들을 막아서기 위함이 아닙니다. 오히려 그들이 무너지지 않길 바라는 마음입니다. 창업을 꿈꾼다면, 이 책을 덮은 후 스스로에게 물어봐야 합니다.

"나는 망하지 않을 준비가 되어 있는가?"

"나는 단순히 나의 욕망이 아닌, 생존의 관점에서 창업을 바라보고 있는가?"

이제 어느 길로 가시겠습니까? 무엇을 하든, 누구의 말도 믿지 말고 내 안의 중심을 놓치지 않길 바랍니다. 나 자신이 선택한 길에서 끝까지 나답게 서길 바랍니다. 언제나 당신의 길을 응원합니다.

창업하기 전, 창업하고 보는 책

초판 1쇄 발행 2025년 9월 3일

지은이	한범구
펴낸이	박영미
펴낸곳	포르체

책임편집	유나
마케팅	정은주 민재영
디자인	황규성

출판신고	2020년 7월 20일 제2020-000103호
전화	02-6083-0128
팩스	02-6008-0126
이메일	porchetogo@gmail.com
인스타	porche_book

ⓒ 한범구(저작권자와 맺은 특약에 따라 검인을 생략합니다.)
ISBN 979-11-94634-49-2 (13320)

- 이 책은 저작권법에 따라 보호받는 저작물이므로 무단전재와 무단복제를 금지하며, 이 책 내용의 전부 또는 일부를 이용하려면 반드시 저작권자와 포르체의 서면 동의를 받아야 합니다.
- 이 책의 국립중앙도서관 출판시도서목록은 서지정보유통지원시스템 홈페이지(http://seoji.nl.go.kr)와 국가자료공동 목록시스템(http://www.nl.go.kr/kolisnet)에서 이용하실 수 있습니다.
- 잘못된 책은 구입하신 서점에서 바꿔드립니다.
- 책값은 뒤표지에 있습니다.

여러분의 소중한 원고를 보내주세요.
porchetogo@gmail.com